船员合格证培训实操指南

主 编 戚发勇 李明阳 代俊林

大连海事大学出版社

图书在版编目(CIP)数据

船员合格证培训实操指南 / 戚发勇,李明阳,代俊林主编. — 大连：大连海事大学出版社，2021.4
ISBN 978-7-5632-4102-6

Ⅰ.①船　Ⅱ.①戚… ②李… ③代…　Ⅲ.①船员—资格考试—自学参考资料　Ⅳ.①U676.2

中国版本图书馆 CIP 数据核字(2021)第 010486 号

大连海事大学出版社出版

地址:大连市凌海路1号　邮编:116026　电话:0411-84728394　传真:0411-84727996

http://press.dlmu.edu.cn　E-mail:dmupress@dlmu.edu.cn

大连金华光彩色印刷有限公司印装	大连海事大学出版社发行
2021 年 4 月第 1 版	2021 年 4 月第 1 次印刷
幅面尺寸:184 mm×260 mm	印张:17.25
字数:425 千	印数:1~3000 册

出版人:余锡荣

责任编辑:刘若实	责任校对:李继凯
封面设计:张爱妮	版式设计:张爱妮

ISBN 978-7-5632-4102-6　定价:45.00 元

内容提要

本书对应《海船船员培训大纲(2016)版》,包括“基本安全”“救生艇筏和救助艇操作与管理”“船舶高级消防”“船舶精通急救”四章。其中第一章“基本安全”包括“海上个人求生”“防火与灭火”“个人安全与社会责任”“基本急救”四个科目。每一章包括实操训练内容、实操训练目的和要求、实操训练条件、实操训练组织、实操训练具体内容和步骤、评估标准等六个部分。通过这几项内容,任课教师和学员可以了解实操训练的实施过程和方法,了解实操的相关知识、重点和操作步骤,便于教师的教学组织和参加培训的学员学习使用。

前 言

为了更好的履行《1978年海员培训、发证和值班标准国际公约马尼拉修正案》，提高我国海员的培训质量，进一步提高船员素质，保障海上人命财产安全，保护海洋环境，交通运输部于2017年发布了《海船船员培训大纲(2016)》，对海船船员培训合格证的适任要求、培训的理论知识、实践技能、评价标准及学时等做出了详细规定。海事主管机关对海船船员合格证培训提出了更高的标准，特别是对实操培训、评估的要求越来越高，对船员实践动手能力的提高也更为重视。为了更好地配合我国的履约工作，更好地按照《海船船员培训大纲(2016版)》要求在新形势、新要求下推进并完善海船船员合格证培训工作，增强海船船员的个人安全意识，提高海船船员的专业技能，更好地组织实操教学，满足教和学的需求，大连海事大学航海训练与工程实践中心组织有丰富实践教学经验的教学人员重新编写了“海船船员合格证培训实操训练指南”。

本书编写紧密围绕《海船船员培训大纲(2016)版》相关要求，重新梳理实操培训项目，同时考虑近5年相关公约、法规、规定及航海技术的发展变化，总结了过去几年教学培训经验和原“合格证培训实操训练指南”存在不足。新指南编写保留了原指南的主体结构，加强了实操训练技能环节的详细指导，侧重于实操技术环节的详细描述，避免了原指南中个别科目侧重于对教师教学步骤的指导，而对学生的专业技能指导不足的缺点。新指南的编写力求保证满足学生的学习需求，让学生即使没有老师指导也能轻松自学。

本书编写行文力求概念清楚、理论正确、重点突出、条理清晰。编写过程充分研究了《STCW公约马尼拉修正案》和交通运输部海事局《海船船员培训大纲(2016)版》的要求，参考了“IMO示范教程”，并结合船舶实际工作的需要，注重航海新法规、新技术的应用，保证实操项目全面符合新公约、新法规和航海新技术的要求。

本书可作为航海类院校和培训机构海船船员合格证培训实操教材供任课教师和学员使用，也可作为船舶安全教育培训的参考资料。

本书由戚发勇、李明阳、代俊林主编。其中“个人安全与社会责任”部分主要由戚发勇编写，“海上个人求生”部分主要由陈馨编写，“救生艇筏和救助艇操作与管理”部分主要由余泛泳编写，“防火与灭火”和“船舶高级消防”部分主要由代俊林编写，“基本急救”和“船舶精通急救”部分主要由倪成丽编写。戚发勇、李明阳、王玮祺参与各个部分的编写工作。本书最后由戚发勇统稿。

本书的编写和出版过程中得到了航海训练与工程实践中心和大连海事大学出版社领导和老师的大力支持和帮助，在此表示衷心感谢！由于时间关系和编写人水平所限，一定还有许多不尽完善的地方，恳请广大读者提出宝贵意见，以便修订。

编 者

2020年12月

目 录

第一篇 基本安全

第二篇　救生艇筏和救助艇操作与管理

第三篇　船舶高级消防

第四篇　船舶精通急救

第一篇　基本安全

第一章　海上个人求生

实操训练项目一　正确穿着救生衣、游泳及跳水

一、实操训练内容

1. 正确穿着救生衣。
2. 穿着救生衣游泳。
3. 穿着救生衣采用正确姿势跳水。

二、实操训练目的和要求

救生衣属于海船救生设备中个人救生设备的一种。为保障遇险者的生命安全，正确穿着救生衣、穿着救生衣跳水、水中漂浮及游泳是每个参加实操训练的学生必须掌握的基本技能。通过实操训练，使学生掌握救生衣的正确穿着方法，增强学生在弃船时使用救生衣的信心和决心，以便做好自身保护，从而增加获救的机会。

三、实操训练条件

1. 可以进行实操训练的安全水域。
2. 通用海船救生衣 40 件。
3. 气胀式救生衣 2~4 件。
4. 救生圈 2 个。
5. 救生浮环 2 个。

四、实操训练组织

1. 教师安排

每班安排 2~4 名教师。其中 1 名教师主讲(也可以相互分工担任各项目主讲),其余教师协助教学,检查学生的救生衣穿着是否正确,各项动作是否正确,做好教学器材、用品的准备,做好安全检查和安全管理、紧急救护的工作。在整个教学过程中所安排教师必须始终在教学现场,维持秩序,保障安全。

2. 学生分组

在教师的组织下,以班级为基础,根据所进行的项目分成 3~4 组,或逐个人员进行。

五、实操训练具体内容和步骤

(一)救生衣穿着训练

1. 船用救生衣的分类及结构

船用救生衣主要有固体浮力材料救生衣(如图 1-1-1-1 所示)和气胀式救生衣(如图 1-1-1-2 所示)。固体浮力材料救生衣的内部轻质固有浮力材料一般是闭孔聚乙烯泡沫塑料,外部为尼龙布;气胀式救生衣由不少于 2 个独立的充气室提供浮力。救生衣上配备的属具有哨笛、救生衣灯、连接浮索和提拉装置。

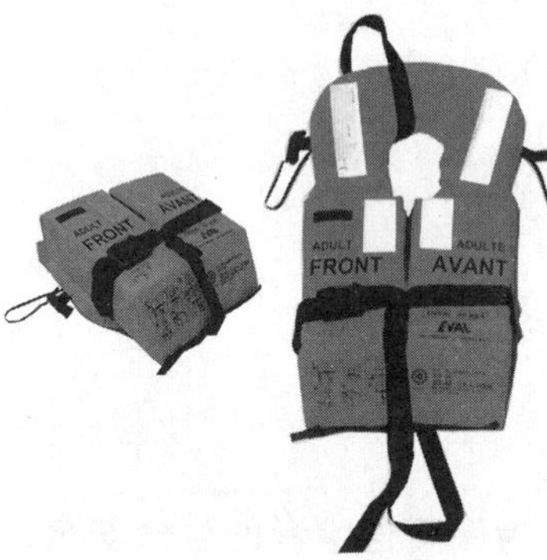

图 1-1-1-1　固体浮力材料救生衣

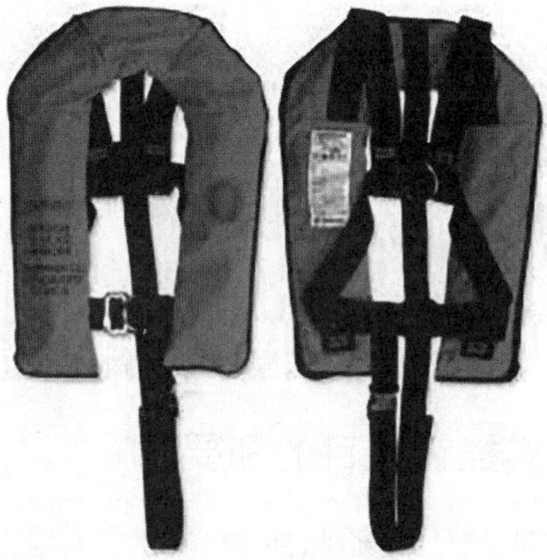

图 1-1-1-2　气胀式救生衣

2. 穿着救生衣之前的检查

(1)穿救生衣之前应先检查各部件是否齐全,保证没有破损且可用,根据救生衣的种类进行相应的检查(浮力袋、领口带、腰带的检查);气嘴、通气管、胸带、腰带、跨带的检查;衣服拉链和卡扣的检查等。

(2)如果使用的是气胀式救生衣,在穿着前要先检查充气瓶是否正常,气嘴和通气管,各部位收紧夹带,应该完整无损并好用。在演示穿着气胀式救生衣时,要注意两个独立气室相互不贯通,各部位收紧夹带、扣系牢固,调整好,掌握好用嘴充气的方法,必要时也可以让穿妥救生衣的人员入水展示气胀式救生衣的漂浮和水密性能。

3. 救生衣穿着方法

在穿着救生衣过程中,要迅速、正确,任课教师示范讲解穿着救生衣的正确方法和要点(如图 1-1-1-3 所示);学生按要求进行救生衣穿着训练,任课教师逐个进行检查指导;由任课教师进行测试，要求所有人在 1 min 内能正确穿着。

注意：救生衣穿着应强调要穿在保暖衣物外面，而不是如训练时直接穿在身上。因此，救生衣既不能穿着太松散，也不可太紧，且下水后有所松动，也属正常；在穿着救生衣时，如救生衣有领口结，领口结一定要系牢（死结），防止救生衣脱落。

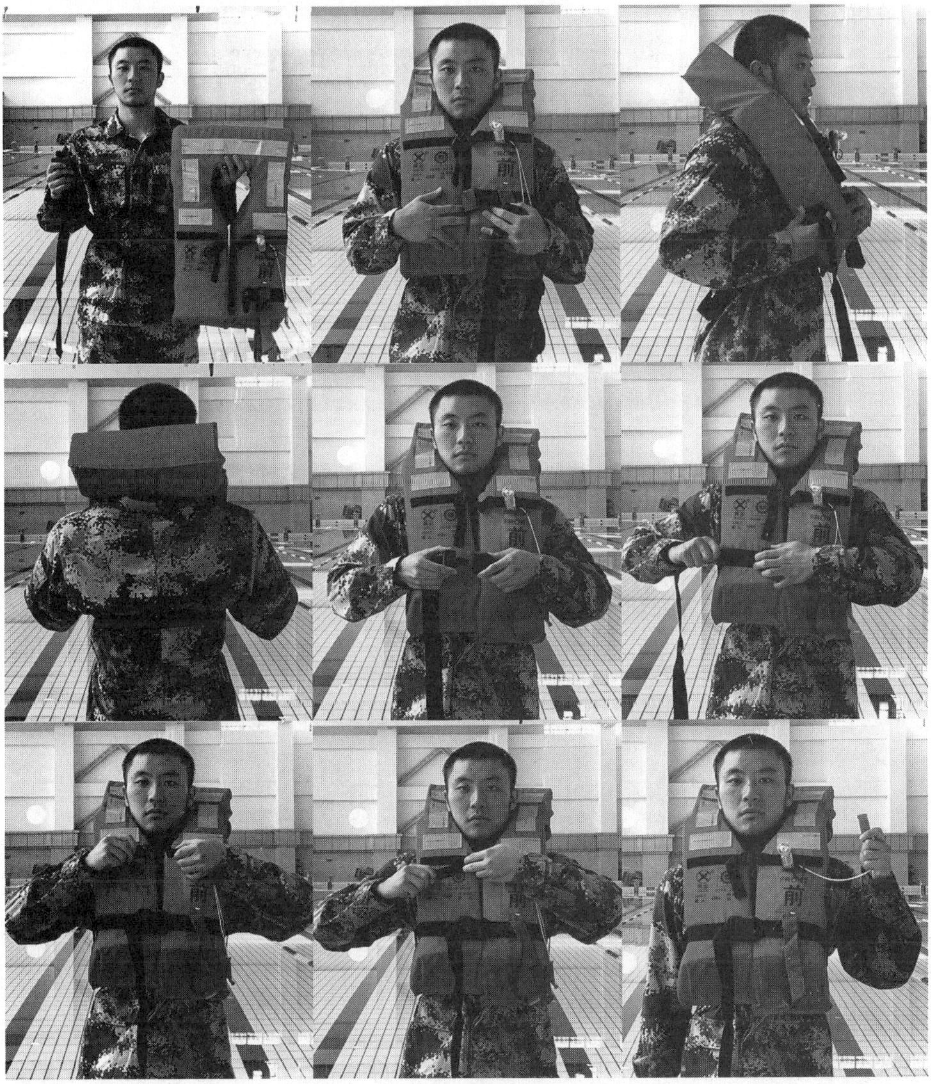

图 1-1-1-3　救生衣穿着示意图

（二）穿着救生衣游泳训练

穿着救生衣游泳训练的方法如图 1-1-1-4 所示。

（1）穿着救生衣水中漂浮训练：救生衣穿着完毕后，可以进入泳池进行漂浮体验。学员之间要保持一定的距离，平静漂浮，即身体依靠救生衣的浮力，自然向后倾斜于竖直方向 20°~30°，四肢保持放松。一定要体会穿着救生衣带来的浮力作用和漂浮的感受。

（2）穿着救生衣游泳训练：穿着救生衣进行 100 m 游泳练习，体验蛙泳和仰泳等泳姿，感受救生衣游泳带来的阻力。但要知道穿着救生衣游泳只是 25 m 内的短程，是为了登上救生艇、救生筏和救助艇才不得已而为之。

注意：

（1）在入水训练时，要特别注意那些游泳技术不好或者不会游泳人员的监督保护，安排这些人员在靠边的泳道中完成操作，保证其安全；

（2）在水中不可玩闹、戏水，做出不安全的动作和行为，学生在整个教学训练活动中都必须在教学人员的视野范围内。

（a）

（b）

图 1-1-1-4　穿着救生衣游泳训练

（三）穿着救生衣采用正确姿势跳水

穿着救生衣跳水的正确方法和步骤如下：

（1）穿着救生衣游泳后上岸集合，按要求整理救生衣，重穿或者系牢。

（2）跳水前应将身上所有会危害到跳水安全的物件去除，含泳帽和泳镜等。

（3）跳水者应按要求两臂夹紧。一只手抬起按口护鼻；另一只手的手臂环过胸前救生衣的浮块和左前臂，抱住护住口鼻之手的大臂或抓住救生衣下压（防止跳水后救生衣上窜，击伤跳水者），如图 1-1-1-5 所示。

图 1-1-1-5　跳水时的上身动作示意图

(4)站在跳台沿边，一只脚迈出跳台后，另一只脚跟上迈出，身体跳下。

(5)跳在空中过程中，两腿应并拢，头上脚下，保持身体垂直，手臂夹紧跳入水中。

(6)跳入水中，当头部完全露出水面后，方可松开护在口鼻上的手，防止过早松开造成呛水。

(7)出水后，跳水者应尽快游离，防止后一名跳水者未按要求提前跳下。

(四)注意事项

(1)教师和学员应检查确保救生衣穿着正确牢固，全程应做好监护救助的准备工作。

(2)跳水者必须在听到指导教师的哨声后方可跳水，不可私自决定跳水。

(3)跳水要做好示范，鼓励每个人都在自愿的情况下跳水。

(4)学生首次应在池边(1 m)完成跳水，掌握动作要领，纠正错误的跳水动作。

(5)动作要领掌握后，应完成 3 m 跳台的跳水训练，克服学生们对跳水的恐惧心理。

(6)选 1~2 名跳水动作正确、胆量大的学生率先完成 5 m 高台跳水后，其他学生逐一完成该项跳水，如图 1-1-1-6 所示。

图 1-1-1-6　5 m 跳台跳水训练

(7)要建立应急预案，加强应急演练，一旦发生紧急情况，教学人员应该分工明确，按应变部署行动；

(8)在整个授课过程中，要经常查点人数，确保每个学生的安全。

六、评估标准

1. 优秀：操作正确、熟练。

2. 良好：操作正确、比较熟练。

3. 及格：操作正确、熟练程度一般，能完成操作。

4. 不及格：操作较差，只能完成部分操作。

实操训练项目二　水中减缓热量散失姿势

一、实操训练内容

1. 单人水中的 HELP 姿势。

2. 多人水中的 HUDDLE 姿势。

二、实操训练目的和要求

人在水中时，身体的散热主要集中在头颈、腋下、腹股沟和膝弯等处。为防止身体在水中散热过快，延长水中生存待救时间，就要对这些部位加以防护，防止热量流失过快。通过实操训练掌握该项技能，以便落水后可以做好自身保护，从而增加获救的机会。

三、实操训练条件

1. 可以进行实操训练的安全水域，最好在游泳馆或求生馆进行。

2. 通用海船救生衣或气胀式救生衣 40 件。

3. 救生圈 2 个。

4. 救生浮环 2 个。

四、实操训练组织

1. 教师安排

每班安排 2~4 名教师。其中 1 名教师主讲（也可以相互分工担任各项目主讲），其余教师协助教学，入水前应检查学生的救生衣穿着是否正确，姿势动作是否正确，做好教学器材、用品的准备，做好安全检查和安全管理、紧急救护的工作。在整个教学过程中所安排教师必须始终在教学现场，保持警惕。

2. 学生分组

在教师的组织下以班级为基础，根据所进行的项目分成 3~4 组，或逐个人员进行。

五、实操训练具体内容和步骤

（一）单人水中的 HELP 姿势

单人水中的 HELP 姿势训练方法和步骤如下（如图 1-1-2-1 所示）：

（1）必须保证头颈、腋下、腹股沟和膝弯等部位被防护，头颈部依靠救生衣的浮力大部分露出水面，腋下要夹紧，双腿并拢并靠向胸前保护腹股沟，膝盖弯曲防止膝弯散热；

（2）身体保持平衡，头部略微后仰；

(3)呼吸要平稳，采用口吸鼻呼的方式，防止呛水；

(4)身体向一侧倾斜时，头部应向相反一侧小幅度转动可以保持正浮平衡状态；

(5)在保持正确的 HELP 姿势 15 s 后，可以解除该姿势，同时体会身体热量的流失。

图 1-1-2-1　单人 HELP 姿势训练

(二)多人水中的 HUDDLE 姿势

学生五人一组进行实操训练，五名学生在任课教师的指导下，模拟多人水中的 HUDDLE 姿势的正确方法，掌握动作要领和技术要点。由于人数较多，学员在水中应认真学习和体会，保持安静，注意安全。

多人水中的 HUDDLE 姿势的方法和步骤如下(如图 1-1-2-2 所示)：

(1)每名学生的右肩应顶在右侧学生的左腋下，右臂环抱右侧学生，左臂搭在左侧学生背后的救生衣浮块上，依此类推；

(2)双腿并拢，大腿夹紧，脚踝部交搭；

(3)多人在一起的 HUDDLE 姿势，应尽可能抱紧，头部靠近，以便呼吸的气体是温热的；

(4)任课教师根据情况，可以控制学生分组的增加或减少，最少为三人一组；

(a)　　(b)

图 1-1-2-2　多人水中的 HUDDLE 姿势训练

(5)若人数较多,则参训人员应双臂互挽,用一只手抓扶救生衣保持平衡,另一只手护住口鼻,防止呛水,腿部动作同HELP姿势,如图1-1-2-2(b)所示。

六、评估标准

1. 优秀:操作正确、熟练。
2. 良好:操作正确、比较熟练。
3. 及格:操作正确、熟练程度一般,能完成操作。
4. 不及格:操作较差,只能完成部分操作。

实操训练项目三　穿着救生衣扶正救生筏、水中登筏及协助登筏

一、实操训练内容

1. 气胀式救生筏的构造(含雷达反射器的安装)讲解。
2. 气胀式救生筏的扶正训练。
3. 穿着救生衣从水中登上救生筏。
4. 水中拖带落水人并协助其登筏。

二、实操训练的目的和要求

救生筏是弃船后进行海上求生活动的重要的海船救生设备。掌握救生筏的构造及功能,扶正倾覆的救生筏,并在水中登上救生筏,对求生者来讲非常重要。通过训练,使学生熟悉救生筏,掌握诸项关于救生筏的求生技能,可使其做好自身保护,并通过相互间的协助,增加获救和救助的机会,增强其海上求生的信心。

三、实操训练条件

1. 可以进行实操训练的安全水域,最好在游泳馆或求生馆进行。
2. 通用海船救生衣40件。
3. 气胀式救生筏1只,额定成员8人以上,有2个对称入口。
4. 救生圈2个。
5. 雷达反射器。
6. 救生浮环2个。

四、实操训练组织

1. 教师安排

每班安排2~4名任课教师。其中1名教师主讲(也可以相互分工担任各项目主讲),其余教师协助教学,检查学生的听课情况,各项技术动作是否正确,做好教学器材、用品的准备,做

好安全检查和安全管理、紧急救护的工作。在整个教学过程中所安排教师必须始终在教学现场,保持警惕。

2. 学生分组

在教师的组织下以班级为基础,扶正救生筏和水中登筏项目由单人逐个进行实操训练,拖带落水人并协助其登筏实操训练为 3 人一组进行。

五、实操训练具体内容和步骤

(一)气胀式救生筏的结构组成(含雷达反射器的安装)

1. 气胀式救生筏的构造

气胀式救生筏由篷柱、篷帐、筏体、筏底四个部分组成,如图 1-1-3-1 所示。在篷帐上设置有示位灯(如图 1-1-3-2 所示)、瞭望窗(如图 1-1-3-3 所示)、雨水收集装置以及相关标志等。筏体由 2 套独立的筏胎组成,上面设置有安全阀(如图 1-1-3-4 所示)、进排气阀(如图 1-1-3-5 所示)、登筏平台(如图 1-1-3-6 所示)、登筏软梯(如图 1-1-3-7 所示)、充气钢瓶(如图 1-1-3-8 所示)以及扶手索具等。筏底的下面设置有平衡水袋及扶正带(如图 1-1-3-9 所示)等。

图 1-1-3-1　气胀式救生筏

图 1-1-3-2　示位灯

图 1-1-3-3　瞭望窗

图 1-1-3-4　安全阀

图 1-1-3-5　进排气阀

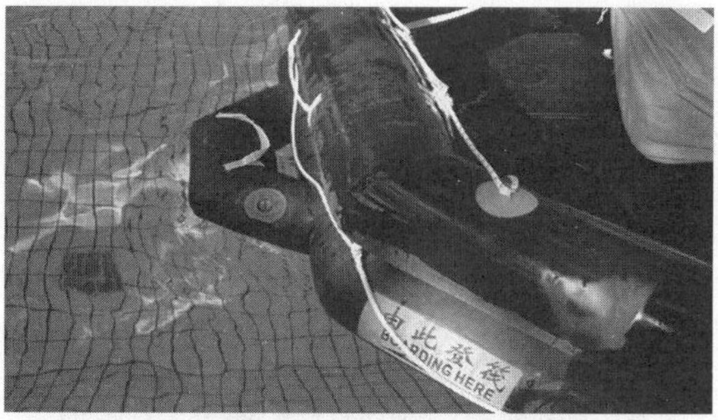

图 1-1-3-6　登筏平台

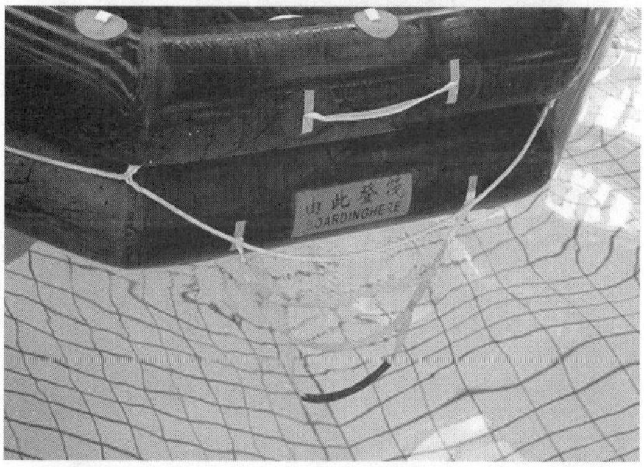

图 1-1-3-7　登筏软梯

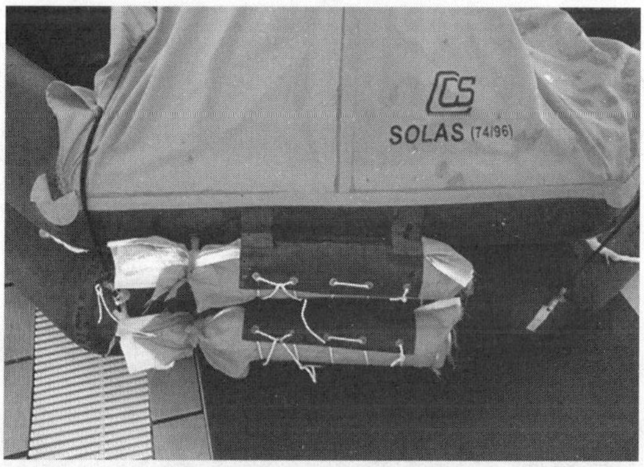

图 1-1-3-8　充气钢瓶

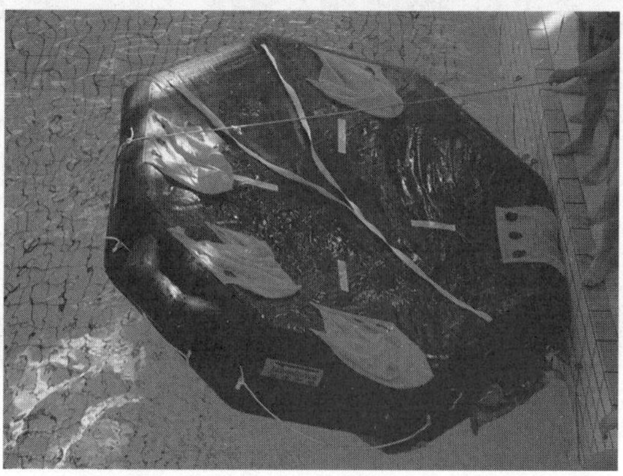

图 1-1-3-9　平衡水袋及扶正带

2. 雷达反射器的组成及安装方法

雷达反射器是救生筏的重要属具，其由反射器主体和3根支柱组成，其中反射器主体一般为可折叠式，使用时可以撑开，如图1-1-3-10所示。

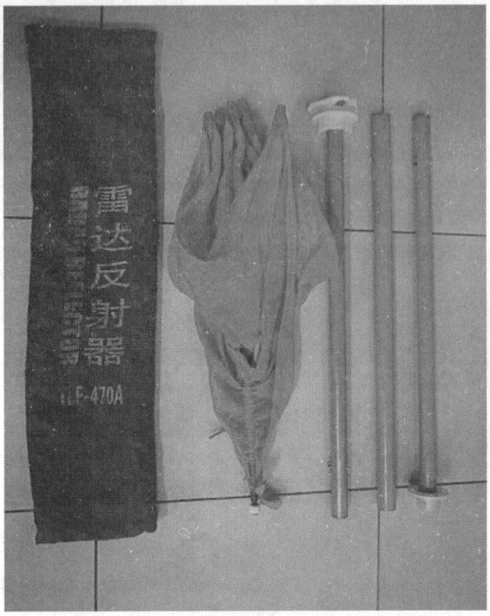

图1-1-3-10　雷达反射器的组成

雷达反射器的支撑连接及正确安装方法如图1-1-3-11和1-1-3-12所示，具体步骤如下：

(1)打开包装袋，取出主体和支柱；

(2)撑开雷达反射器的主体，直到伞弹簧弹出锁牢，并旋紧张紧螺栓；

(3)把反射器主体装在头部支柱的钩型槽内，并旋紧头部支柱螺栓；

(4)连接3根支柱，并卡牢；

(5)将支柱由上到下通过蓬帐上的雷达反射器开孔，将底部支柱竖直插入救生筏筏底的橡胶底座，用绳带系牢雷达反射器。

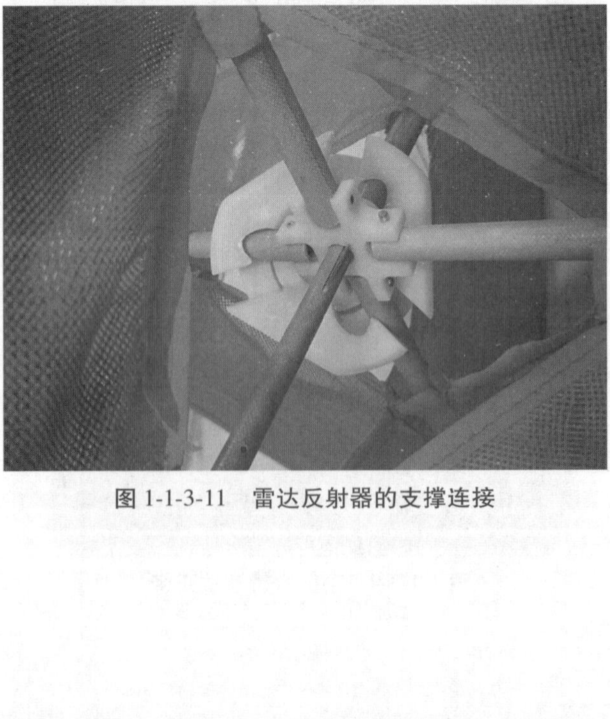

图1-1-3-11　雷达反射器的支撑连接

图 1-1-3-12　雷达反射器的正确安装

(二)气胀式救生筏的扶正训练

抬起救生筏放入池水中,人为将救生筏置于翻覆状态。学员在充分理解教师讲解和示范救生筏扶正的正确方法和注意事项后,进行救生筏的扶正操作训练。

气胀式救生筏的正确扶正方法和步骤(如图 1-1-3-13 所示)如下:

(1)学员身穿救生衣下水,游到救生筏筏体带充气钢瓶一侧;

(2)攀爬到救生筏筏底,因筏底较湿滑,身体重心应放低;

(3)扶正救生筏时,脚应踩在有充气钢瓶的筏底一侧;

(4)尽可能拉拽扶正带的上方部位,身体后倒,靠体重而不是臂力扶正救生筏(对于超过额定成员 15 人以上的救生筏,除了体重外,还需要用臂力拉拽才可以扶正);

(5)如果在室外应考虑将充气钢瓶转至下风方向,扶正人员面朝风向,借助风力扶正;

(6)如果扶正时被筏压在水下,必须选择面部朝上,决不可背部朝上,且应该选择从筏的两侧(相对于扶正带)游出。

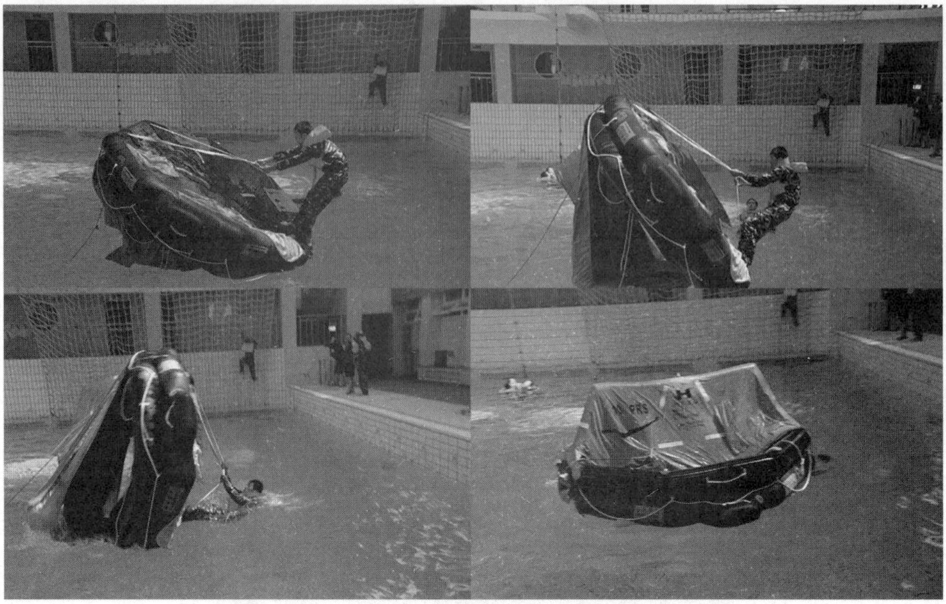

图 1-1-3-13　气胀式救生筏的正确扶正方法和步骤

注意：由于扶正倾覆的救生筏存在一定的危险性，因此需要游泳技术好的同学参与，其他同学认真学习，领会技术要点和难点，且有学生协助任课教师做好安全防护工作。

（三）穿着救生衣从水中登上救生筏

救生筏扶正后，可在池边进行简单的固定（开敞水域无须固定）。学生集合，整理好救生衣，登上 5 m 跳台。穿着救生衣跳水，短距离游泳，通过登筏平台登上救生筏。

穿着救生衣从登筏平台登上救生筏的正确方法和步骤（如图 1-1-3-14 所示）如下：

（1）通过登筏平台登上救生筏的关键是要将一条腿的膝盖放在登筏平台上，通过拉拽登筏拉索和膝盖部位，用力登上救生筏；

（2）力量小的人，可以将一条腿的小腿部分深入登筏平台和下浮胎之间，再通过拉拽登筏拉索，用力登上救生筏；

（3）离开救生筏进入水中，手上动作同跳水的姿势，坐在救生筏上浮胎的边缘，身体后倒，滑入水中，当头部完全出水后，方可松开护住口鼻的手掌，防止呛水。

图 1-1-3-14　由登筏平台登上救生筏练习

（四）水中拖带落水人并协助其登筏

（1）学生集合，进行实操训练分组，3 人一组，确定被救者和施救者。

（2）模拟落水人的学生进入水中后，施救者进入水中对其进行拖带至救生筏登筏平台附近，拖带落水者时，应保证落水者的口鼻部露出水面，可以自由呼吸，如图 1-1-3-15 所示。

（3）一名施救者通过登筏平台登上救生筏后，控制住被救者，另一名施救者再由登筏平台登上救生筏。

（4）施救者协助被救者登上救生筏，动作要迅速干脆，不可缓慢拖拉，如图 1-1-3-16 所示。

图 1-1-3-15　水中拖带落水人练习

图 1-1-3-16　协助落水人登筏练习

六、评估标准

1. 优秀：操作正确、熟练。
2. 良好：操作正确、比较熟练。
3. 及格：操作正确、熟练程度一般，能完成操作。
4. 不及格：操作较差，只能完成部分操作。

实操训练项目四　正确穿着救生服并游泳和正确穿着保温用具

一、实操训练内容

1. 正确穿着救生服。
2. 穿着救生服水中漂浮并短距离游泳。
3. 正确穿着保温用具。

二、实操训练目的和要求

救生服和保温用具是海船救生设备中的个人救生设备，通过实操训练，可以熟练掌握救生服和保温用具的正确穿着方法，增强对救生设备的信心。

三、实操训练条件

1. 可以进行实操训练的安全水域，最好在游泳馆或求生馆进行。
2. 救生服 5 件。
3. 保温用具 5 件。
4. 秒表 5 只。
5. 救生圈 2 只。

四、实操训练组织

1. 教师安排

每班安排 2~4 名教师。其中 1 名教师主讲（也可以相互分工担任各项目主讲），其余教师协助教学，检查学生的救生服和保温用具穿着是否正确，各项动作是否正确，做好教学器材、用品的准备，做好安全检查和安全管理、紧急救护的工作。在整个教学过程中所安排的教师必须始终在教学现场，保持警惕。

2. 学生分组

在教师的组织下以班级为基础，根据所进行的项目分成 3~4 组，或逐个人员进行。

五、实操训练具体内容和步骤

（一）救生服的穿着

学生在泳池边集合，学习并掌握救生服的构造及正确的穿着方法，了解救生服水密性检验的正确方法。然后分组，逐一进行救生服穿着训练，以保证在 2 min 内正确穿着救生服。

救生服的正确穿着方法和步骤（图 1-1-4-1 所示）如下：

（1）穿着救生服之前应穿着适当保暖的衣服；

（2）取出救生服，打开胸前的水密拉链，松开腿部的限流拉链；

(3)先穿下身,然后将腿部的限流拉链收紧;

(4)后穿上身,并将帽子戴好,然后将水密拉链拉紧至脸部,扣好胸前的连接扣;

(5)下水前将脸部密封拉至下颌,并用双臂抱胸的方式排出救生服内的空气;

(6)如果需要,救生服外面加穿一件救生衣。

图 1-1-4-1　穿着救生服训练

穿着救生服的过程中,应注意以下事项:

(1)正确穿着救生服应包括脸部的保护和腿部限流装备的使用;

(2)救生服胸口的拉环为水中拖带设备,并非直升机吊升设备;

(3)如时间允许,可示范讲解救生服的气密检测方法。

(二)穿着救生服水中漂浮并短距离游泳

(1)全部学生在泳池边集合,一名教师讲解穿着救生服水中漂浮和短距离游泳的正确方法;

(2)穿着救生服水中漂浮时头部略微后仰,四肢放松伸展,采用口吸鼻呼的方式进行呼吸,这时靠救生服的浮力可以自由地漂浮在水面上,如图 1-1-4-2 所示。

图 1-1-4-2　穿着救生服水中漂浮训练

(3)穿着救生服游泳的距离,应控制在 25 m 以内,且不少于 5 m,如图 1-1-4-3 所示。可以采用蛙泳或者仰泳姿势,由于救生服会在一定程度上限制身体活动能力,对于游泳技术较差的学生,建议采取仰泳姿势。

图 1-1-4-3　穿着救生服游泳训练

(三)正确穿着保温用具

(1)在泳池边集合,教师讲解保温用具的种类(如图 1-1-4-4 所示),以及正确的穿着方法:

①打开包装袋,取出保温用具;

②拉开保温用具拉链;

③建议坐在地面上,双腿完全穿入保温用具内,对于衣服状保温用具,双腿分开穿入;

④上身进入保温用具上部,拉上拉链;

⑤戴上帽子,拉紧帽子四周的绳索,减少和外界空气的流动。

(2)学生分组进行保温用具的穿着训练,因保温用具的保温层容易损坏,穿着应小心谨慎,如图 1-1-4-5 所示;

(3)保温用具的穿着应独立完成,任课教师可使用秒表进行时间测试,应能在 2 min 内将保温用具脱掉。

图 1-1-4-4　保温用具

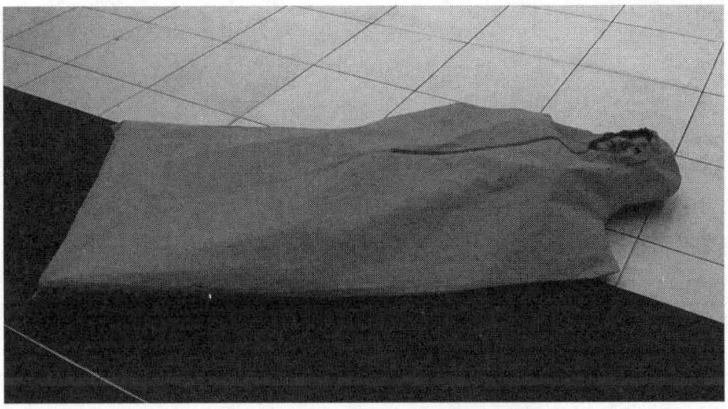

图 1-1-4-5　保温用具穿着训练

六、评估标准

1. 优秀:操作正确、熟练。
2. 良好:操作正确、比较熟练。
3. 及格:操作正确、熟练程度一般,能完成操作。
4. 不及格:操作较差,只能完成部分操作。

实操训练项目五　未穿救生衣在水中仰浮及水中求生法

一、实操训练内容

1. 未穿救生衣在水中仰浮。
2. 水中求生法。

二、实操训练目的和要求

通过模拟未穿救生衣在水中仰浮及水中求生法的实操训练,掌握在发生突发情况而未能获取救生衣时,如何在水中节省体力,延长漂浮待久时间,直至最终获救的求生技能。

三、实操训练条件

1. 可以进行实操训练的安全水域,最好在游泳馆或求生馆进行。
2. 救生圈 2 个。
3. 救生浮环 2 个。

四、实操训练组织

1. 教师安排

每班安排 2~4 名任课教师。其中 1 名教师主讲(也可以相互分工担任各项目主讲),其余教师协助教学,检查学生的听课情况,各项技术动作是否正确,做好教学器材、用品的准备,做好安全检查和安全管理、紧急救护的工作。在整个教学过程中所安排教师必须始终在教学现场,保持警惕。

2. 学生分组

在教师的组织下以班级为基础,根据所进行的项目分成3~4组,或逐个人员进行。

五、实操训练具体内容和步骤

(一)未穿救生衣在水中仰浮

(1)全部学生在泳池边集合,由任课教师讲解仰浮的作用、动作要领,并强调仰浮的重要性,以及淡水和海水浮力的差别。并示范未穿救生衣在水中仰浮,鼓励大家多作练习,其余教师协助并做安全保护工作。

(2)学生按班级人数分组进入泳池,做仰浮姿势,反复进行训练,如图1-1-5-1所示。

(3)做仰浮时,要保持头部略微后仰,使口鼻露出水面,深吸气入下腹部后屏住呼吸。

(4)两只手臂要贴住耳朵,尽量向后拉伸,且腰臀部上挺,带动胸廓和腹部向上抬起。

(5)在做动作前吸气时,不要把气存于嘴里、颈部、胸部,要吸气吞于腹中,提升浮力。

(6)当无法屏住呼吸需要换气时,慢慢吐气,身体会随之下沉,不要慌张,手脚划水或打水,保持头部露在水面,再次深吸气入下腹,身体下沉后会再次上浮,这个过程要屏住呼吸,防止呛水。

图1-1-5-1　未穿救生衣水中仰浮训练

(二)水中求生法

(1)全部学生在泳池边集合,由任课教师讲解仰浮的作用、动作要领,并示范未穿救生衣的水中求生法,图1-1-5-2为水中求生法示例。其余教师协助并做安全保护工作。

(2)学生分组进入泳池,演示水中求生法,反复进行训练,掌握动作要领,如图1-1-5-3所示。

(3)做水中求生法时,应深吸气入腹腔。

(4)身体放松,四肢自然下垂或伸展。

(5)换气时可用手脚配合,使头部出水后再深吸气。

(6)换气后可继续之前的技术动作,反复练习。

图 1-1-5-2　水中求生法图例

图 1-1-5-3　未穿救生衣水中求生法训练

在实操训练中应注意:

(1)由于未穿救生衣,水中呼吸和换气相对比较困难,应掌握技术动作要领,防止呛水;

(2)此训练项目需要通过长期的锻炼才能真正掌握,课上认真学习和练习,课后应有时间多次训练,达到熟练掌握。

六、评估标准

1. 优秀:操作正确、熟练。
2. 良好:操作正确、比较熟练。
3. 及格:操作正确、熟练程度一般,能完成操作。
4. 不及格:操作较差,只能完成部分操作。

实操训练项目六　正确使用海锚、桨等救生设备脱离难船

一、实操训练内容

1. 正确使用救生筏配备的海锚。
2. 正确使用救生筏配备的手划桨。

二、实操训练目的和要求

弃船时，为了保障生命安全，救生筏应脱离难船的危险范围以增加获救的机会。由于救生筏没有自航能力，就需要用救生筏所配备的海锚和桨等救生设备，快速脱离难船。通过该项实操训练，可使学生掌握登上救生筏应采取的正确行动，掌握正确使用海锚和桨等救生设备的求生技能。

三、实操训练条件

1. 可以进行实操训练的安全水域，最好在游泳馆或求生馆进行。
2. 通用海船救生衣 40 件，或满足救生筏额定乘员需要。
3. 气胀式救生筏 1 只，额定成员 8 人以上，有 2 个对称入口。
4. 救生筏配备的海锚 2 只。
5. 救生筏配备的可浮手划桨 2~4 只。
6. 救生圈 2 个。
7. 救生浮环 2 个。

四、实操训练组织

1. 教师安排

每班安排 2~4 名任课教师。其中 1 名教师主讲(也可以相互分工担任各项目主讲)，其余教师协助教学，检查学生的听课情况，各项技术动作是否正确，做好教学器材、用品的准备，做好安全检查和安全管理、紧急救护的工作。在整个教学过程中所安排教师必须始终在教学现场，保持警惕。

2. 学生分组

在教师的组织下以班级为基础，根据所进行的项目分成 6~8 组，或逐个人员进行。

五、实操训练具体内容和步骤

海锚是配备在救生艇筏中的一个专用设备，它可以控制救生艇筏处于顶风顶浪的状态。在漂流待救时，利用海锚可以减缓救生艇筏漂流速度；对于无动力的救生筏，利用它可以提供一定动力，协助脱离难船。

参训人员围拢在气胀式救生筏的周围，任课教师进行救生筏配备海锚和桨的作用和使用方法的讲解。然后对人员进行分组进入到救生筏，利用配备的海锚和手划桨，做移动救生筏的训练。

(一)实操训练的正确方法和步骤

筏内学员按照事先设定好的路线，使用海锚和桨移动救生筏驶离和返回，如图 1-1-6-1 所示。在救生筏中使用海锚和手划桨行驶的正确方法和步骤如下：

(1)使用海锚时，海锚索一端应在救生筏上系牢；

(2)抛出海锚时，应保持身体平衡，避免滑出救生筏外或摔倒；

(3)回收海锚时，应迅速有力，同时应保持身体平衡；

(4)使用手划桨时，应使桨叶入水 2/3，保证划水有力，不做无用功；

(5)使用手划桨时,应左右协调,保证救生筏前进的方向;

(6)同时使用海锚和手划桨,应相互协调一致,不能互相干扰,适得其反。

图 1-1-6-1　用桨和海锚移动救生筏

(二)实操训练的注意事项

在实操训练过程中,应注意:

(1)抛投海锚时,救生筏在水上,由于受到海浪影响,人员立足不稳,如果不注意,容易滑倒跌入水中,或倒入救生筏内造成伤害。因此,学员应放低重心,双腿倚靠救生筏筏体以稳定身体。

(2)手划桨的使用:入水太深,则阻力太大;入水太浅,可能会做无用功。若要轻松地控制手划桨入水 2/3 的深度,需要多次训练才能熟练。

六、评估标准

1. 优秀:操作正确、熟练。
2. 良好:操作正确、比较熟练。
3. 及格:操作正确、熟练程度一般,能完成操作。
4. 不及格:操作较差,只能完成部分操作。

实操训练项目七　攀爬登乘梯、救生索、安全救生网

一、实操训练内容

1. 正确攀爬登乘梯的方法。
2. 正确攀爬救生索的方法。
3. 正确攀爬安全救生网的方法。

二、实操训练目的和要求

海上求生的过程，从弃船直至获救，有时候需要求生者掌握攀爬登乘梯、救生索、安全救生网的技能，以增加获救的机会。通过训练，使受训人员了解攀爬的难点和行动时的注意事项，真正掌握攀爬登乘梯、救生索、安全救生网的技巧。

三、实操训练条件

1. 可以进行实操训练的安全水域，最好在游泳馆或求生馆进行。
2. 通用海船救生衣 40 件，或满足救生筏额定乘员需要。
3. 登乘梯 1 具，顶端固定高度距水面至少 4.5 m。
4. 救生索 1 根，救生索中结 50 cm 间隔。
5. 安全救生网 1 具。
6. 救生圈 2 只。

四、实操训练组织

1. 教师安排

每班安排 2~4 名任课教师。其中 1 名教师主讲（也可以相互分工担任各项目主讲），其余教师协助教学，检查学生的听课情况，各项技术动作是否正确，做好教学器材、用品的准备，做好安全检查和安全管理、紧急救护的工作。在整个教学过程中所安排教师必须始终在教学现场，保持警惕。

2. 学生分组

在教师的组织下以班级为基础，根据所进行的项目分成 3~4 组，或逐个人员进行。

五、实操训练具体内容和步骤

（一）攀爬登乘梯

攀爬登乘梯的正确方法和步骤（如图 1-1-7-1 所示）如下：

（1）攀爬开始时，身体面向登乘梯，双手握紧梯子两侧的绳索；

（2）在攀爬登乘梯时，要保持“三点不动一点动”，即两只手和两只脚一共四个点，在攀爬的时候只能移动一个点，其他三点应抓牢或踩牢，以保证安全；

（3）在攀爬时，由于船舶倾斜等原因，登乘梯很有可能是悬空的，因此，在攀爬时，应尽可能抓牢，并尽可能地伸展胳膊和腿部，保持与登乘梯的贴合，这样更省力气，而不是手脚距离缩短，使胳膊承受身体大部分的重量；

（4）在攀爬登乘梯训练时，登乘梯上只能有一人进行训练。

图 1-1-7-1　攀爬登乘梯训练

(二)攀爬救生索

攀爬"救生索"的正确方法和步骤(如图 1-1-7-2 所示)如下:

(1)攀爬开始时,双手应先握紧救生索的中结,然后身体贴近救生索,双脚同时踩住下面的中结;

(2)在攀爬救生索时,两只手应握住一个救生索中结的上端,根据自己的身高,选择一个距离脚步比较近的救生索中结并踩住;

(3)先移动手部向下一个救生索中结,两只手抓握住其上端后,再向下沿着救生索移动脚步至下一个救生索中结;

(4)由于救生索是悬空的,因此,在攀爬时,应尽可能抓牢,并尽可能地伸展胳膊和腿部,保持与救生索的贴合,这样更省力气,而不是手脚距离缩短,使胳膊承受身体大部分的重量。

图 1-1-7-2　攀爬救生索训练

在攀爬救生索训练时,应注意:

(1)救生索上只能有一人进行训练,不可多人同时训练;

(2)在攀爬训练时,这些救生索的下方水面上不能有其他学员进行漂浮和游动,万一因体力或其他原因跌落,会造成伤害,任课教师和负责安全警戒的学生应特别小心。

(三)攀爬安全救生网

攀爬安全救生网的正确方法和步骤(如图 1-1-7-3 所示)如下:

(1)攀爬开始时,身体面向安全救生网,双手应先握紧安全救生网的上端,然后身体贴近安全救生网,双脚踩住安全救生网的下端;

(2)在攀爬安全救生网时,要保持"三点不动一点动",即两只手和两只脚一共四个点,在攀爬的时候只能移动一个点,其他三点应抓牢或踩牢,以保证安全;

(3)在攀爬时,由于船舶倾斜等原因,安全救生网很有可能是悬空的,因此,在攀爬时,应尽可能抓牢,并尽可能地伸展胳膊和腿部,保持与安全救生网的贴合,这样更省力气,而不是手脚距离缩短,使胳膊承受身体大部分的重量;

(4)在攀爬安全救生网训练时,根据大小安排安全救生网上进行训练的人数,垂直高度上,只能有一人进行训练。

图 1-1-7-3 攀爬安全救生网训练

六、评估标准

1. 优秀:操作正确、熟练。
2. 良好:操作正确、比较熟练。
3. 及格:操作正确、熟练程度一般,能完成操作。
4. 不及格:操作较差,只能完成部分操作。

实操训练项目八　正确认识救生设备的种类与配备标准

一、实操训练内容

1. 正确认识救生艇、救助艇的种类与配备标准。
2. 正确认识救生信号的种类与配备标准。
3. 正确认识无线电救生设备的种类与配备标准。
4. 正确认识抛绳设备的种类与配备标准。
5. 正确认识救生艇筏内属具备品的种类与配备标准。

二、实操训练目的和要求

正确使用海船救生设备是能否获救的基本条件，认识并了解救生设备的种类与配备标准，有助于增强学生对海上求生的信心和决心，也便于求生者做好自身保护，增加获救的机会。

因此，通过该项实操训练，使参训人员能够直观地接触海船救生设备，结合理论课程的讲解，了解甚至熟悉这些设备，是该项实操训练的目的。

三、实操训练条件

1. 全封闭救生艇及降放装置 1 套。
2. 救助艇及降放装置 1 套。
3. 救生圈 1 个。
4. 手套、安全帽等安全防护装置。
5. 无线电救生设备如 EPIRB、SART 等，1~2 只。
6. 视觉信号 1 套。
7. 抛绳设备 1 套。
8. 救生艇筏内属具备品 1 套。

四、实操训练组织

1. 教师安排

每班安排 2~4 名教师。其中 2 名教师相互分工担任各项目主讲，可通过现场设备操作演示、实时讲解等方式进行，其余教师协助教学，检查学生的听课状态并答疑，各项动作是否正确，做好教学器材、用品的准备工作。在整个教学过程中所安排教师必须始终在教学现场，保持警惕。

2. 学生分组

在教师的组织下以班级为基础，将学生分成 2 组，每组由一名教师负责组织、授课。

五、实操训练具体内容和步骤

人员分两组:一组人员由授课老师讲解救生设备的种类、构造、设备名称及配备标准;另一组人员由授课老师讲解救生艇的存放和降放装置的要求。

(一)救生艇、救助艇的种类与配备

1. 救生艇的种类

救生艇按照结构形式不同可分为开敞式救生艇、部分封闭式救生艇和全封闭式救生艇三类。

(1)开敞式救生艇是一种没有固定顶篷装置的救生艇,如图 1-1-8-1 所示。

图 1-1-8-1 开敞式救生艇

(2)部分封闭式救生艇在艇艏和艇尾各设有不少于 20%艇长的刚性顶盖,中间设有可折式顶篷,如图 1-1-8-2 所示。

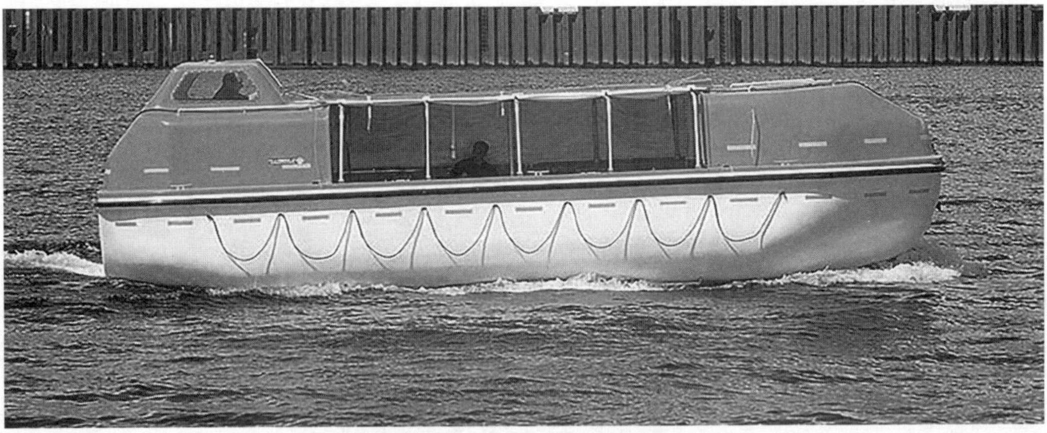

图 1-1-8-2 部分封闭式救生艇

(3)全封闭式救生艇的上部有固定的刚性顶盖,如图 1-1-8-3 所示。

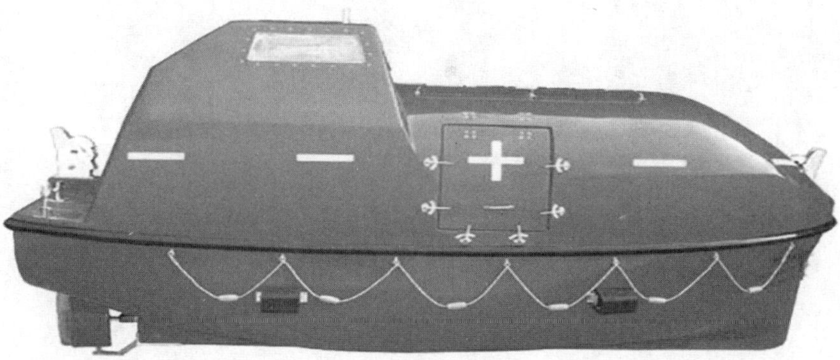

图 1-1-8-3　全封闭式救生艇

2. 救生艇的配备

(1)客船救生艇的配备

①从事短程国际航行且符合特种分舱标准的客船应配备符合《国际救生设备规则》所要求的部分封闭或全封闭式救生艇,其总容量至少能容纳船上人员总数的 30%。

②从事短程国际航行而不符合特种分舱标准的客船,其救生艇的配备与从事非短程国际航行的客船相同。

③从事非短程国际航行的客船应配备符合《国际救生设备规则》所要求的部分封闭或全封闭式救生艇,其在每舷的总容量应该能够容纳不少于船上人员总数的 50%。

(2)货船救生艇的配备

①货船每舷应配备 1 艘或多艘符合《国际救生设备规则》所要求的全封闭式救生艇,其总容量能容纳船上人员总数。

②货船可配备 1 艘或多艘符合《国际救生设备规则》所要求的能在船尾自由降落的救生艇,其总容量能容纳船上人员总数。

3. 救助艇的种类

救助艇是为了在船舶发生海难时,救助船上遇险人员和对在海上进行求生的救生艇、筏进行集结而配备的救生设备。

目前,在海船上配备使用的救助艇,从制造材料上,可以大致分为刚性救助艇、充气式救助艇以及刚性充气混合式救助艇三类:

(1)刚性救助艇主要使用玻璃纤维增强塑料与不饱和聚酯树脂黏合而成,是目前船上比较普遍使用的一种救助艇,如图 1-1-8-4 所示。

图 1-1-8-4　刚性救助艇

（2）充气式救助艇主要由橡胶材料及附属材料构成，如图 1-1-8-5 所示。

图 1-1-8-5　充气式救助艇

（3）刚性充气混合式救助艇即在救助艇的艇体中既包含有刚性材料，又包含有橡胶材料，如图 1-1-8-6 所示。

图 1-1-8-6　刚性充气混合式救助艇

从救助艇推进装置的配备来看，其可以安装在舷内。在救助艇上设置有机舱，而且大多以柴油机为发动机，这种一般配备在刚性救助艇上；也可以配备舷外安装的发动机（俗称挂机），一般为汽油机。从救助艇推进器方面来看，有螺旋桨推进和喷水推进两种。

（4）救助艇的配备标准

根据 SOLAS 公约规定，船舶配备救助艇标准为：

①货船应该至少配备一艘救助艇；

②500 总吨以下的客船至少配备一艘救助艇；

③500 总吨以上的客船每舷至少配备一艘救助艇；

④如果救生艇也符合救助艇的要求，可以将此救生艇作为救助艇。

（二）救生信号的种类与配备

（1）救生信号的种类

船舶和救生艇筏按规定配有一定数量的救生视觉信号，船舶在遇险时可以利用这些信号来显示难船以及救生艇筏位置，以便引起周围过往船舶、飞机的注意。

救生视觉信号的种类有（如图 1-1-8-7、图 1-1-8-8 所示）：

图 1-1-8-7　火箭降落伞火焰信号和手持火焰信号

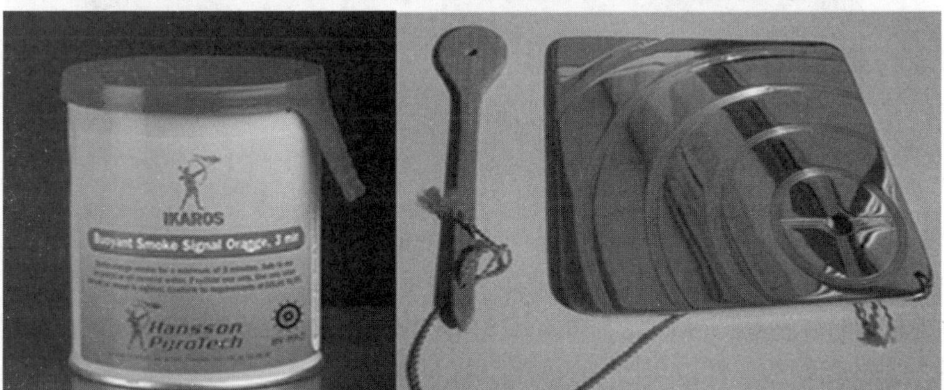

图 1-1-8-8　漂浮烟雾信号和日光信号镜

①火箭降落伞火焰信号；

②手持火焰信号；

③漂浮烟雾信号;

④日光信号镜。

(2)救生视觉信号的配备标准

救生视觉信号的配备如表 1-1-8-1 所示。

表 1-1-8-1 救生视觉信号的配备

<table>
<tr><th></th><th></th><th>信号名称</th><th>救生艇</th><th>救生筏</th><th>船舶</th></tr>
<tr><td rowspan="4">救生视觉信号</td><td rowspan="2">夜间用</td><td>火箭降落伞
火焰信号</td><td>4</td><td>4</td><td>12</td></tr>
<tr><td>手持火焰信号</td><td>6</td><td>6</td><td></td></tr>
<tr><td rowspan="2">白天用</td><td>漂浮烟雾信号</td><td>2</td><td>2</td><td></td></tr>
<tr><td>日光信号镜</td><td>1</td><td>1</td><td></td></tr>
</table>

(三)无线电救生设备的种类与配备

船舶一般配备的紧急无线电救生设备有以下 4 种:

(1)紧急无线电示位标(Emergency Position Indicating Radio Beacon,简称 EPIRB),可在船舶遇险时人工或自动启动,发出包括本船识别码在内的遇险报警信息,如图 1-1-8-9 所示。

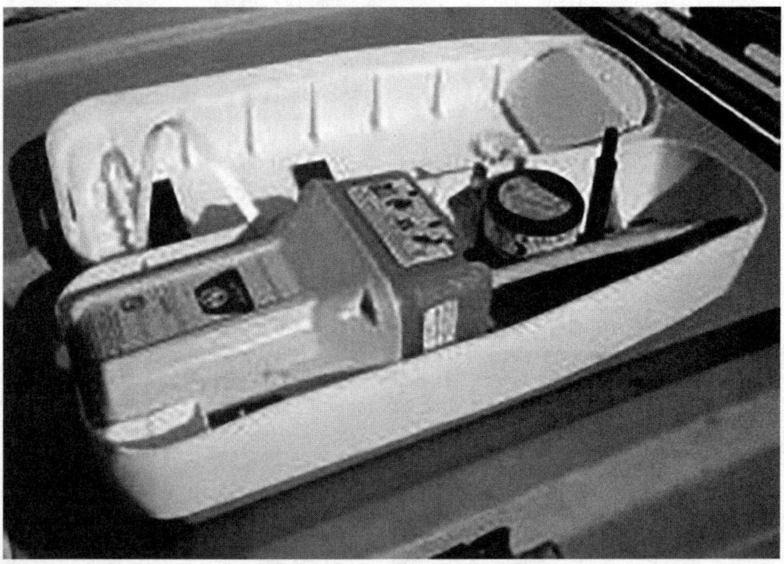

图 1-1-8-9 紧急无线电示位标

每艘船舶应配备 1 台卫星紧急无线电示位标。

(2)搜救雷达应答器(Search and Rescue Radar Transponder,简称 SART),可在救援行动当中快速定位救生艇筏的位置,如图 1-1-8-10 所示。

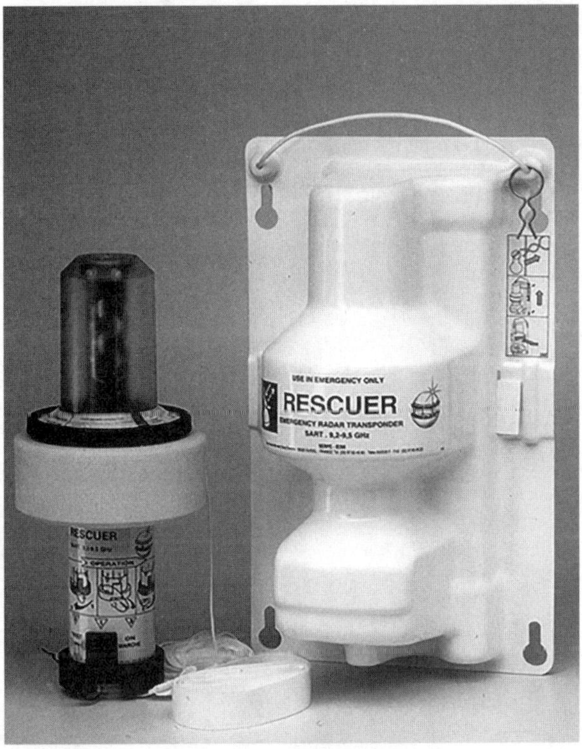

图 1-1-8-10　搜救雷达应答器

每艘客船和 500 总吨及以上的货船，每舷应至少配有 1 台搜救雷达应答器；每艘 300 总吨及以上，但小于 500 总吨的货船应至少配有 1 台搜救雷达应答器。

(3) 双向甚高频无线电话（Two-way VHF Radiotelephone），便于携带，使用简单方便，主要用于较短距离的通信，如图 1-1-8-11 所示。

图 1-1-8-11　双向甚高频无线电话

每艘客船和500总吨及以上的货船,应至少配有3台双向甚高频无线电话;每艘300总吨及以上,但小于500总吨的货船应至少配有2台双向甚高频无线电话。

(4)通用应急报警系统和公共广播系统

通用应急报警系统能发出七个或以上的短声继以一长声组成的应急报警信号;公共广播系统能向船员或乘客,以及他们经常活动的所有地方广播包括紧急信息在内的各类信息。

船舶应配备一套通用应急报警系统,此外,所有客船还应设置一套公共广播系统。

(四)抛绳设备的种类与配备

(1)抛绳设备的种类

船用抛绳设备是一种在船舶遇险时,将一根细绳发射到岸上或其他船上的工具,用于遇险船舶、救生艇筏、救助船或陆、岸之间传递绳索,快速带缆以便实施救助。

船用抛绳设备主要有枪式抛绳设备和筒式抛绳设备两种,如图1-1-8-12所示。

(a)枪式抛绳设备　　(b)筒式抛绳设备

图1-1-8-12　船用抛绳设备

(2)抛绳设备的配备

每艘船舶应配备至少4套抛绳设备。其中,每套枪式抛绳设备由4枚抛射火箭、4盒抛绳(每盒绳长400 m)和1支抛射枪组成,整套设备装在一个防水箱子内。

(五)救生艇筏内属具备品的种类与配备

(1)救生艇内属具备品的种类与配备

救生艇内的属具应包括以下项目:

①除自由降落救生艇以外,足够数量的可浮桨供在平静海面划桨前进;

②带钩艇篙2支;

③可浮水瓢1只,水桶2只;

④救生手册1本;

⑤具有发光剂或适当照明装置的操舵罗经1只;

⑥海锚1只,配有浸湿时还可以用手紧握的耐振锚索1根;

⑦艏缆2根,艏缆长度不小于从救生艇存放位置至最轻载航行水线距离的2倍或者15 m,取其长者;

⑧太平斧 2 把；

⑨每个乘员 3 L 的淡水；

⑩附有短绳的不锈水勺 1 个；

⑪不锈饮料量杯 1 个；

⑫额定乘员每人不少于 10 000 KJ 口粮；

⑬火箭降落伞火焰信号 4 支，手持火焰信号 6 支，漂浮烟雾信号 2 支，防水手电筒 1 只，日光信号镜 1 面；

⑭救生信号图解说明表 1 张；

⑮哨笛或者等效的音响号具 1 只；

⑯急救药包 1 套；

⑰每人 48 h 用量的防晕船药和清洁袋 1 个；

⑱以短绳系于艇上的水手刀 1 把；

⑲开罐头刀 3 把；

⑳系有长度不少于 30 m 浮索的可浮救生环 2 个；

㉑手摇水泵 1 只；

㉒钓鱼用具 1 套；

㉓能对发动机及其附件做小调整的足够数量的工具；

㉔适用于扑灭油类火的认可型可携式灭火器 1 具；

㉕探照灯 1 具；

㉖雷达反射器 1 具；

㉗足供不少于救生艇额定乘员 10%的保温用具或 2 件，取其大者。

(2) 救生筏内属具备品的种类与配备

救生筏内的属具应包括以下项目：

①系有长度不少于 30 m 浮索的可浮救生环 1 个；

②可浮的非折叠式安全小刀 1 把，如果乘员定额为 13 人或者以上的救生筏应加配一把不必是非折叠式的小刀；

③乘员定额不超过 12 人的救生筏配有可浮水瓢 1 只，乘员定额为 13 人或以上的救生筏配有可浮水瓢 2 只；

④海绵 2 块；

⑤流锚 2 只；

⑥可浮手划桨 2 支；

⑦开罐头刀 3 把，剪刀 1 把；

⑧急救药包 1 套；

⑨哨笛或者等效的音响号具 1 只；

⑩每个乘员 1.5 L 的淡水；

⑪不锈饮料量杯 1 个；

⑫额定乘员每人不少于 10 000 KJ 口粮；

⑬火箭降落伞火焰信号 4 支，手持火焰信号 6 支，漂浮烟雾信号 2 支，防水手电筒 1 只，日光信号镜 1 面；

⑭救生信号图解说明表 1 张；
⑮雷达反射器 1 具；
⑯钓鱼用具 1 套；
⑰每人 48 h 用量的防晕船药和清洁袋 1 个；
⑱救生须知和紧急行动须知；
⑲足供不少于救生艇额定乘员 10%的保温用具或 2 件，取其大者。

六、评估标准

1. 优秀：回答解释正确、熟练。
2. 良好：回答解释正确、比较熟练。
3. 及格：回答解释正确、熟练程度一般，能完成操作。
4. 不及格：回答解释较差，只能完成部分操作。

第二章　防火与灭火

实操训练项目一　大型水灭火系统的操作

一、实操训练内容

1. 使用喷水枪及散射喷枪扑灭较大火灾。
2. 使用水雾或其他合适的灭火剂扑灭油火与充满浓烟的居住舱室或模拟机舱的火灾。
3. 使用水雾喷头和散射喷枪、化学干粉或泡沫喷头扑救油火。

二、实操训练目的和要求

1. 掌握固定式水灭火系统的基本组成、用途。
2. 熟练掌握固定式水灭火系统的水雾和水柱的转换、消防水带的展开和理顺、消防水带与水枪、消火栓以及消防水带的连接。
3. 掌握射水的姿势、移动的方法等。
4. 掌握油火、居住舱室或机舱火灾的特点并使用喷水枪及散射喷枪灭较大火灾。
5. 能正确使用水雾扑灭油火、充满浓烟的生活区或模拟机舱的火灾。

三、实操训练条件

具有一定宽度空旷的实操场地。全套的固定式水灭火系统（包括国际通岸接头两个），一定数量的消火栓、水带、水枪。数量充足的消防头盔、消防战斗服、消防靴、消防手套等。能够在室内和室外模拟出适度的 A 类火和油火的情景。

四、实操训练的组织

不多于 20 名学员分配一名教员，先两人一组练习水带的展开和卷起，消火栓、水带、水枪的连接；再尽量将学生分为四人一组，练习射水的姿势、移动的方法、灭火的动作等。

五、实操训练具体内容和步骤

(一)了解固定式水灭火系统的基本组成

固定式水灭火系统由消防泵、消防总管、消防管、消火栓、截止阀、消防水带、消防水枪、国际通岸接头和应急消防泵等组成,如图 1-2-1-1 所示。

(a)消防泵

(b)应急消防泵

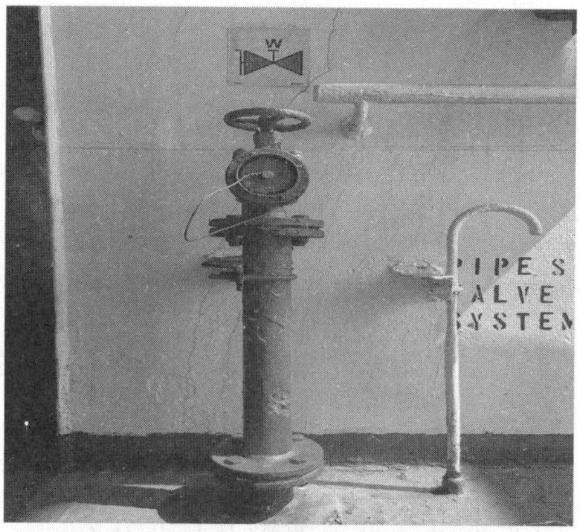

(c)消防管和消火栓

(d)截止阀

(e)消防水枪和消防水带存放箱

(f)水柱、水雾两用消防水枪

(g)国际通岸接头

(h)国际通岸接头存放地点和标志

(i)水雾射水

(j)水柱射水

图 1-2-1-1 水灭火系统的组成

(二)了解消防泵的启动方法

1. 打开上水阀和出水阀。

2. 启动消防泵控制开关,如图 1-2-1-2 所示。

(a)消防泵

(b)控制开关

图 1-2-1-2 消防泵组成部分

(三)消防水带的展开和卷起、消防水带与水枪和消火栓的连接

两人一组进行训练,编号为 1 号和 2 号。1 号人员负责打开水带接上水枪,完成后将水带卷起;2 号人员负责接上消火栓和水带,并辅助卷起水带。然后交换练习任务。

1. 展开消防水带的方法

(1)用右手的拇指及食指捏住消防水带最外两圈(接头朝前),其余三个手指钩住第 3、4 圈消防水带。

(2)左脚在前、右脚在后、身体适度前倾,先将水带前后摆动(摆幅不宜过大),接着向前抛出消防水带。

(3)抛出消防水带时,拇指及食指始终捏住最外两层消防水带,而其余三个手指自然地松开,双层消防水带沿着直线滚向前方。将下层的接头留在原地,拿着上层的接头向前跑约 20 m 处。消防水带展开后,还必须保持其平整顺畅的状态,绝不能发生扭劲现象。

2. 消防水带与水枪和消火栓的连接

1 号人员负责将消防水带与水枪连接好,2 号人员负责将消防水带接头的另一端和消火栓连接好。

3. 盘卷消防水带的方法

盘卷水带之前,应先排出消防水带中的存水。然后再将消防水带对折,下层消防水带要比上层消防水带长约 30 cm。1 号人员从消防水带对折处开始盘卷消防水带,2 号在 1 号 1 m 距离附近辅助,负责将水带上下两层对齐,直到消防水带全部被盘卷完毕,上下层水带接头相差不超过 10 cm。

(四)四人操作两卷水带的方法及分工

将四名学员分为 1 号、2 号、3 号、4 号。四名学员在消火栓的位置列队报数,1 号和 3 号学员拿着水带和水枪,开始后,1 号和 2 号学员向前跑至 20 m 处,完全打开水带并接上水枪。1 号携带接好的水枪继续向前跑至灭火位置;3 号学员在原地打开水带,携带水龙带一端跑至 20 m 处并和 2 号学员一起将两卷水带对接,4 号学员将水带与消火栓连接起来。1、2、3 号学员将两卷水带完全展开后,示意 4 号学员打开消火栓,此时水枪出水,1 号负责操作水枪,2 号学员在身后辅助,3 号学员离他们 10 m 附近的位置负责辅助移动水带。操作完毕,1 号学员发出关掉消火栓的口令,分别将水带和水枪收回,操作完毕。

(五)水柱、水雾两用型水枪的使用方法

1. 射水的姿势

射水基本姿势有立射、跪射、卧射和肩射四种,如图 1-2-1-3 所示。两用水枪出水的状态有直流、水花、水雾三种。消防队员应根据火场的实际情况和需要,随时进行转换。开启消火栓后应检查水灭火系统的压力是否正常。

图 1-2-1-3　射水姿势

2. 使用喷水枪及散射喷枪扑灭较大火灾，及使用水雾喷头扑救油火

(1)使用喷水枪及散射喷枪扑灭较大火灾

在灭火行动中，为了减少火灾对消防人员的伤害，应做好自身防护。根据不同地点或情况选用适合的射水姿势和水流，排除障碍物，向着火点进攻。直流射水可以从远处进攻着火点，可穿透燃烧物或机械摧毁燃烧物质分割成“碎片”，如图 1-2-1-4 所示。

(a)使用喷水枪灭舱室内部较大火灾　　(b)使用喷水枪灭室外较大火灾

图 1-2-1-4　使用喷水枪灭火

(2)使用水雾喷头扑救油火

在灭火行动中，应做好自身防护，接近火点时，使用水雾进行灭火，避免水柱直接冲击油火表面，对油火进行冲击，造成火势蔓延，如图 1-2-1-5 所示。

（a）

（b）

图 1-2-1-5　使用水雾扑灭油火

六、评估标准

1. 评估要素

（1）口述水灭火系统的组成、用途。

（2）四人一组，灭火小组各成员分工是否明确。

（3）水带铺（抛）设是否符合要求（水带抛出后接头仍握在手中，水带在正前方完全展开，左右偏离不超过 1 m）。

（4）水带与消火栓、水带与水带、水带与水枪的连接是否迅速熟练，从发出指令到水枪出水时间在规定时间之内。

（5）水枪手与辅助手是否以正确的姿势使用水枪灭火，并能根据需要熟练转换水枪喷嘴出水模式，移动操作水带的动作是否统一、熟练。

（6）是否正确收卷水带。

2. 评估标准

（1）优秀：回答问题正确，操作正确、熟练。

（2）良好：回答问题比较正确，操作正确、比较熟练。

（3）及格：回答问题基本正确，操作基本正确、不熟练。

（4）不及格：回答问题不正确，操作不正确、不熟练。

实操训练项目二　手提式灭火器及可移动式灭火装置的使用

一、实操训练内容

1. 使用各种类型手提式灭火器及可移动式灭火装置。

2. 扑灭小火，如电器火、油火、丙烷火。

3. 使用泡沫、干粉或其他合适的化学剂灭火。

4. 使用化学干粉或泡沫喷头扑救油火。

二、实操训练目的和要求

了解船用手提式和可移动式干粉、CO_2、泡沫和清水(水雾)等灭火器的基本组成、主要技术性能、适用范围和特点等。能正确熟练使用各种类型灭火器;能扑灭小火,如电器火、油火、丙烷火;能正确使用泡沫、干粉或其他合适的化学剂灭火;能正确使用化学干粉或泡沫喷头扑救油火。

三、实操训练条件

确保有足够的船用手提式干粉、CO_2、泡沫和清水(水雾)等灭火器。能够产生油火的油槽。具有一定面积的室外实操场地。

四、实操训练组织

教师现场进行实操教学组织,明确实操科目、内容和要求等。教师授课过程包括讲解、示范、答疑和指导等教学环节,学习过程包括学生们的倾听、观看、提问和实操等环节。先集中讲解示范,后分组实操训练。先进行分步训练,熟练之后,再进行系统实操训练。实操结束后,灭火器全部复位。

五、实操训练具体内容和步骤

(一)手提式灭火器的使用

1. 灭火器的种类及组成

手提式灭火器主要有二氧化碳灭火器、清水或水雾灭火器、干粉灭火器、泡沫灭火器四类,如图 1-2-2-1 所示。

手提式灭火器主要由钢瓶、相应的灭火剂、瓶头阀、喷射装置和施放装置组成,除二氧化碳灭火器外其他三类灭火器会有驱动气体及压力表。

(a)二氧化碳灭火器　　　　(b)清水或水雾灭火器

(c)干粉灭火器

(d)泡沫灭火器

图 1-2-2-1　各种类型的灭火器

2. 选择合适的灭火剂灭不同类型的火灾

如表 1-2-2-1 所示，不同类型的火灾需要选择合适的灭火剂进行扑灭，符号“√”表示可以选用该灭火剂灭此种类型的火灾，“×”表示该灭火剂不能灭此种类型的火灾。其中固体火灾最好的灭火剂是水，其可以浸入固体内部，防止固体复燃；泡沫是灭液体，特别是油类火灾最好的灭火剂；气体火灾，比如丙烷火，最好的灭火剂是干粉；电气火灾特别是精密仪器最好使用二氧化碳进行扑灭。

表 1-2-2-1　不同的灭火剂能灭的火灾类型

	A 类(固体)	B 类(液体)	C 类(气体)	D 类(金属)	E 类(电气)
水	√	√	×	×	×
泡沫	√	√	×	×	×
干粉	√(易复燃)	√	√	×(可用金属性干粉扑灭)	√
二氧化碳	√(易复燃)	√	×	×	√

3. 使用方法与步骤

(1)使用之前应检查和确保灭火器完整无损，压力表的指针指在绿区。

(2)将灭火器提至火场附近，一般在上风一侧 5 m 左右。

(3)拉出保险销及铅封。

(4)下压施放装置的压把，使灭火剂从喷嘴喷出。干粉灭火剂使用前最好上下倒置几次，使粉末比较松散。

(5)一只手握住灭火器的喷管，对准火焰根部扫射，将灭火剂施放到可燃物着火的位置，由近及远进行灭火，直至把火灾全部扑灭。CO_2 在钢瓶里因为温度比较低，并且对人体有一定的毒性，使用时需要防窒息、防止冻伤，应戴防护手套握喷嘴橡胶的部分。泡沫灭油火时，为防止将油冲击四散，使火势蔓延，不能直接喷向油的表面，应喷向火床附近垂直的立面或将灭火器喷嘴向上扬一定的角度，使泡沫落下流到油火的表面，覆盖、窒息灭火。

(6)灭火完毕后,需后退撤离火场。

(二)可移动式灭火装置的使用

1. 使用推车式空气泡沫灭火装置扑灭油火

(1)推车式泡沫灭火装置的组成

推车式泡沫灭火装置主要由筒体、器头总成、喷枪总成、驱动气体氮气、泡沫混合液和车架总成等组成,如图 1-2-2-2 所示。

图 1 2 2 2　推车式泡沫灭火装置

(2)使用推车式泡沫灭火装置扑灭油火

①两人合作迅速将推车式泡沫灭火装置拉到或推到火场附近。随时注意风向的变化,消防人员应始终站在上风处。

②推车式泡沫灭火装置被放稳后,一人迅速逆时针方向旋转手轮,将阀门开到最大;另外一人迅速取下喷射软管和泡沫枪。展开喷射软管后,一只手握住喷射软管,另一只手握住泡沫枪。两人共同操作时,应分工明确,配合默契。

③泡沫枪对准火灾周围的垂直表面或高处后,扣住扳机开始喷射泡沫灭火。不能直接喷向火焰,防止火势蔓延。

2. 使用推车式干粉灭火装置灭火

(1)推车式干粉灭火装置的组成

推车式干粉灭火装置主要由筒体、器头总成、喷枪总成、驱动气体氮气、磷酸铵盐干粉灭火剂和车架总成等组成,如图 1-2-2-3 所示。

(2)使用推车式干粉灭火装置灭火

①两人合作迅速将推车式干粉灭火装置拉到或推到火场附近的安全地点。随时注意风向的变化,消防人员应始终站在上风处。

②将推车式干粉灭火装置放稳后,一人迅速拔出保险销并打开阀门。同时,另一人迅速取下喷射软管和喷嘴,展开喷射软管后,一只手握住喷射软管,另一只手握住喷枪。两人共同操作时,应分工明确,配合默契。

③将喷枪对准火焰根部持续喷射干粉灭火,如图 1-2-2-4 所示。

图 1-2-2-3　推车式干粉灭火装置

图 1-2-2-4　推车式干粉灭火装置灭火

3. 使用推车式 CO_2 灭火装置灭火

(1)推车式 CO_2 灭火装置的组成

推车式 CO_2 灭火装置主要由瓶体、器头总成、喷管总成、液态二氧化碳灭火剂和推车总成等组成,如图 1-2-2-5 所示。

图 1-2-2-5　推车式 CO_2 灭火装置

(2)使用推车式 CO_2 灭火装置扑灭油火

①两人合作迅速把灭火装置拉到或推到火场附近的安全地点。

②推车式 CO_2 灭火装置放稳后，一人迅速逆时针方向旋开手轮。同时，另一人迅速取下喷射软管和喷筒，待喷射软管展开后，双手分别握住喷射软管和喷筒根部的手柄处。灭火时需戴上防护手套，一只手应握在喷筒根部的手柄上，以防冻伤。

③喷筒对准火焰后，持续喷射 CO_2 灭火。在室外灭火时，消防人员应站在上风处。在狭小的室内使用时，灭火后人员应迅速撤离，以防窒息。

④扑救 600 V 以上带电火灾时，应先切断电源。

六、评估标准

1. 评估要素

(1)口述各种灭火设备的基本结构。

(2)口述不同的灭火剂能够扑灭的火灾类型。

(3)灭火时，使用前的检查、灭火动作。使用灭火设备时的注意事项。

2. 评估标准

(1)优秀：回答问题正确，检查、操作正确、熟练。

(2)良好：回答问题比较正确，检查、操作正确、比较熟练。

(3)及格：回答问题基本正确，检查、操作基本正确、不熟练。

(4)不及格：回答问题不正确，检查、操作不正确、不熟练。

实操训练项目三　消防员装备的穿戴及使用

一、实操训练内容

1. 消防员装备的组成及穿戴。
2. 使用救生索,但不穿戴呼吸装置进入或通过已喷注了高膨胀泡沫的舱室。
3. 穿戴自给式呼吸装置在充满烟雾的封闭处所灭火。
4. 穿戴呼吸装置在充满烟雾的舱室实施营救。

二、实操训练目的和要求

熟悉消防员装备的基本组成、主要技术性能、适用范围,掌握消防员装备的使用方法和注意事项;熟悉正压式空气呼吸器的基本组成、主要技术性能、适用范围,掌握正压式空气呼吸器的使用方法和注意事项;掌握穿戴呼吸装置在充满烟雾的舱室实施营救和灭火的方法及要领;掌握只使用救生索,但不穿戴呼吸装置进入或通过已喷注了高膨胀泡沫的舱室的方法及动作。搜救人员配合默契,操作安全规范,搜救行动迅速准确,安全地将火场内受困人员救出。灭火操作安全规范;灭火效果明显有效。

三、实操训练条件

1. 能够容纳至少 20 人的实操教室。
2. 数量充足的消防员装备。
3. 能产生模拟烟雾的烟雾发生器。
4. 在消防模拟舱内喷有数量充足的高倍泡沫。

四、实操训练组织

教师现场进行实操教学组织,明确实操科目、内容和要求等。教师授课过程包括讲解、示范、答疑和指导等教学环节,学习过程包括学生们的倾听、观看、提问和实操等环节。先集中讲解示范,后分组实操训练。先进行分步训练、熟练之后,再进行系统实操训练。实操结束后,器材全部复位。

五、实操训练具体内容和步骤

(一)正压式空气呼吸器的穿戴与使用

1. 正压式空气呼吸器的基本组成

正压式空气呼吸器主要由全面罩、供给阀、呼气阀、快速接头、碳纤维复合气瓶、气瓶阀、瓶带组、背托、肩带、腰带、余压报警器、压力表、减压器、导管等组成,如图 1-2-3-1 所示。

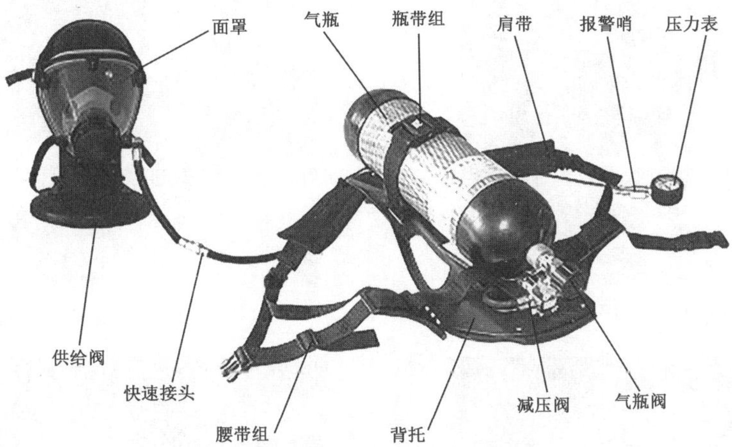

图 1-2-3-1　正压式空气呼吸器

2. 使用前的检查、准备工作(如图 1-2-3-2 所示)

(1)全面罩气密性检查。用一只手压住将面罩直接扣在面部,注意面罩不要压着头发、眼镜、面罩的任何带子,另一只手堵住导管口,深吸一口气,全面罩内保持负压,松开压着面罩的手,在大气压作用下面罩扣在脸上不掉下来,也听不着任何进气的声音,表明全面罩气密性良好。

(2)检查气瓶内的充气量。连接快速接头,打开气瓶阀,气瓶充满气体压力表显示为 28~30 MPa,气瓶气体压力至少为 24 MPa,可供使用的时间至少为 30 min。

(3)检查余压报警器。连接快速接头,打开气瓶阀后再关闭。按压供给阀使中压导管泄压,当压力下降至 4~6 MPa 时,余压报警器会发出报警声响,并且连续响到压力表归零,表明余压报警器良好。

(4)检查中压导管的气密性。连接快速接头,打开气瓶阀后再关闭。观察压力表,1 min 之内压力下降不超过 2 MPa,表明中压导管的气密性良好。

(5)检查背托、肩带、腰带等正常。检查气瓶固定是否牢固。

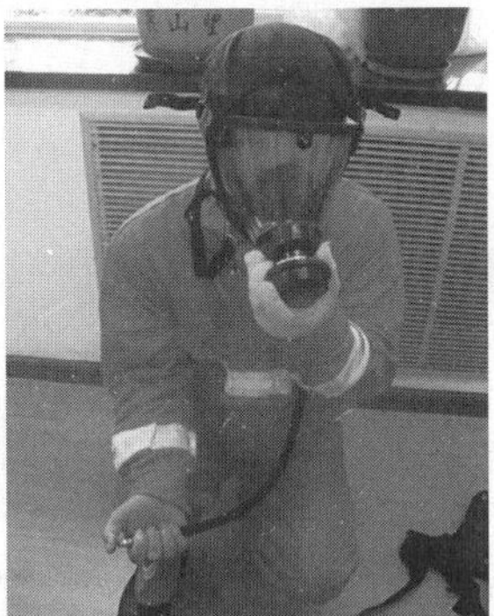

(a)检查全面罩的气密性

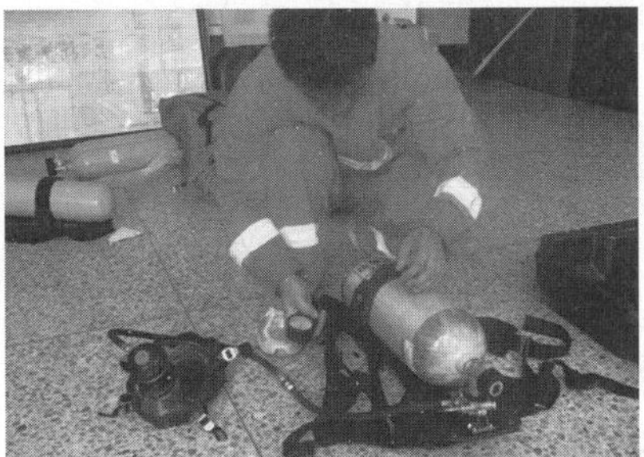

(b)检查压力表和气体压力

(c)检查余压报警器

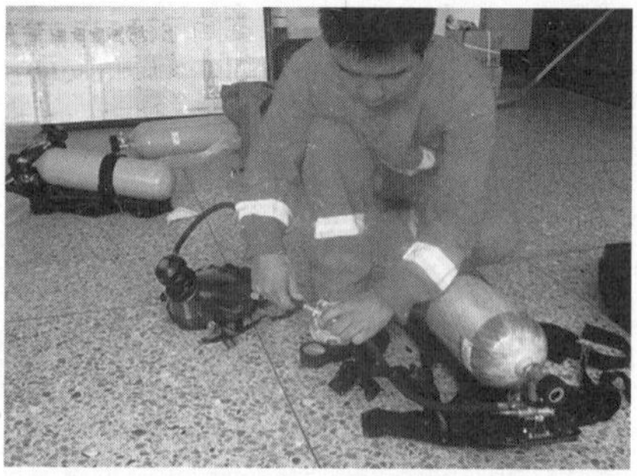

(d)检查快速接头的气密性

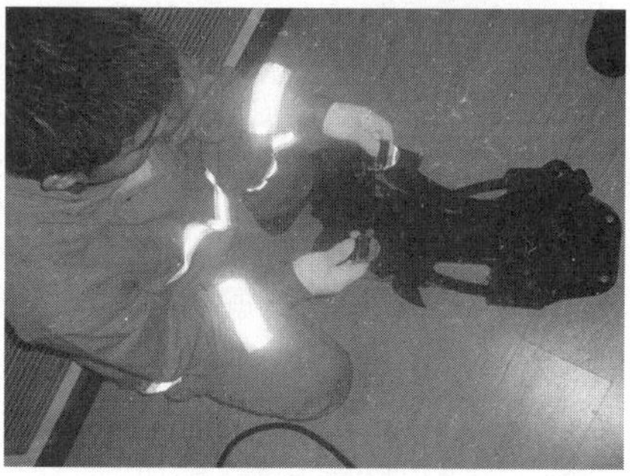

(e)检查背托、肩带、腰带等

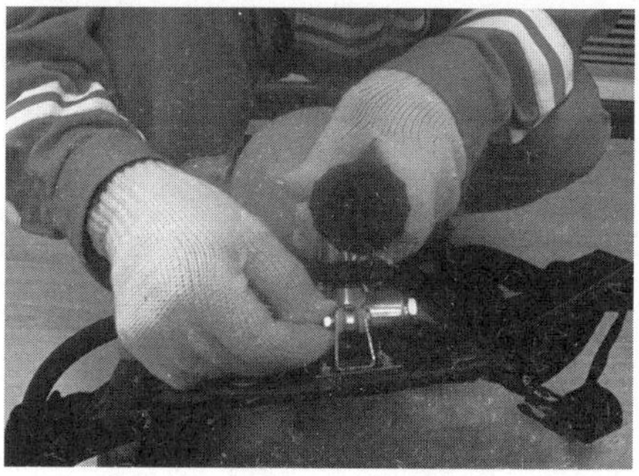

(f)检查气瓶固定是否牢固

图 1-2-3-2　呼吸器使用前的检查

3. 穿戴与使用(如图 1-2-3-3 所示)

(1)先将快速接头断开,然后将背托及气瓶背在背部,调整好肩带、腰带并系紧。

(2)把全面罩上的挂带套在颈部,然后将快速接头接好。

(3)将供给阀置于关闭状态,然后打开气瓶阀,气瓶阀应至少旋开两圈。

(4)穿戴全面罩,确认自主呼吸顺畅后,使用呼吸器进入工作区域。

(5)到达工作区域后,模拟完成某项任务。

(6)工作结束并到达安全地点后,将全面罩系带松开,摘下全面罩。

(7)关闭气瓶阀,打开供给阀,卸下快速接头,取下全面罩并摆放好。

(8)脱卸呼吸器并将呼吸器复位。

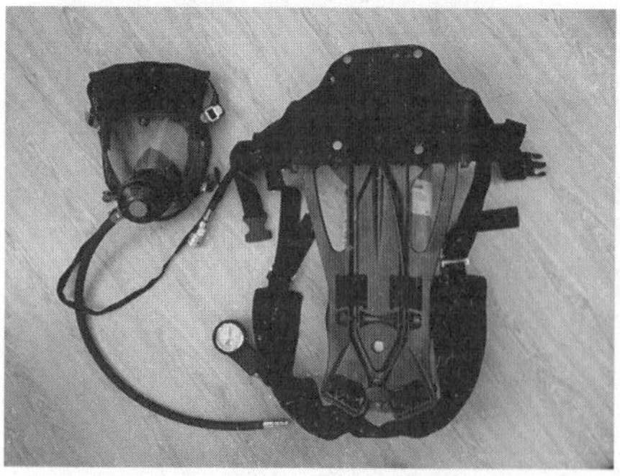

(a)全面罩和气瓶摆放妥当

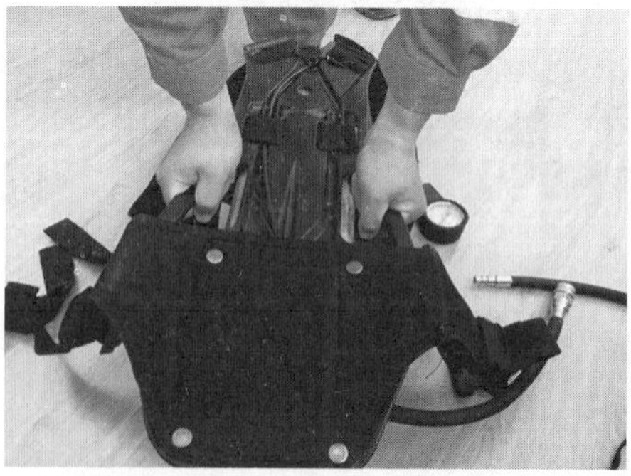

(b)双手紧握背托上的把手

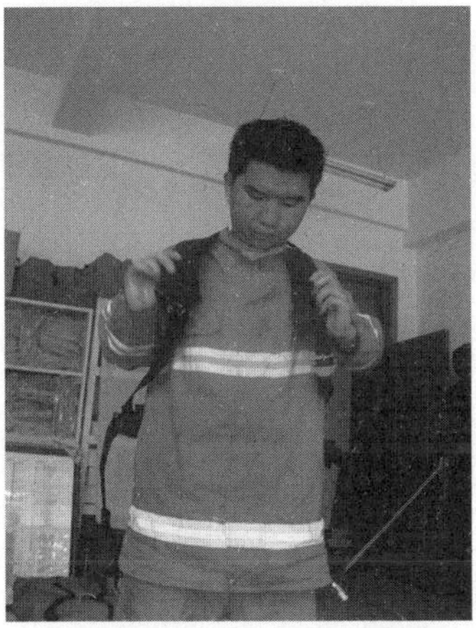

(c)背托及气瓶背在背部

(d)全面罩的挂带套在颈部

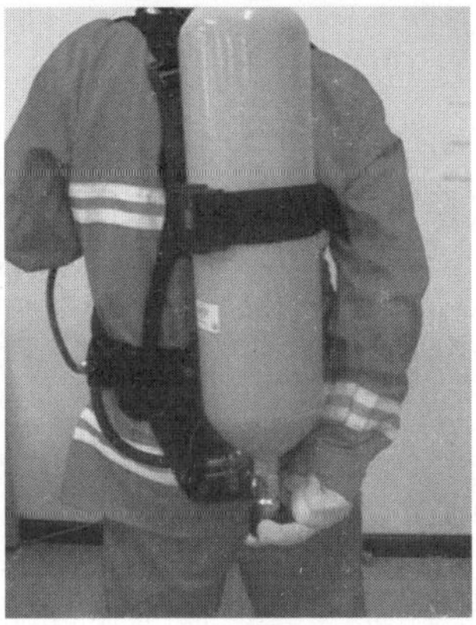

(e)打开气瓶阀

(f)穿戴全面罩

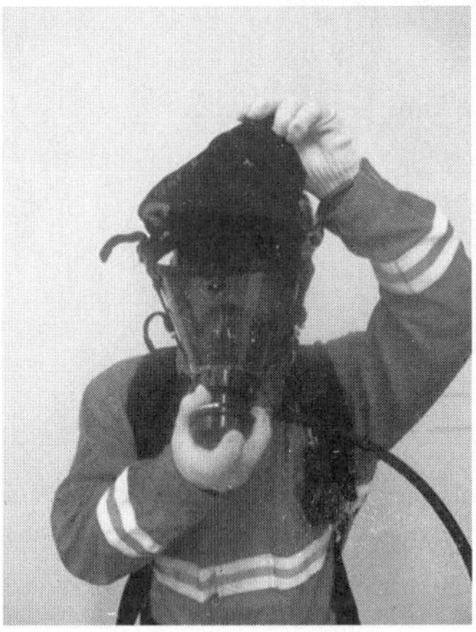

(g)取下全面罩

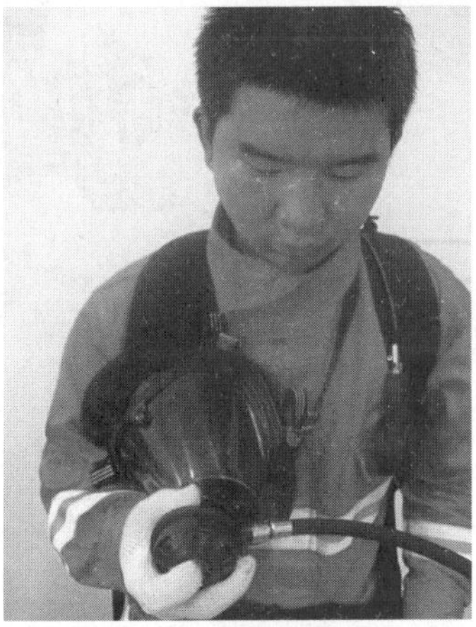

(h)操作供给阀泄压

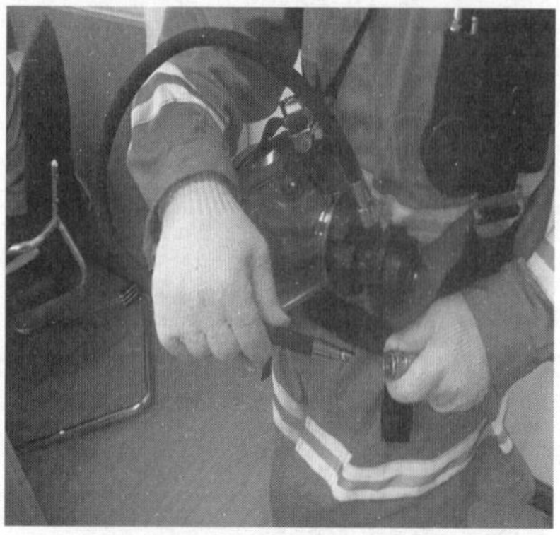

(i)卸下快速接头

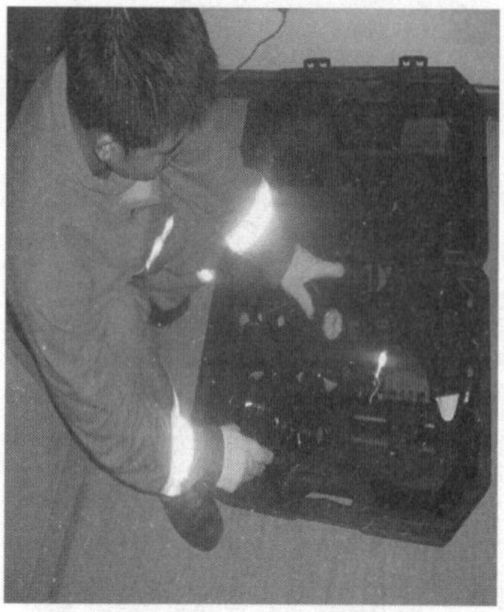

(j)呼吸器复位装箱

图 1-2-3-3　呼吸器的穿戴

(二)消防员装备的穿戴与使用

1. 消防员装备的组成

消防员装备有防火服(包括隔热面罩、上衣、裤子、手套和靴套等)、消防靴、消防头盔、消防安全带、安全照明设备、正压式空气呼吸器(包括备用气瓶)、耐火救生绳、对讲机等,如图 1-2-3-4 所示。

图 1-2-3-4　消防员装备

2. 消防员装备的穿戴与使用

消防员装备的穿戴方法和步骤,如图 1-2-3-5 所示。

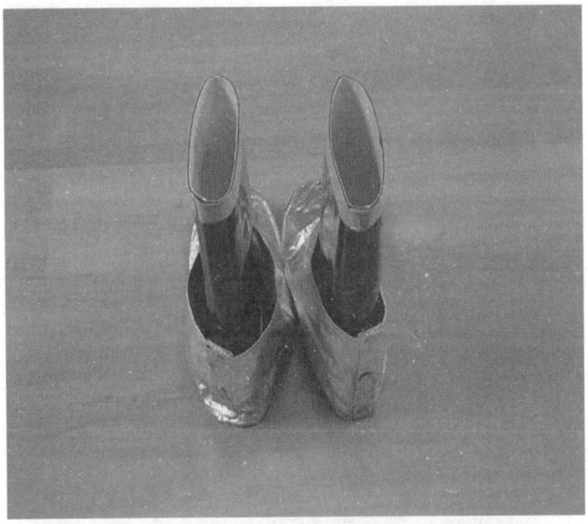

(a)鞋套系在靴子上

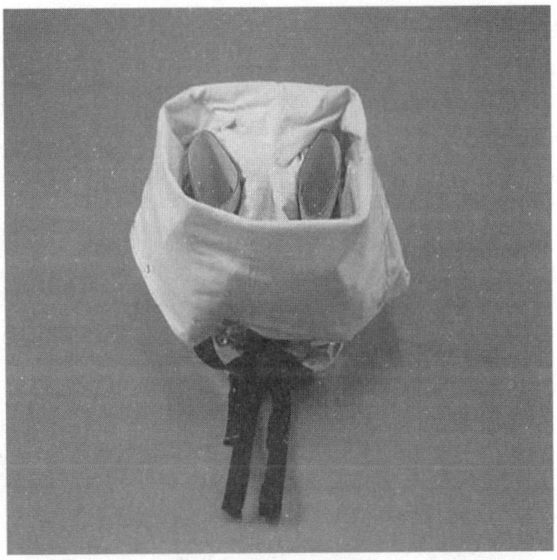

(b)裤子套在靴子上

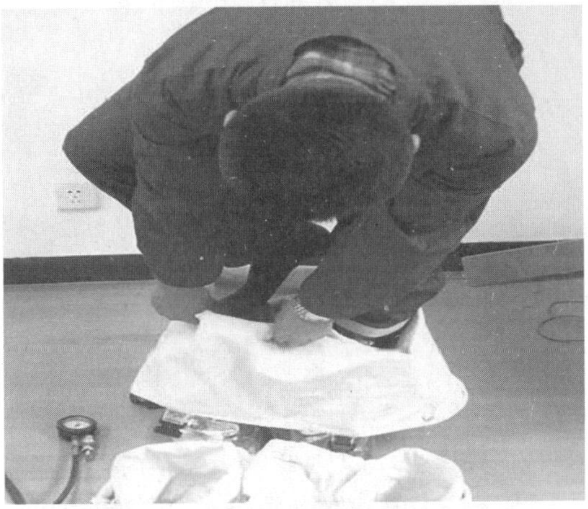

(c)穿上靴子

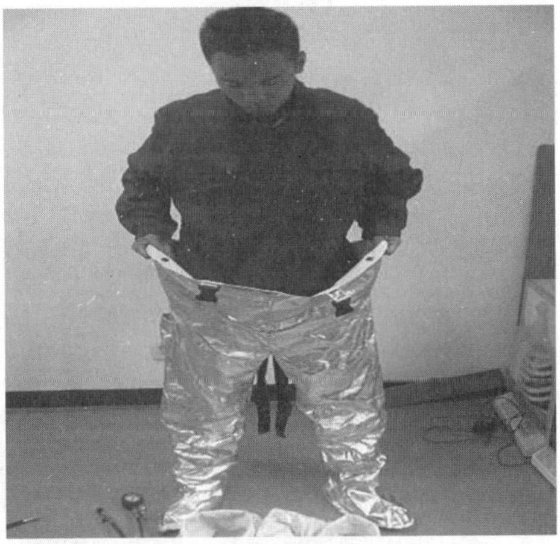

(d)穿上裤子

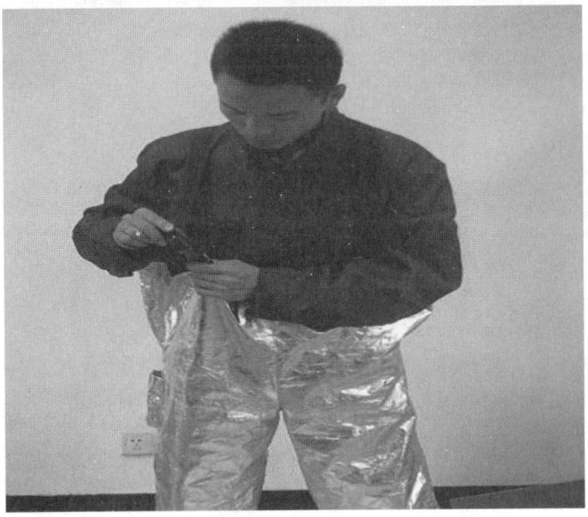

(e)调整裤子的肩带

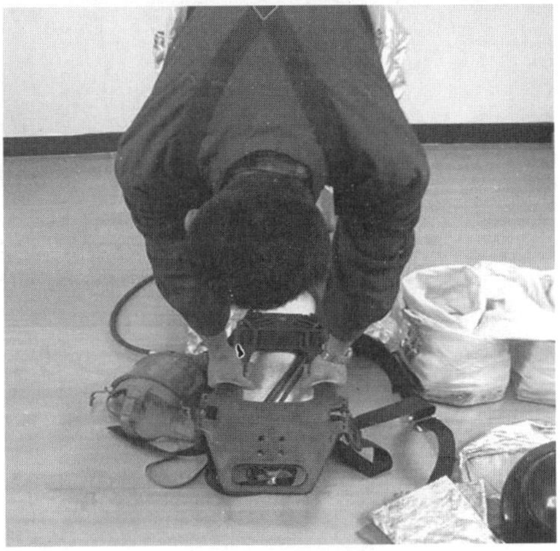

(f)双手提起背托

(g)高举过头

(h)双臂伸直呼吸器下落

(i)挂上全面罩带

(j)连接快速接头

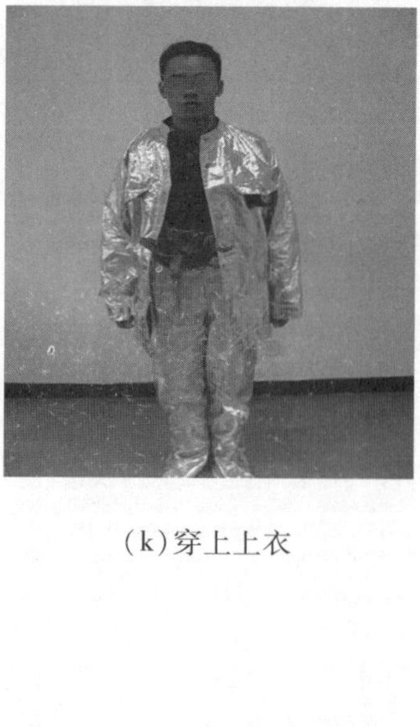

(k)穿上上衣

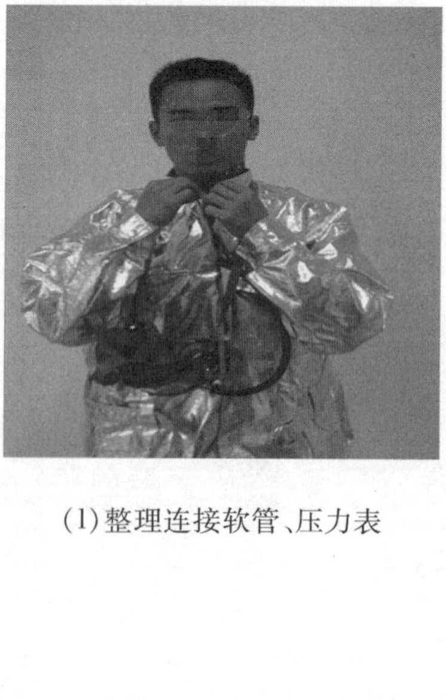

(l)整理连接软管、压力表

(m)开气瓶阀,戴上全面罩

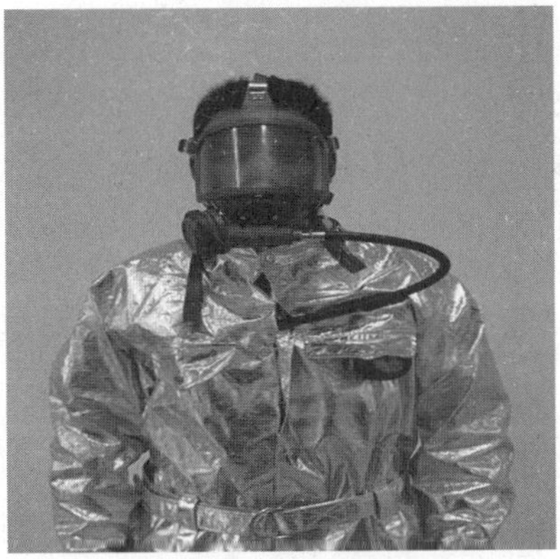

(n)收紧全面罩系带

(o)戴上消防头盔

(p)戴上防火服面罩和手套

图 1-2-3-5　消防员装备的穿戴方法和步骤

(1)鞋套系在靴子上,裤腿套在靴子上。

(2)迅速脱下自己的鞋子,穿上靴子和裤子。

(3)戴上呼吸器。

(4)穿着上装。

(5)打开气瓶阀,戴上全面罩。

(6)戴上消防头盔。

(7)戴上防火服面罩。

(8)系牢消防安全带。

(9)携带可携式消防斧,系好耐火救生绳。

(10)携带安全照明设备。

(11)携带对讲机。

(12)戴好手套。

消防员装备的穿戴应在 3 min 内完成。

根据指令进行探火、搜救和灭火等行动。完成任务后,消防员装备的脱卸顺序与穿戴顺序相反。

3. 消防员装备的使用要求

(1)消防员装备适用于消防员从事探火、灭火和搜救受困人员等行动时使用。

(2)消防员身体健康正常,防火服的规格应与消防员的身材适合。

(3)严格按照使用说明操作。

(4)确保气瓶内的气体充足,至少 1 200 L。备用气瓶的数量及备用气瓶内的气体充足。

(5)必须安排足够的协助人员。

(6)消防员从事探火、灭火和搜救受困人员等行动时,必须至少两人同行,且与外界一直保持联系。

(7)遇到障碍物时,应绕过或使用可携式消防斧破拆,清除障碍。

(8)听到余压报警器报警后或完成任务后应立即准备撤离火场。

(9)时刻注意头顶和周围附近的情况,勿被倒下的物体压倒或压伤。

(三)穿戴耐火救生绳迅速通过充满高倍膨胀泡沫的舱室

1. 正确穿戴耐火救生绳,如图 1-2-3-6 所示。

2. 在入口处,确定行走方向和路线并根据其距离评估所需时间。

3. 根据已确定行走方向和路线开始通过充满高倍泡沫的舱室。

4. 当舱内的高倍泡沫遮挡住视线时,应采用侧身前进的姿势,保护面部接触不到泡沫,如图 1-2-3-7 所示。

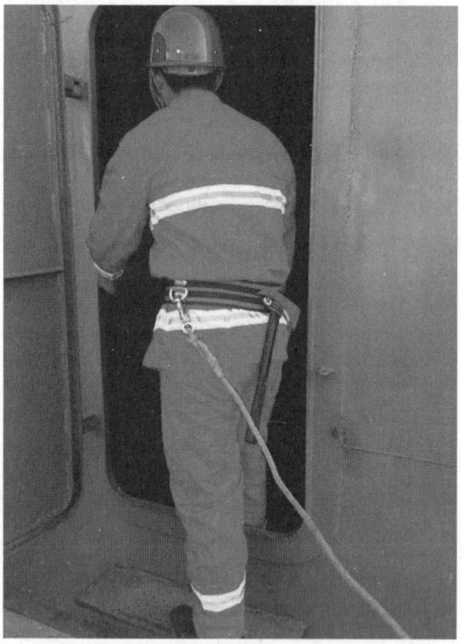

图 1-2-3-6 穿戴耐火救生绳图

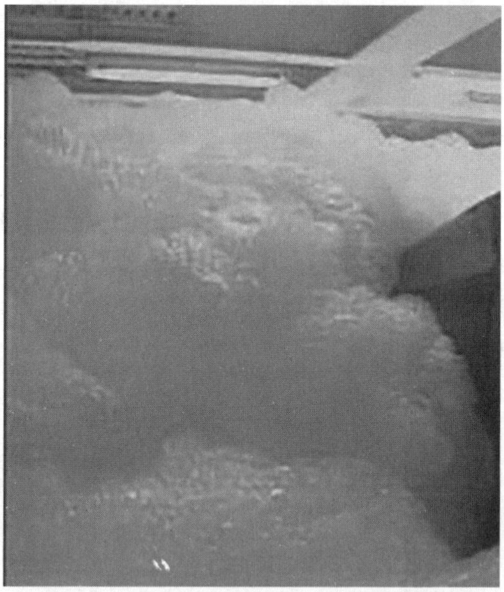

图 1-2-3-7 喷入消防模拟舱内的高倍泡沫

5. 利用附近舱壁或醒目的参照物直线行走。

6. 通过消防模拟舱内的高倍泡沫区域且到达舱外之后,取下耐火救生绳。

7. 注意事项

(1)实操前每名学生应熟悉消防模拟舱内外的环境。

(2)保持沉着冷静,按部就班地有序进入和通过消防模拟舱内的高倍泡沫区域。

(3)舱外协助的学生应适度地松放耐火救生绳。

(4)利用附近醒目的参照物行走。

(5)每组 2 名学生应事先约定紧急联络信号,以防万一。

(四)穿戴自给式呼吸装置在充满烟雾的封闭处所灭火

1. 两名同学穿戴好自给式空气呼吸器,经常观察压力表的压力变化。

2. 准备好灭火设备,手提式灭火器或推车式灭火装置。

3. 安全顺利进入充满烟气的消防模拟舱,逐步接近失火地点。由于能见度低,应注意自身安全。

4. 到达合适的位置后,迅速使用灭火设备开展灭火行动,直到火灾完全彻底扑灭。在火场内 2 人不得分开,及时联络沟通,配合默契。

5. 火灾完全彻底扑灭后,每名学生安全地撤离充满烟气的消防模拟舱,如图 1-2-3-8 所示。

(a)消防员进入火场

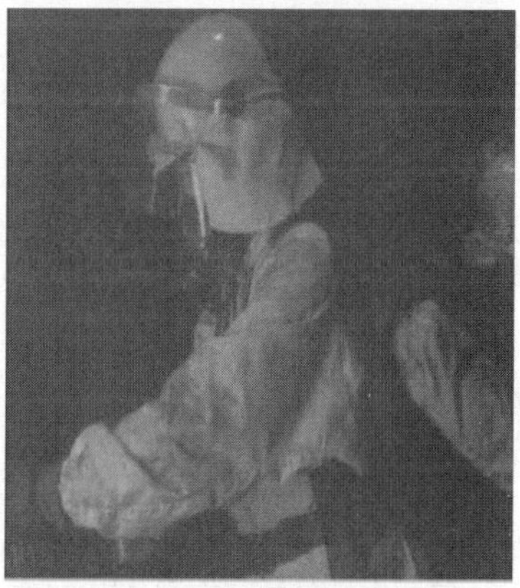

(b)消防员接近着火点

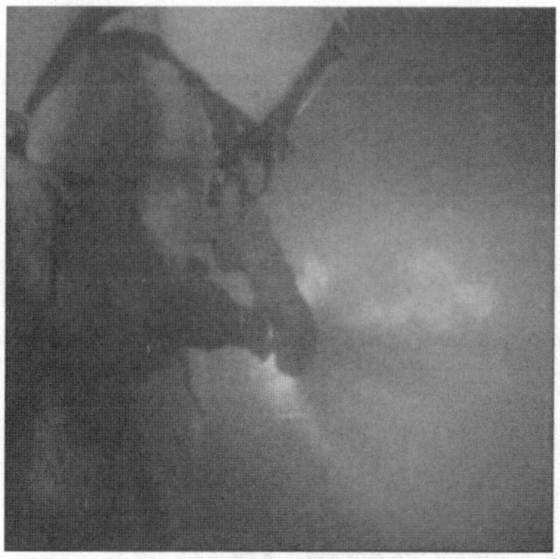

(c)消防人员开始灭火

(d)消防人员正在灭火

(e)火势开始减弱

(f)火灾被彻底扑灭

图 1-2-3-8　在充满烟雾的封闭处所灭火

(五)穿戴呼吸装置在充满烟雾的舱室实施营救

1.进入火场的要领

(1)熟悉环境和火场的基本情况。明确搜救任务,各项前期准备工作充分。调试对讲机正常,开启安全照明设备等。确定进入和撤离路线。

(2)保持低姿接近舱门,用手背触碰舱门检测其温度的高低(摘下手套)。当确认温度不高时,再慢慢地打开舱门。接近舱门和打开舱门时,消防员始终处在舱门的后面。

(3)确认安全之后才能进入火场,同行的消防人员应保持前后的队形。一直与外界保持联系。

(4)保持低姿曳步沿着舱壁前行。就是将身体重心放在后脚,前脚掌沿地面(不要离开地面)试探性地向前挪步,确认安全后再将后脚移到前脚位置(不要超过前脚)。总是前脚前移,后脚随后移到前脚的位置,循环往复。消防队员的一只手应保持手背朝前,距离 30~40 cm 在面前上下缓慢移动确保头部和面部不会碰到障碍物,如图 1-2-3-9 所示。

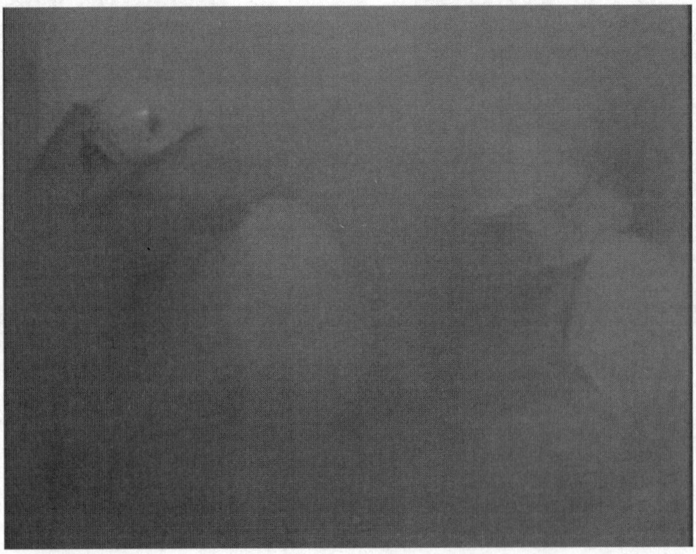

图 1-2-3-9　两名消防员在火场中曳步前行

(5)通过舱门后,不应立即关闭该舱门,以避免紧急情况出现时自己的退路被切断。

(6)逐步适应火场内的环境及其变化情况,在了解火场的基本情况后,才能采取进一步行动。不得贸然采取任何可能带来危险的行动。

2. 火场内搜救受困人员要领

搜索重点部位包括门后、床下、走廊、梯道、角落、窗户附近等易于藏身地点。

(1)先搜索门后部位。

(2)沿着舱壁搜索舱室的四周及角落。

(3)一般采用"几"字形搜索方法搜索舱室的中间部位,搜索路线的间距根据能见距离的大小而定。

(4) ·旦发生意外情况被困在舱内,千万不要惊慌,应立即告知同伴或由同伴告知外界人员,在原地等候救援。当救助人员到达时,可敲打舱壁或拍掌以指示自己的位置。

(5)眼观六路,耳听八方。发现并找到受困人员时,应立即告。报告内容包括位置、人数、是否清醒、是否受伤等。

(6)立即着手将受困人员转移出火场。转移受困人员的方法在基本急救中有专门讲述,这里不重复。

3. 撤离火场要领

(1)消防队员应沿着耐火救生绳迅速撤离火场。由于火场内的能见度往往较低,耐火救生绳应是消防队员撤离火场的最佳引导路线。

(2)保持有效联系,坚决服从命令,有令必行,有禁必止。

(3)2 名消防队员保持步调一致,有条不紊的安全撤离火场。

五、评估标准

1. 评估要素

(1)呼吸器及消防员装备穿戴前的准备和检查。

(2)在 3 min 内正确穿戴消防员装备。

(3)在充满烟雾的封闭处所、舱室进行灭火和营救的要领与姿势。

(4)耐火救生绳的正确使用,在充满泡沫的舱室里行走及呼吸的方法。

(5)配合和协调。

2. 评估标准

(1)优秀:回答问题正确,操作正确、熟练。

(2)良好:回答问题比较正确,操作正确、比较熟练。

(3)及格:回答问题基本正确,操作基本正确、不熟练。

(4)不及格:回答问题不正确,操作不正确、不熟练。

实操训练项目四　船舶消防组织与应急

一、实操训练内容

1. 熟悉船舶消防应变部署表和正确使用应变部署卡。

2. 掌握船舶消防组织与应急行动。

二、实操训练目的和要求

掌握船舶消防组织与应急行动,能够识别船舶应变部署表的内容,会根据应变部署表编制船员的应变部署卡。

三、实操训练条件

多媒体教室一间,具有完整的应变部署表至少一张。

四、实操训练组织

将学生5~6人分为一组,每组根据提供的应变部署表重新编制一份消防应变部署表,至少一份应变部署卡。教师授课过程包括讲解、示范、答疑、和指导等教学环节,学习过程包括学生们的倾听、观看、提问和实操等环节。先集中讲解示范,后分组实操训练。

五、实操训练具体内容和步骤

(一)船舶消防组织与应急行动

1. 火灾的发现与报警

驾驶室值班人员发现火灾报警控制板显示火灾信号;或发现火灾人员大声呼叫某处所失火,并向驾驶室值班人员详细报告失火部位和情况;或某处所的值班人员发现火灾,应立即击发附近火灾报警按钮。

2. 发出全船火灾警报信号

驾驶室值班人员立即向船长报告,并发出全船火灾信号。

3. 全体船员的行动

船长接到火灾报告,应立即到驾驶室指挥火灾扑救。

驾驶室值班人员按船长命令,关闭驾驶室所控制的通往火灾区域的通风,操纵船舶使着火部位处于下风。根据指令,将船舶移至安全地点。

机舱值班人员按总指挥的命令做好主机备车、减速、停车准备工作,迅速启动消防泵或应急消防泵。

除固定值班人员外的人员按照应变部署规定携带消防、救护器材到指定地点集合。听从现场指挥的命令,并完成下列工作:

消防队:探火人员穿戴消防员装备进入火场搜救被困人员;进入火场探火;消防水枪扑灭

火灾;疏通排水孔,及时排水。

技术队:关闭现场通风系统、门、窗、舱口、风筒、手动防火门及防火挡板;切断燃油、电源和热源;利用浸水毛毯封堵孔洞或进行破拆,移走火场附近的易燃易爆品等。

救护队:现场救护伤员,向现场提供救援所需的器材。

4. 实施火灾扑救

(1)对火灾处所采取防止火势蔓延的控制措施。

(2)向报警者了解情况,进行火灾现场的外部观察。

(3)组织人员探火,查明火源和人员是否被困。

(4)根据现场了解和探火查明的情况,决定采取扑救措施。

(5)现场指挥随时将现场情况向总指挥报告;总指挥根据现场报告情况决策扑救方案。

(二)根据所给的任务、人员名单编写消防应变部署表

1. 消防队

(1)队长:三副。

(2)副队长:队长接替人,协助队长工作。

(3)探火员:负责穿着消防员装备就行探火,救助困于火场的人员。(两个水手两个机工)

(4)管理消火栓、水带及水枪。

(5)携带手提式灭火器。

(6)携带两只防爆型或等效安全的双向无线电话。

2. 隔离队

(1)队长:携带长柄太平斧。

(2)副队长:队长接替人,协助队长工作。

(3)隔离火场附近易燃物。

(4)关闭防火门窗、挡火闸、舱口、孔道、通风筒。

(5)切断有关电路,关闭风机。

(6)切断有关油路,管理操纵副机、应急发电机。

(7)检查供随后弃船用的必要设备和装置。

3. 救护队

(1)救护队队长:携带急救药箱,救护。

(2)副队长:队长接替人,携带担架,救护。

4. 技术队

(1)队长:现场指挥。

(2)副队长:队长接替人,协助队长工作。

(3)管理固定灭火系统,按船长命令施放。

(4)管理操纵应急消防泵。

(5)管理操纵固定式局部灭火系统。

(6)关闭机舱防火门、天窗、孔道及通风筒。

(7)切断有关油路。

(8)管理国际通岸接头。

编写应变部署表的格式如表 1-2-4-1 所示。

表 1-2-4-1　消防应变部署表

船名：　　　　　　　　　　　　　　　消防信号：

	编号	职务	应变任务
驾驶台		船长	
		二副	
		水手 1	
现场指挥		大副	
机舱		轮机长	
		电机员	
		三管轮	
		机工 1	
消防队		三副	
		水手 2	
		二水	
		甲板实习生	
		机工长	
		机工 2	
技术队		大管轮	
		机工 3	
		机舱实习生	
隔离队		水手长	
		二管轮	
		水手 3	
救护队		大厨	
		服务生	

替代人员：

（三）编写应变部署卡

应变部署卡应按照应变部署表中的对应要求，在开航前填写并告知船员本人。应变部署卡必须填写船员姓名、编号、职务，格式如表 1-2-4-2 所示。

应变部署卡的填写，需指导老师提供编制好的消防、弃船、人落水的应变部署，学生结合自己编制的消防应变部署，填写某个职位的应变部署卡。

六、评估标准

1. 评估要素

（1）正确回答消防应急程序及各个队的应变任务。

（2）正确编制消防应变部署表及应变部署卡。

2. 评估标准

（1）优秀：回答问题正确，表格内容填写正确、完整。

（2）良好：回答问题比较正确，表格内容填写比较正确、比较完整。

（3）及格：回答问题基本正确，表格内容填写基本正确、比较完整。

(4)不及格:回答问题不正确,表格内容填写不正确、不完整。

表 1-2-4-2 应变部署卡

<table>
<tr><td colspan="4">应变部署卡 MEERGENCY CARD
船名 M/V:____________</td></tr>
<tr><td colspan="2">编号 No. :</td><td>姓名 Name:</td><td>职务 Rank:</td></tr>
<tr><td colspan="2">艇号 Boat No. :</td><td colspan="2">消防集合地点 Fire muster station:</td></tr>
<tr><td rowspan="2">消防
Fire
control</td><td>信号
Signal</td><td colspan="2">● ● ● ● ● ● ● ● ● ● 短声连放一分钟 short blasts continued for one minute. 随后:一长声(船前部失火),二长声(船舯部失火),三长声(船后部失火),四长声(机舱失火),五长声(上甲板失火)Thereafter, one long blast stands for fore paft, two for middle part, three for aft part, four for engine room, five for upper deck.</td></tr>
<tr><td>任务
Duty</td><td colspan="2"></td></tr>
<tr><td rowspan="2">弃船
Abandon
ship</td><td>信号
Signal</td><td colspan="2">● ● ● ● ● ● ● ——七短声一长声,重复连放一分钟 Abandoning ship alarm: seven short blasts with one long blast repeated for one minute.</td></tr>
<tr><td>任务
Duty</td><td colspan="2"></td></tr>
<tr><td rowspan="2">人落水
Man
overboard</td><td>信号
Signal</td><td colspan="2">—— —— ——连续三长声 Man overboard alarm: three long blasts. 随后:一短声(右舷落水),二短声(左舷落水)Thereafter, one short blast stands for starboard, two for portside.</td></tr>
<tr><td>任务
Duty</td><td colspan="2"></td></tr>
<tr><td colspan="4">解除警报:—— 一长声 Signal for dismissal: one long blast.</td></tr>
</table>

实操训练项目五　船舶防火控制图识别及应用

一、实操训练内容

识读船舶防火控制图,识读 IMO 标识,并能识别灭火器的位置和应急逃生路线。

二、实操训练目的和要求

熟悉防火控制图的样式和内容。正确识读 IMO 标识,熟练掌握防火控制的识读方法。能够识别防火控制图中消防设备的位置及数量,找到船舶各个位置的应急逃生路线。

三、实操训练条件

多媒体教室一间。具有实际防火控制图至少一张，防火控制图必须真实并清晰。IMO 防火控制图标识一套。

四、实操训练组织

学生可分为 5~8 人一组，进行讨论。教师明确实操科目、内容和要求等。教师授课过程包括讲解、示范、答疑和指导等教学环节，学习过程包括学生们的倾听、观看、提问和实操等环节。先集中讲解示范，后分组实操训练。

五、实操训练具体内容和步骤

1. 熟悉船舶防火控制图的组成

防火控制图主要由船舶数据栏、通风设备说明栏、图例栏和视图等组成。主要内容包括每层甲板的控制站，各级防火分隔围蔽的各防火区域，探火和失火报警系统、喷水装置、消防器材、各舱室和甲板出入通道等设施的细目，以及各通风系统的位置，包括风机、挡火闸、遥控关闭装置，应急通道，各种救生设备和位置等。IMO 防火控制图标识如表 1-2-5-1 所示。防火控制图见书后折页。

表 1-2-5-1　IMO 防火控制图标识

			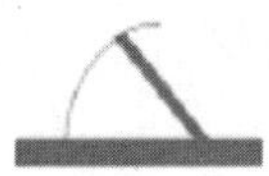	
A 级分隔 A-class division	B 级分隔 B-class division	主竖区 Main vertical zone	A 级防火门 A-class hinged fire door	B 级防火门 B-class hinged fire door
				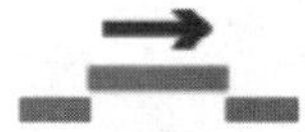
A 级自闭式防火门 A-class hinged self-closing fire door	B 级自闭式防火门 B-class hinged self-closing fire door	A 级滑动式防火门 A-class sliding fire door	B 级滑动式防火门 B-class sliding fire door	A 级滑动式自闭防火门 A-class self-closing sliding fire door

	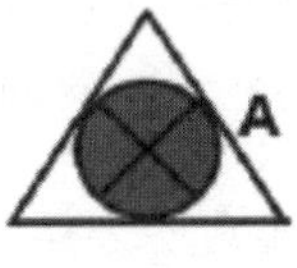			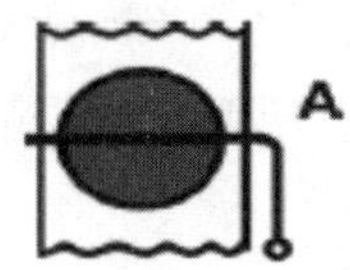
B 级滑动式自闭防火门 B-class self-closing Sliding fire door	通风遥控装置 Ventilation remote control or shut-off	天窗遥控装置 Remote control for skylight	水密门或防火门遥控装置 Remote control for water-tight doors or fire doors	防火挡板 Fire damper
			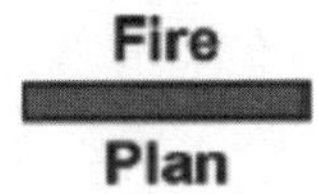	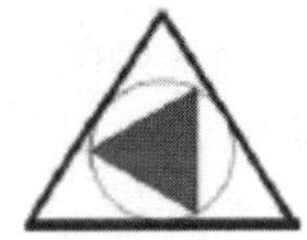
通风关闭装置 Closing device for ventilation	防火挡板遥控装置 Remote control for fire damper(s)	通风关闭遥控装置 Remote control for closing device(s) for ventilation	防火控制计划 Fire protection appliances or structural fire protection plan	消防泵遥控装置 Remote control for fire pump(s)
			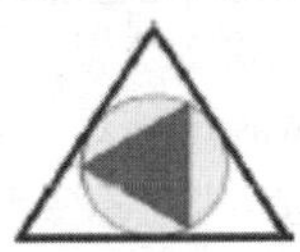	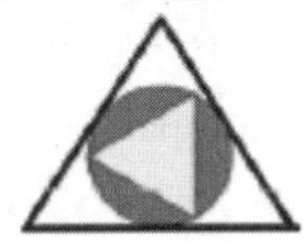
消防泵 Fire pump(s)	应急消防泵遥控装置 Remote control for emergency fire pump	应急消防泵 Emergency fire pump	燃油泵遥控阀 Fuel pump(s) remote shut-off	滑油泵遥控阀 Lube oil pump(s) remote shut-off
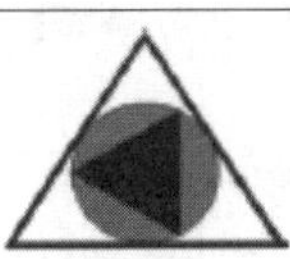	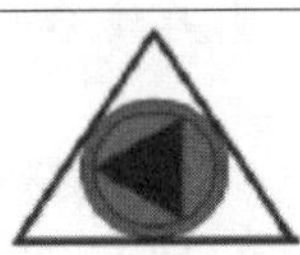			
污水泵遥控阀 Remote control for bilge pump(s)	应急污水泵遥控阀 Remote control for emergency bilge pump	燃油遥控阀 Remote control for fuel oil valves	滑油遥控阀 Remote control for lube oil valves	消防泵遥控阀 Remote control for fire pump valve(s)
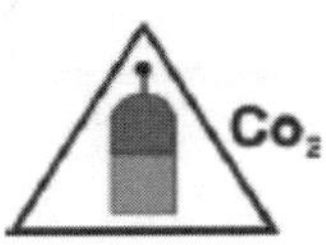	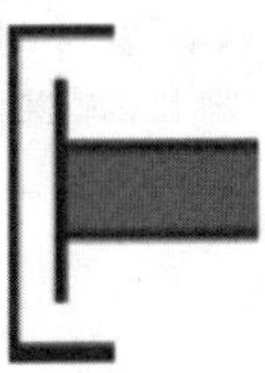	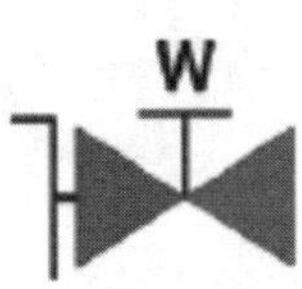		

灭火系统控制站 Remote release station	国际通岸接头 International shore connection	消火栓 Fire hydrant	消防总管分区阀 Fire main section valve	喷淋系统分区阀 Sprinkler section valve
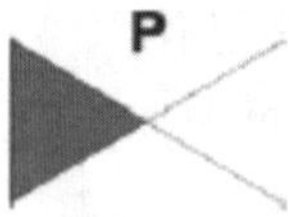		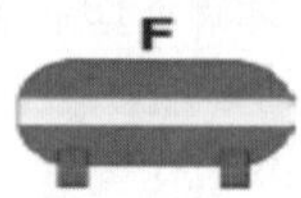	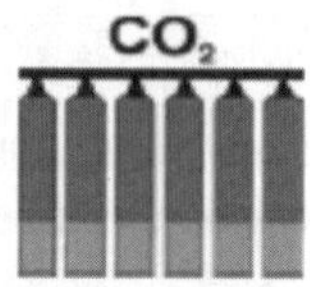	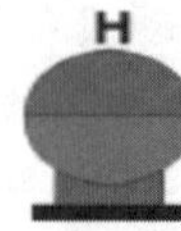
干粉系统分区阀 Powder section valve	泡沫系统分区阀 Foam section valve	固定灭火装置 Fixed fire extinguishing installation	固定灭火装置（气瓶组）Fixed fire extinguishing battery	固定灭火装置（安置在被保护场所那）Fixed fire extinguishing bottle, placed in protected area
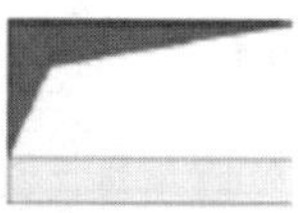	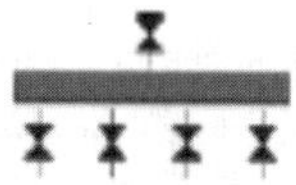			
高倍泡沫发生器 High expansion foam supply trunk (outlet)	喷水系统阀 Water spray system valves	惰气系统装置 Inert gas installation	机械泡沫发生器 Monitor	消防水枪和水带 Fire hose and nozzle
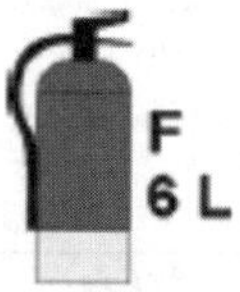	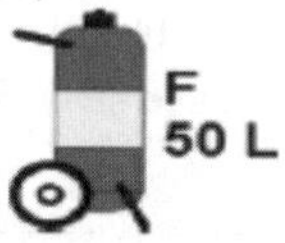		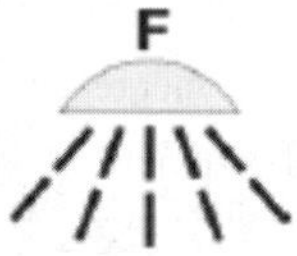	
手提式灭火器 Fire extinguisher	推车式灭火器 Wheeled fire extinguisher	消防设备储存处 Fire locker	固定灭火系统保护场所 Spaces protected by fire extinguishing system	便携式泡沫液桶 Portable foam applicator unit or relevant spare tank(s)
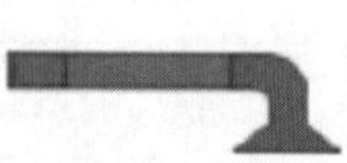				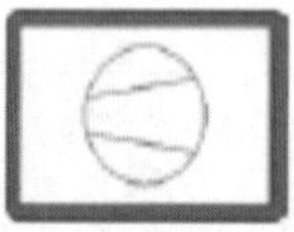

水雾发生器 Water fog applicator	应急发电机 Emergency source of electrical power (generator)	应急电源(电池) Emergency source of electrical power (battery)	应急开关箱 Emergency switchboard	呼吸气瓶充气机 Air compressor for breathing devices
	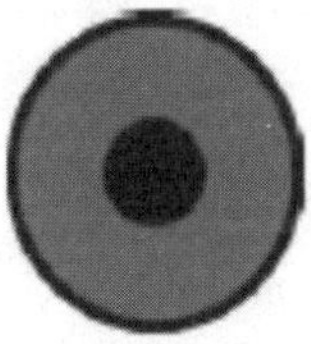	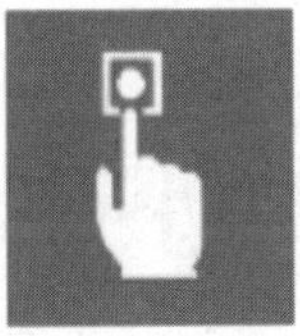		
失火报警显示屏 Control panel for fire detection and alarm system	火警按钮/开关 Push button/switch for general alarm	手动呼叫按钮 Manually operated call point	感烟探测器 Spaces monitored by smoke detector(s)	感温探测器 paces monitored by heat detector(s)
			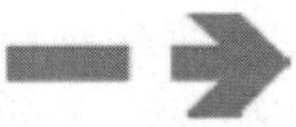	
火焰探测器 Space or group of spaces monitored by flame detector(s)	气体探测器 Space monitored by gas detector(s)	主脱险通道 Primary escape route	副脱险通道 Secondary escape route	应急逃生呼吸器 Emergency escape breathing device (EEBD)

2. 防火控制图的识读

首先熟悉图例栏中的各种防火控制图识别符号、位置和数量等。然后熟悉通风设备说明栏中的各种通风设备的类型、位置和编号等。最后在视图上分类具体实操。

(1)在视图中找到一些 A 级和 B 级防火分隔的具体位置。

(2)在视图中找到一些消防设备的具体位置。

(3)在视图中找到一些逃生路线的具体位置。

六、评估标准

1. 评估要素

(1)正确回答 IMO 标识典型符号代表的意思。

(2)在视图中找到一些典型的消防设备及各个位置逃生路线的具体位置。

2. 评估标准

(1)优秀:回答问题正确,内容查找、识图正确、完整。

(2)良好:回答问题比较正确,内容查找、识图比较正确、比较完整。

(3)及格:回答问题基本正确,内容查找、识图基本正确、比较完整。

(4)不及格:回答问题不正确,内容查找、识图不正确、不完整。

实操训练项目六　船舶烟火检测系统和自动报警系统

一、实操训练内容

1. 固定式火灾探测与报警系统的组成及操作方法。

2. 货舱抽烟式烟雾探火报警系统的组成及操作方法。

二、实操训练目的和要求

熟悉固定式火灾自动探测报警系统的基本组成,熟练掌握固定式火灾自动探测报警系统的操作方法和注意事项等。熟悉货舱抽烟式烟雾探火报警系统的基本组成,熟练掌握货舱抽烟式烟雾探火报警系统的操作方法和注意事项等。每位学生都能够规范地进行实际操作,确保实操教学质量。

三、实操训练条件

1. 具有固定式船舶火灾自动探测报警系统及操作说明。

2. 货舱抽烟式烟雾探火报警系统及操作说明。

四、实操训练组织

教师现场进行实操教学组织,明确实操科目、内容和要求等。授课过程包括讲解、示范、答疑和指导等教学环节,学习过程包括倾听、观看、提问和实操等环节。先集中讲解示范,后分组实操训练。先进行分步训练,熟练之后再进行系统训练,循序渐进。

五、实操训练具体内容和步骤

(一)固定式火灾自动探测报警系统

1. 系统的组成

固定式火灾自动探测报警系统主要由主控制器、操作和显示单元、智能手动操作单元、火灾探测器、手动报警按钮和记录与打印单元等组成,如图 1-2-6-1、图 1-2-6-2、图 1-2-6-3、图 1-2-6-4、图 1-2-6-5 所示。

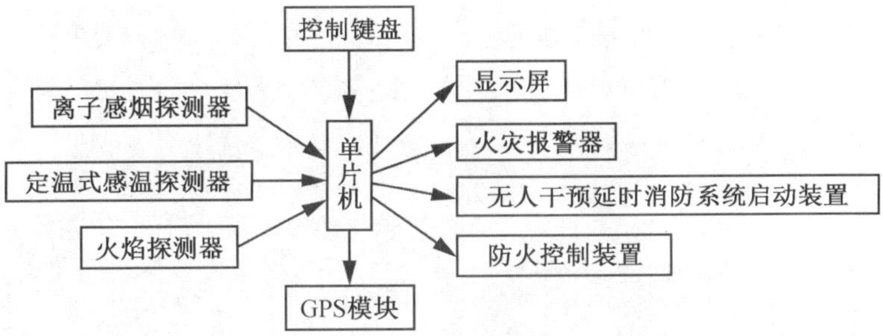

图 1-2-6-1　系统组成

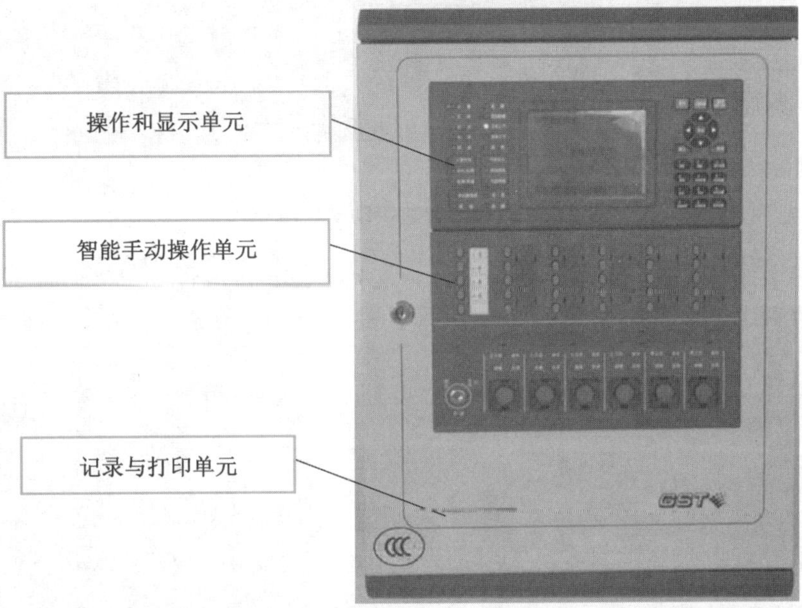

图 1-2-6-2　操作和显示单元(一)

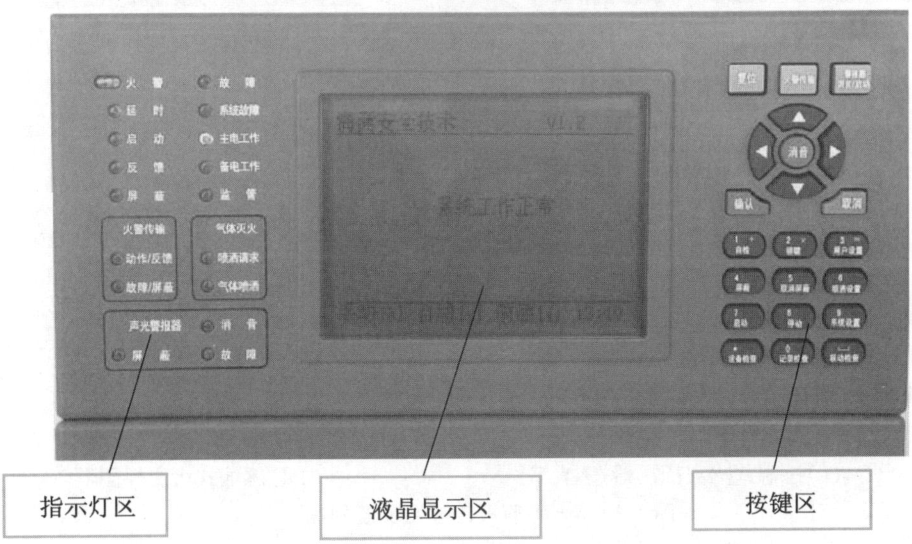

图 1-2-6-3　操作和显示单元(二)

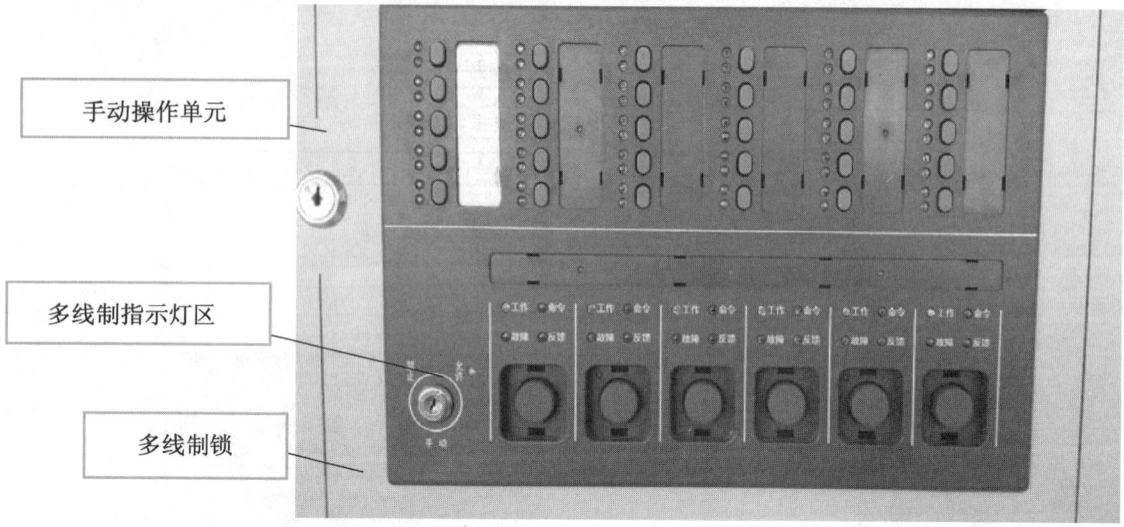

图 1-2-6-4　智能手动操作单元

(a)手动报警按钮

(b)感烟式火灾探测器

(c)感温式火灾探测器

(d)感烟式火灾探测器

图 1-2-6-5　手动报警按钮及各种探测器

2. 火灾自动探测报警系统操作须知

(1)开机

分别打开总电源和火灾自动探测报警系统的主、备电源开关。船舶火灾探测报警系统电源开关必须常开,关闭电源后,船舶发生火灾,报警系统不能及时探明火情,会丧失组织人员灭火的最好时机。

(2)自检

开机后,系统自动进入自检状态(按照程序对各个单元、指示灯、液晶显示及声音等工况进行自动检测)。自检完毕后,系统进入正常监控状态。

(3)火警

当控制器检测到外接探测器或手动报警按钮等处于火警状态时,火警红色指示灯立即闪烁,同时发出声音报警。按警报器的消音/启动键进行消音,并按照其报警显示的地址立即指派相关人员到现场去核查,确认是否发生火灾。然后进行控制器的复位。报警后,若不及时进行消音操作,2 min 后全船火警警报将自动响起。

(4)故障

当发生主、备电源故障、总线故障或现场设备(探测器、模块)故障时,故障黄灯点亮同时发出故障警报声,按消音键进行消音。并按照其显示的地址派相关人员到现场去检查和维修。

因特殊原因不能及时排除故障待修理或更换时,应利用系统屏蔽功能键将设备暂时从系统中屏蔽,待故障排除后利用取消屏蔽功能键将设备恢复。

(5)设备屏蔽与取消屏蔽

①设备屏蔽:当外部设备(探测器、模块或火灾显示盘)发生故障待修理或更换时,按下屏蔽键(若控制器处于锁键状态,需输入用户密码锁键),输入屏蔽设备的用户编码及设备类型;然后按确认键。(本控制器还可以对报故障设备实现直接屏蔽,即当有设备报故障时,可通过按屏蔽键对焦点信息所对应的设备进行屏蔽,而不需输入屏蔽号码)。

②取消屏蔽:按下取消屏蔽键(若控制器处于锁键状态,需输入用户密码锁键),输入取消屏蔽设备的用户编码及设备类型;然后按确认键,同时显示屏提示"操作处理成功"。

(6)复位

当火警或故障处理完毕后,按下复位键,控制器处于复位状态。对控制器进行复位操作(当键盘处于锁键状态,需输入用户密码)。火警红色指示灯和故障黄色指示灯熄灭。

(7)关机

关机时按照与开机时相反的顺序关闭各开关即可。

(二)货舱抽烟式烟雾探火报警系统

1. 系统的组成

系统主要由控制器、探测箱、复示器、风机单元、继电器箱、各种管路、过滤器和三通阀等组成,如图 1-2-6-6 所示。

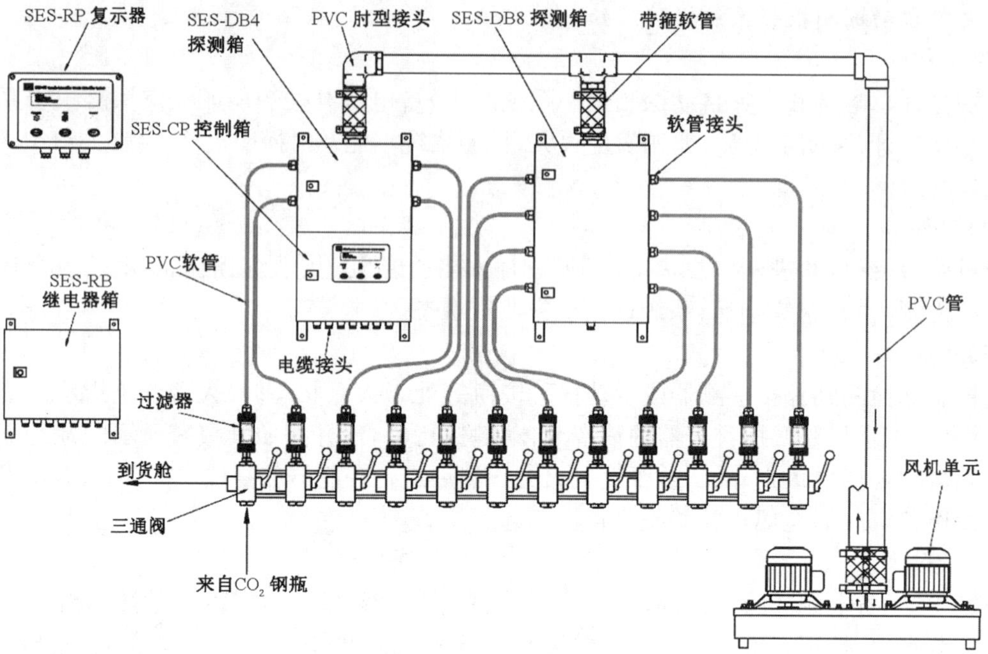

图 1-2-6-6 货舱抽烟式烟雾探火报警系统

(1)控制器

控制器控制风机工作,监测系统故障,分析烟雾浓度并呈现结果,是系统的核心部分。

(2)探测箱

探测箱里面安装有烟雾探头、探头接线模块及风压差开关等,用于检测气体样品中烟雾的浓度,并将分析值反馈到控制器;当监测到气体流量过低时,控制器可识别出此故障的种类并发出报警。

(3)复示器

复示器可安装在船舶上的任何地方,安装方式有嵌入式和壁挂式,用于显示火灾报警和故障报警信息。与控制器一样,复示器可对火灾报警及故障报警提供声光报警,也可对系统进行操作(功能类同控制器,如:对控制器上的报警进行确认)。

(4)风机单元

风机单元具有抽吸货舱内的气体并送至烟雾探头的功能。风机管路的排气口延伸至罗经甲板,或远离生活区的其他位置。其中一台风机总是在工作中。每隔一段时间(时间可以设定,比如 6 h、8 h 等),控制器会自动对风机的工作状态进行切换(也可以手动切换)。当其中一台风机发生故障时,另一台风机也会自动启动工作。控制箱及风机单元,如图 1-2-6-7 所示。

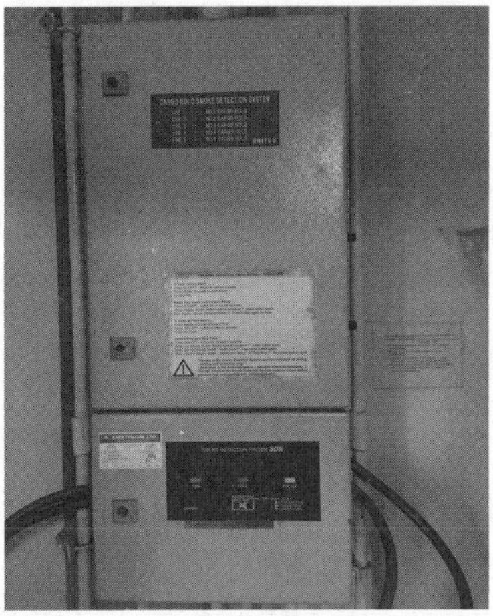

(a)控制箱

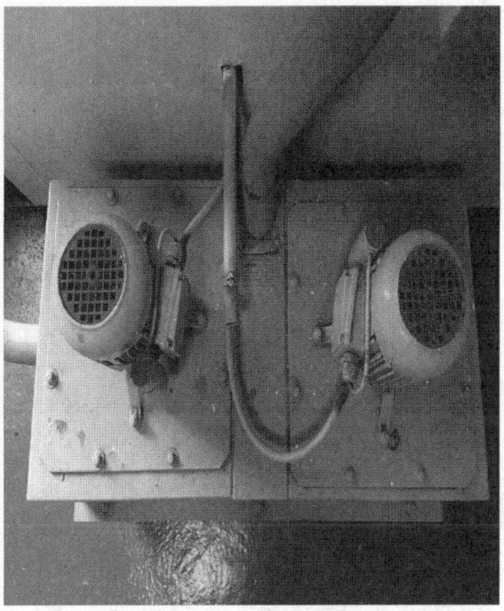

(b)风机单元

图 1-2-6-7　控制箱及风机单元

2. 系统维护保养和检查试验步骤

系统维护保养和检查试验步骤如表 1-2-6-1 所示。

表 1-2-6-1　系统维护保养和检查试验步骤

1	检查烟雾聚集器安装在监测的区域。
2	检查管路连接正确。
3	检查管路与对应的探测线路连接。
4(＊)	用空气压缩机清洗所有管路,确保管路没铁锈或其他小颗粒杂物。
5	检查系统安装情况,确保安装牢靠。
6	检查所有线缆连接是否正确。
7	检查控制器与复示器连接线缆的屏蔽网可靠接地。
8	系统接地端可靠接地。
9	确保总线两端接有 120 Ω 的终端电阻。
10	将三通阀转至正确位置(使系统管路与货舱相连)。接通系统电源,将控制器上电源模块上 F1 保险丝旋上,系统启动。
11(＊＊)	指示灯和蜂鸣器测试,按下 ACCEPT 键,所有指示灯、LCD 及蜂鸣器被激活。
12(＊)	当系统风机运行正常时,切换成另一台风机。当一台风机故障时,系统能够自动切换到另一风机。(将探测箱门打开,使探测箱内的气压减小,这样模拟风机故障)。
13	检查电源失电报警功能。
14(＊)	检查气流监测功能。将三通阀转至另一端,使对应探测线路气流减小,而出现气流故障报警。
15(＊)	烟雾报警试验。在货舱内的烟雾聚集器的入口处产生烟雾,火灾报警随之出现。
16	通用报警测试。当火警出现后,如果 2 min 内未被确认,则通用报警系统被激活。
17	最后测试。系统复位,确保无故障指示。

注释:标注(＊)的项目每 3 个月需要操作一次,标注(＊＊)的项目每日需要操作一次。

3. 系统操作说明

（1）启动操作

启动示教板后的电源开关，系统启动，风机自动运行。绿色指示灯亮，显示屏上显示系统正常运行“Normal Operation”和当前运行的风机“ACTIVE：Fan-1”。装卸货时和在被保护区域内进行刷漆或清扫作业时系统风机需要关闭。因为烟雾探头会被污染，在进行管路压力试验或用空气压缩机清洗管路前，应确保本系统与其管路完全断开，以免气压高损坏系统部件。在风机运行时，不能将电源模块上的 F2-F5 保险丝卸下。当监测区域在进行清洗、喷涂或卸货时，务必将系统停止工作，以免污染烟雾探测器。

（2）风机转换操作

①按 F1“MENU”进入菜单。

②当光标在“1. Switch Over or Stop Fans”时，按 F2“ACCEPT”进入下一级菜单。

③可利用 F3“NEXT”移动光标，当光标在“1. Switch over Fans”时，并按下 ACCEPT 按键，则 1#风机和 2#风机运行状态切换。当光标在“2. Switch off Fans”时，并按下 ACCEPT 按键，则 1#风机和 2#风机停止运行。当光标在“3. Switch on Fans”时，并按下 ACCEPT 按键，则启动风机，默认是启动 1#风机。

（3）警报消音操作

当警报声发出时，分别按下控制器和复示器上的 F2“SILENCE”按钮，警报声响被消除。

（4）报警确认操作

确认警报在控制器和复示器上均可操作，操作步骤如下：

①按 F1“MENU”进入菜单。

②按 F3“NEXT”移动光标到第 6 项“6. Enable Ack Button”时，按 F2“ACCEPT”进入密码输入显示。

③利用 F2 移动光标、F3 改变数字输入密码 2222，然后按 F2“ACCEPT”确认。

④按两次 F1“QUIT”退回到主面板，此时面板上的 F2 为“Ack”。

⑤按下 F2“Ack”，警报确认，红色指示灯常亮。

（5）系统复位操作

①按 F1“MENU”进入菜单。

②按 F3“NEXT”移动光标到第 4 项“4. Reset”时，按 F2“ACCEPT”进入密码输入显示。

③利用 F2 移动光标、F3 改变数字输入密码 2222，然后按 F2“ACCEPT”确认。系统复位成功。

（6）探头诊断操作

①按 F1“MENU”进入菜单。

②按 F3“NEXT”移动光标到第 2 项“2. Diagnoses Detector”时，按 F2“ACCEPT”确认，显示屏显示探头的编号和数据，当数据在 18～132 范围内时，表明探头是清洁的，处于工作状态。如果探头数据不在上述数据范围内，表明此探头已经脏了，需要清洗。

（7）屏幕亮度调节操作

①按 F1“MENU”进入菜单。

②按 F3“NEXT”移动光标到第 5 项“5. Dimmer”时，按 F2“ACCEPT”确认。可利用 F2“DIMMER+”和 F3“DIMMER-”来调节显示屏亮度。

(8)系统关闭操作

关闭示教板后的电源开关,系统关闭,风机停止运转。

六、评估标准

1. 评估要素

(1)口述固定式火灾自动探测报警系统的组成。主要由主控制器、操作和显示单元、火灾探测器、手动报警按钮等组成。火灾探测器分为感烟式、感光式、感温式三种。

(2)火灾自动探测报警系统操作。熟悉总电源开关和火灾自动探测报警系统的主备电源开关的位置;报警器报警后能找到触发报警的位置,能正确进行消音和复位。

(3)口述货舱抽烟式探火与报警系统的组成。主要由控制器、探测箱、复示器、风机单元、继电器箱、各种管路、过滤器和三通阀等组成。

(4)熟悉货舱抽烟式报警系统的启动,报警器报警后能到找到触发报警的位置,能正确进行消音和复位。

2. 评估标准

(1)优秀:回答问题正确,操作正确、熟练。

(2)良好:回答问题比较正确,操作正确、比较熟练。

(3)及格:回答问题基本正确,操作基本正确、不熟练。

(4)不及格:回答问题不正确,操作不正确、不熟练。

实操训练项目七　紧急逃生呼吸装置(EEBD)的穿戴

一、实操训练内容

紧急逃生呼吸装置(EEBD)基本组成及正确穿戴。

二、实操训练目的和要求

了解紧急逃生呼吸装置(EEBD)基本组成。能正确穿戴 EEBD,能做好穿戴前的各项检查工作。

三、实操训练条件

1. 能够容纳至少 20 人的实操教室。
2. 足够的紧急逃生呼吸装置(EEBD)。

四、实操训练组织

教师现场进行实操教学组织,明确实操科目、内容和要求等。教师授课过程包括讲解、示范、答疑和指导等教学环节,学习过程包括学生们的倾听、观看、提问和实操等环节。先集中讲解示范,后分组实操训练。先进行分步训练、熟练之后,再进行系统实操训练。实操结束后,紧急逃生呼吸装置全部复位。

五、实操训练具体内容和步骤

紧急逃生呼吸器(EEBD)是一个自给式压缩空气呼吸保护装置,仅用于从危险气体的场所逃生。不得用于救火、进入缺氧舱或液货舱,也不得供消防队员穿着使用。至少可以使用10 min以上。

1. 紧急逃生呼吸器的主要组成部件(如图1-2-7-1所示)

(1)压缩气瓶——气瓶容积为2.2 L或3 L,工作压力为21 MPa。

(2)气瓶阀——施放和向气瓶充入压缩空气的控制阀,其上装有压力表。正常存放期间不显示气瓶内的压力。

(3)减压阀——将气瓶内的高压气体减压为0.5 MPa的中压,输出气体流量控制在不小于35 L/min的稳流状态流到头罩内供人体呼吸使用。

(4)输气管——向头罩内输送经减压的压缩空气。其一端连接快速接口,另一端连接头罩进气分散器接头,采用夹紧套紧固。快速接头插入快速插口可接通气源。

(5)头罩——由阻燃、抗渗水、抗热辐射的材料制作,具有隔热和防火功能,经密闭处理,将人体头部、颈部、罩盖保护在其内与外界隔离,免受危险气体、高温的伤害。头罩内进气口上装有进气分散器,使气体吹向透明视窗,即可消除视窗上的雾气,又使新鲜空气吹在口鼻部位附近供人员呼吸。

(6)挎包——存放与携带紧急逃生呼吸器的挎包,由阻燃材料制作。袋口采用快捷的尼龙搭扣,包外表面有穿戴示意图、简易说明、使用时间提示和维护保养要求。

(a)挎包

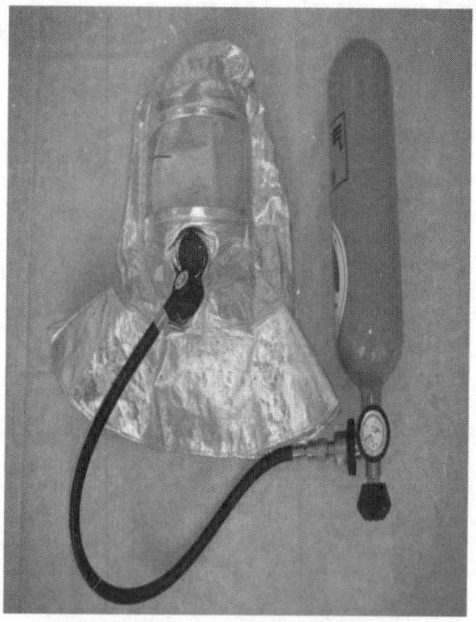

(b)EEBD整体

(c)储气钢瓶

(d)头罩

(e)减压阀

(f)压力表

图 1-2-7-1　EEBD 的组成

2. 使用前的检查

使用前检查气瓶内的气压(如图 1-2-7-2 所示)。方法是:旋松快速插口上的锁紧螺母,拔出快速插头,使其与快速接口分离。打开气瓶阀,观察压力表,其读数应是 21±1 MPa。关闭气瓶阀,插入快速接头,泄清余压,使压力表恢复 0 位。旋紧快速插口上的锁紧螺母。

检查头罩与输气管、输气管与减压器的连接是否牢固完好,减压器与气瓶阀的连接是否牢固完好。

检查头罩颈口松紧带的松紧程度是否适当。

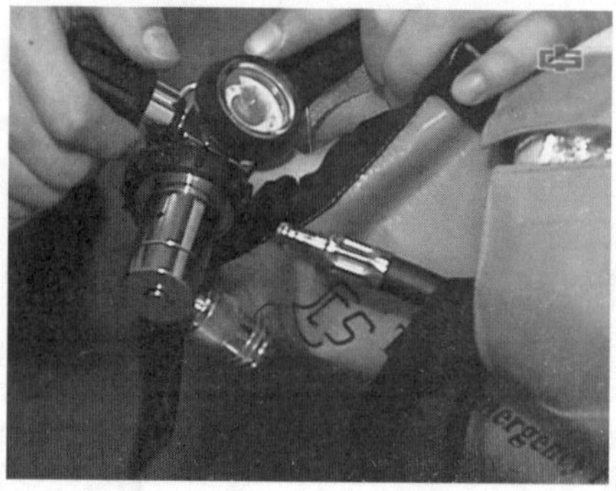

图 1-2-7-2　压力的检查

3. 使用程序

将挎包套挂在脖子上或斜挎在肩上，适度调整背带。打开背包的盖口，取出头罩。逆时针方向旋开气瓶阀直至完全打开，此时应有气流声。将透明视窗向前把头罩套在头上，颈口处自动缩紧在脖子上。自由呼吸，整理好头罩位置，使双眼能够最佳观察周围环境。尽快选择合适的路线迅速逃离到安全地带，除非是逃离时的唯一途径，应尽量避免进入危险区域。

使用后，双手抓住头罩下端的松紧带并向外撑开，向上脱出头、颈部，顺时针方向关闭气瓶阀。如图 1-2-7-3 所示为 EEBD 穿戴程序。

(a)将挎包挂在脖子上

(b)拉出头罩

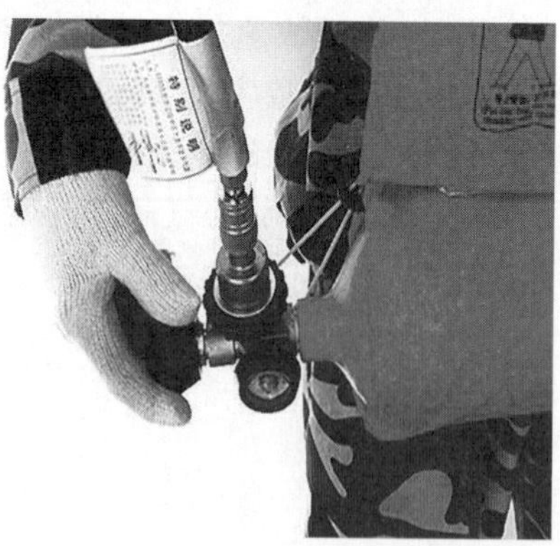

(c)打开供气阀

(d)戴好头罩

图 1-2-7-3　EEBD 的穿戴程序

六、评估标准

1. 评估要素

(1)口述 EEBD 设备的组成、用途。

(2)穿戴前的准备和检查。检查 EEBD 压力;面罩是否完好。

(3)正确穿戴,将挎带套在颈部,打开挎袋,取出面罩,打开瓶头阀;将面罩戴在头上,透明窗应向面部,面罩覆盖肩部。

2. 评估标准

(1)优秀:回答问题正确,操作正确、熟练。

(2)良好:回答问题比较正确,操作正确、比较熟练。

(3)及格:回答问题基本正确,操作基本正确、不熟练。

(4)不及格:回答问题不正确,操作不正确、不熟练。

第三章　个人安全与社会责任

实操训练项目一　火灾应急

一、实操训练内容

1. 火灾应急程序。
2. 船舶消防部署。
3. 针对不同部位火灾的措施。
4. 相关注意事项。

二、实操训练目的和要求

船舶火灾事故的全损率高，通过训练，掌握火灾应急的基本程序和方法，熟悉船舶消防部署，了解针对不同部位火灾应采取的措施和相关注意事项，一旦发生火灾时，能够迅速采取措施，积极、正确和有效地处理，避免或减少人员伤亡和财产损失。

三、实操训练条件

多媒体教室，火灾应急视频或多媒体课件。

四、实操训练组织

1. 学生分成2组，每组由一名教师负责组织、授课。

2. 教师多媒体课件讲解和演示，或组织视频观看。在观看中，教师可以就视频中的某一环节进行讲解、说明、提问或组织讨论，使学生掌握船舶火灾应急程序的相关内容。

五、实操训练具体内容和步骤

船舶紧急情况中，对船舶和船员人身安全威胁程度最大的是火灾。

(一)火灾应急程序

1. 报警

船员一旦发现船舶发生火灾事故，应立即报警并采取最初有效行动。

(1)报警方式

①大声呼叫示警：呼喊“××(如机舱)着火啦”，让更多的人知道发生了火灾，有更多的人参与火灾的处理。

②按下就近手动报警按钮：驾驶台的报警器会报警。

③使用内部电话报告值班驾驶员：驾驶台值班人员发出火灾警报向全船示警，召集船员并通知船长，船长闻警立即上驾驶台指挥(图 1-3-1-1)。

(2)报告内容

①确切的失火位置。

②燃烧物质(火的种类)。

③火势大小与蔓延趋势。

④其他重要情况等。

(3)采取最初有效行动：最初的有效行动可以消灭或有效控制火灾。包括使用适合灭火器灭火、关闭通风、切断电路、切断油路、转移易燃易爆物品或其他危险物品、采取其他有必要的、有助于控制火势的行动等(图 1-3-1-2)。

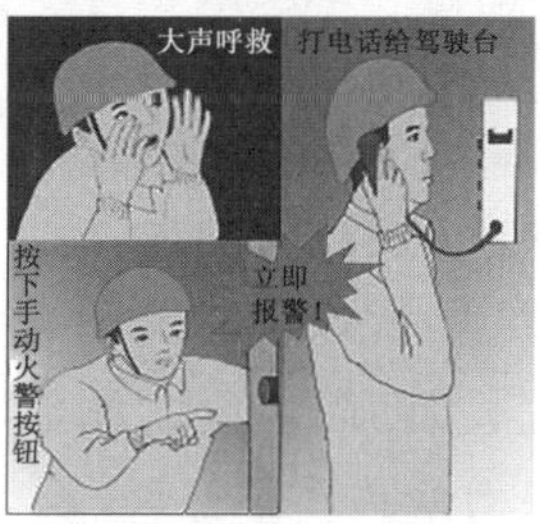

图 1-3-1-1　报警

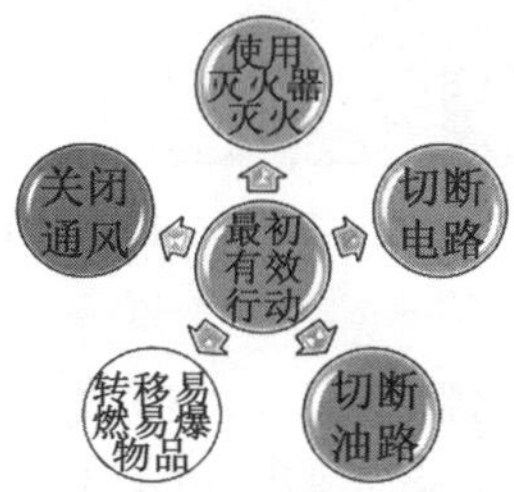

图 1-3-1-2　采取最初有效行动

2. 集合

全体船员(除固定值班人员外)听到警报信号后，应按应变部署表的分工，携带规定的消防器材迅速赶到现场集合(图 1-3-1-3)，并做好灭火的一切准备工作。

(1)根据消防部署，驾驶台和机舱固定值班人员需要控制船舶并履行火灾应急相关职责，不需要到火灾现场，他们也是参与火灾应急工作，只是岗位不同(图 1-3-1-4)。

(2)集合后要清点人数，了解是否有人被困火场。

图 1-3-1-3　集合

(a)　　(b)

图 1-3-1-4　驾驶台和机舱值班人员

3. 探明情况

现场指挥应率领消防队和技术队，迅速弄清是否有人被困火场、火警部位、火种性质、火情和趋势，以及火警部位周围的有关物品等情况，立即报告船长确定施救方案。船长向就近的海事局(或主管机关)和公司报告。

(1)如有人被困火场,应立即组织搜救。抢救人员的工作通常与灭火工作同时进行,如若力量不足,应首先抢救人命。

(2)进入充满浓烟的舱室前,应穿戴好消防员装备品、有效的通信设备,系好救生索,采取一切安全措施(图 1-3-1-5)。

(3)现场指挥一般是大副,如果机舱发生火灾,现场指挥为轮机长。

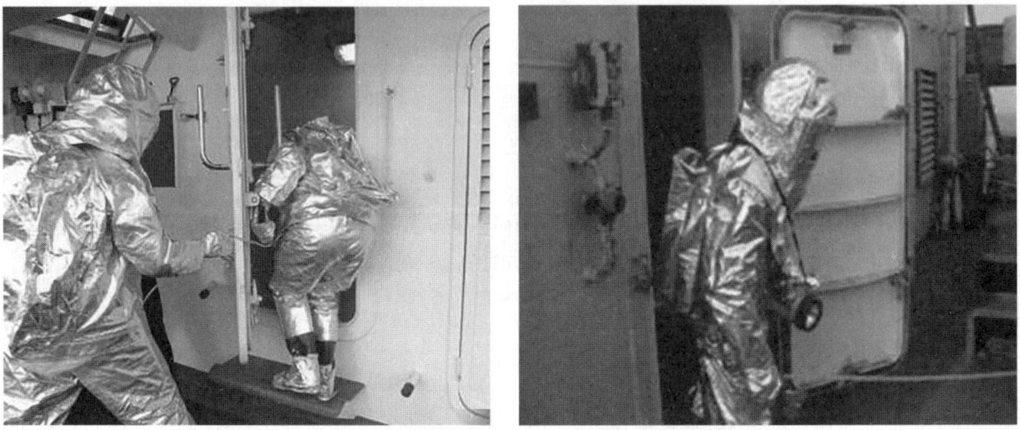

图 1-3-1-5 进入充满浓烟的舱室应做好防护措施

4. 组织灭火

指挥各队人员按施救方案投入扑救。灭火时,先控制,后消灭。如可能,控制和消灭应同时进行。船长和现场指挥应根据火情发展,及时组织力量和调整部署。

(1)火灾初期通过关闭通风等措施控制火势,而后采用直接扑灭或间接扑灭的方法扑救,同时采取消防水冷却措施防护火区周围,防止火势扩大和蔓延。

(2)火势太大,无法扑灭,准备施放固定式灭火系统。

(3)施放固定式灭火系统前需清点人数,保证所有人员撤出舱室,以免发生人员窒息危险。

(4)检查火场灭火效果,不断监测火场周围情况,直至经探火确认火已经被扑灭。

5. 检查清理火场

确认火已经熄灭后,没有复燃可能,打开起火舱室所有门、窗、通风孔道和通风装置,通风排烟。然后进入舱室对火灾损害情况进行检查,评估船舶状况,清理火灾现场。

进入机舱检查、清理前,应做到:

(1)舱内须进行良好的自然或机械通风。

(2)穿戴呼吸器,携带对讲机,约定联系信号,进入舱内测试可燃气体和氧气等含量,确认舱内气体是否符合进入要求。

(3)开启所有能提供紧急撤离的通道及出入口。

(4)准备好充足的灭火器和必要的消防器材。

进入舱内进行检查、清理工作是危险的,应细心认真,注意安全。检查的范围包括火场、火场附近及一切可能存在火灾危险的地方,在检查中不断进行清理,在清理时,仔细、认真检查。

确认安全后,解除警报。

（二）消防部署

船舶火灾应变，船长任总指挥，指挥协调驾驶台、机舱及现场参与灭火应急行动人员。

1. 驾驶台

（1）驾驶员：协助船长，瞭望，操纵车钟，管理火灾探测器。

（2）值班水手：联络传令，悬挂、施放信号，管理抛绳设备，抛投带自发烟雾信号的救生圈，操舵，协助瞭望。

（3）无线电操作员：管理 DSC/VHF/双向无线电话等通信设备，协助船长负责船内外通信联系，根据船长指示通知弃船集合地点。

（4）客船上播音员：也要负责广播通信，根据船长指示通知船员和旅客弃船集合地点。

2. 机舱

轮机员管理操纵主机、辅机和应急发电机。

3. 货船发生火灾时现场灭火工作部署

货船发生火灾时，参与现场灭火工作的船员一般分为消防队、隔离队、救护队和技术队，各队任务如下：

（1）消防队：探火、抢险；切断所有电路，关闭风机；关闭防火门窗、舱口、孔道及通风筒；管理消火栓、水带及水枪；携带手提式灭火器；隔离火场附近易燃物；携带担架和急救药箱；携带两只防爆型或等效安全的双向无线电话。

（2）隔离队：携带长柄太平斧；隔离火场附近易燃物；关闭防火门窗，挡火闸，舱口，孔道，通风筒；切断有关电路，关闭风机；切断有关油路，管理操纵副机、应急发电机；检查供随后弃船用的必要设备和装置。

（3）救护队：携带担架和急救药箱，救护。

（4）技术队：管理固定灭火系统，按船长命令施放；管理操纵应急消防泵；管理操纵固定式局部灭火系统；关闭机舱防火门、天窗、孔道及通风筒；切断有关油路；管理国际通岸接头。

4. 客船发生火灾时现场灭火工作部署

如果是客船发生火灾，参与现场灭火工作的船员分为消防队、技术队和救护队。

（1）消防队和技术队任务与货船发生火灾时消防队和技术队的任务相同。

（2）救护队的应急部署包括：携带急救药箱，救护；携带担架；安全守卫；向旅客示警，稳定旅客情绪，维持秩序，疏导旅客流向。

（三）针对不同部位火灾的措施

1. 甲板以上部位失火时

（1）立即隔离易燃物，封闭货舱各开口；

（2）航行中船长还应操纵船舶，使火区处于下风方向，必要时停止前进，以延缓火势蔓延和方便灭火。

2. 货舱失火时

（1）如果难以进入失火点，使用固定灭火系统是首选手段；

（2）应立即撤离舱内人员，停止通风，尽量隔绝空气流通；

（3）按现场指挥的命令，正确启闭各路阀门，施放 CO_2 灭火系统或蒸汽灭火系统，扑灭火灾。

3. 居住舱室失火时

(1)可通过探火装置确定失火舱室;

(2)关闭防火门,使用合适的灭火剂或消防水扑灭火灾。

4. 机舱失火时

(1)轮机长为现场指挥,应率领机舱船员确定施救方案,在大副和技术队的积极配合下,首先使用有效灭火剂或消防水灭火。

(2)若火情不易控制,应迅速撤离人员并封闭机舱,使用 CO_2 灭火系统或蒸汽灭火系统灭火(使用固定灭火系统会导致船舶暂时失去操纵能力)。

(四)其他注意事项

1. 船舶在港内失火时应立即通知海事主管机关和港口消防部门。海事局负责总体指挥,港口消防部门负责灭火指挥,船舶应向灭火外援提供防火控制图,详细介绍火场情况,并予以积极配合,共同扑灭火灾;还应立即停止装卸作业,视情况做好拖带出港准备,或命机舱备妥主机待命。

2. 灭火中应始终限制并及时排除积水,不使其随意流淌和积存,以防止水湿货损,特别要避免船舶因积水减损稳性而翻沉。

3. 灭火工作完成后,应该检查余烬区,只有当确认无复燃可能后,施救人员方可撤离现场。

4. 无法控制火灾,情况严重危及人命安全,应抢滩或弃船。

5. 大副应将起火时间、部位、原因、灭火经过、采取措施、火势受控情况、扑灭时间、货物受损程度、船体及机器设备损伤情况,认真记入航海日志。

六、评估标准

1. 优秀:回答问题正确、熟练。
2. 良好:回答问题正确、比较熟练。
3. 及格:回答问题正确、熟练程度一般。
4. 不及格:回答问题较差。

实操训练项目二　碰撞应急

一、实操训练内容

碰撞应急程序与措施。

二、实操训练目的和要求

船舶碰撞事故是发生率很高的海事,95%以上是人为因素造成的。通过训练,掌握碰撞应急的基本程序,熟悉探明情况的内容和方法,了解应采取的措施和相关注意事项,一旦发生碰撞时,能够迅速采取措施,积极、正确和有效地处理,保护人命安全,防止伤亡或伤亡扩大;保护海洋环境,避免造成污染或污染扩大;避免船舶沉没或损失扩大。

三、实操训练条件

多媒体教室，碰撞应急视频或多媒体课件。

四、实操训练组织

1. 学生分成 2 组，每组由一名教师负责组织、授课。

2. 教师多媒体课件讲解和演示，或组织视频观看，观看中教师可以就视频中的某一环节进行讲解、说明、提问或组织讨论，使学生掌握船舶碰撞应急程序的相关内容。

五、实操训练具体内容和步骤

1. 报告

船舶临近碰撞或发生碰撞，驾驶台应迅速报告船长并通知机舱。

2. 发出警报

碰撞可能导致船舶进水、油污、火灾、人落水等紧急情况发生，根据具体情况发出应急警报信号。有关船员应根据发出的警报信号，按应急计划规定的分工和职责，携带指定的器材到现场参加应急。

3. 判明损害情况

(1)船长应督促大副和轮机长查明破损部位的损坏情况，查看有无进水、人员伤亡、油污染情况及程度。

(2)木匠应立即测量各污水沟、压载舱和淡水舱液位。

(3)二管轮等应立即测量油舱液位。

(4)大副应派专人监测破损部位，检查船体破损程度及邻近舱室损伤情况，并及时向船长报告监测结果，以便船长确定施救方案，判断是否需要外援救助。

(5)轮机长应负责机舱内的损害控制，对主机、辅机、舵机等机舱设备的损害做出估计和抢修，并报告船长。

4. 采取应急措施

(1)将双方船舶有关情况报告公司及就近海事机构，保持通信联络通畅。

(2)当一船撞入对方船体时，船长应视情况采取慢车顶推措施，尽力操纵船舶使破洞处处于下风侧(图 1-3-2-1)。

(a)　　　　(b)

图 1-3-2-1　一船撞入对方船体，船长采取慢车顶推措施

①这样可以减少风浪对破洞处的冲击,减少破洞进水量,可以使被撞船有更多的时间采取有效的应急措施。

②在未采取堵漏和排水措施之前贸然倒车,不仅将扩大破口,而且有从破口大量进水使船舶沉没的危险(图 1-3-2-2)。

图 1-3-2-2　碰撞后倒车,破口处会大量进水

③当两船均确认无沉没危险时,为不使两船破损扩大,也可以用缆绳系住保持两船碰撞时的姿态,以便进行排水、堵漏和加强水密隔舱壁的工作,待确认脱开后不会有大量进水而造成沉没时方可脱离(图 1-3-2-1)。

④如被撞船损坏严重有沉没危险时,应迅速撤离对方所有人员后脱离,避免其沉没时压住本船船头祸及本船的可能。

(3)针对不同紧急情况启动不同应急计划。

①若船体破损进水,应按进水应急计划组织排水和堵漏。若进水严重条件许可时应设法就近抢滩;

②若碰撞引发火灾,应按火灾应变部署处理;

③若碰撞引发油污染,应按船上油污应急计划处理;

④若发生人员受伤,应立即抢救。

(4)轮机长应按指示在舱柜之间转移燃油和压舱水等工作,提供电力和辅助机械等方面的各项服务。

(5)若被撞船处于危急状态,在不严重危及本船安全的情况下,应尽力提供援助,包括救助对方船员或协助被撞船舶抢滩等。一般情况下,损坏轻微的船舶提供的救助是损坏严重的船舶所能得到的最快捷的救助。

(6)若情况紧急,船长有权请求第三方救助。若碰撞损害严重,确属无力抢救时,船长应宣布弃船求生。

(7)船舶碰撞双方,应交换有关船名、呼号、船籍港、船舶登记编号和出发港/目的港等情况。被撞船船长应向对方船长送交一份“碰撞责任通知书”,要求对方船长签字并盖船章;对方要求本船船长签署同类文件时,仅应明确批注“仅限收讫”类文字。

(8)值班驾驶员应做好详细记录,保存相关海图;船员应向船长如实汇报相关情况;船长负责指导驾驶员谨慎如实地填写航海日志。

六、评估标准

1. 优秀:回答问题正确、熟练。

2. 良好:回答问题正确、比较熟练。

3. 及格:回答问题正确、熟练程度一般。

4. 不及格:回答问题较差。

实操训练项目三　进水与沉没应急

一、实操训练内容

1. 船舶进水与沉没应急程序与措施。

2. 常用的堵漏方法。

二、实操训练目的和要求

船舶进水后如处置不当或无效,可能导致船舶浮力和稳性的丧失而沉没。通过训练,掌握进水与沉没应急的基本程序,熟悉探明漏损部位的方法,了解应采取的应急措施和相关注意事项,一旦发生进水时,能够迅速采取措施,积极、正确和有效地处理,避免船舶沉没。

三、实操训练条件

多媒体教室,进水与沉没应急视频或多媒体课件。

四、实操训练组织

1. 学生分成 2 组,每组由一名教师负责组织、授课。

2. 教师多媒体课件讲解和演示,或组织视频观看,观看中教师可以就视频中的某一环节进行讲解、说明、提问或组织讨论,使学生掌握船舶进水应急程序的相关内容。

五、实操训练具体内容和步骤

船舶进水是指船舶由于搁浅、触礁、碰撞、船舶老旧、水密失效、大风浪袭击、造船缺陷、严重横倾、武器攻击、船舶积配载不当、恶劣天气影响、操作管理不善等原因导致船体进水,使船舶发生故障甚至存在沉没危险,威胁船舶和人员、环境安全的情况(图 1-3-3-1)。

(a)船舶搁浅进水

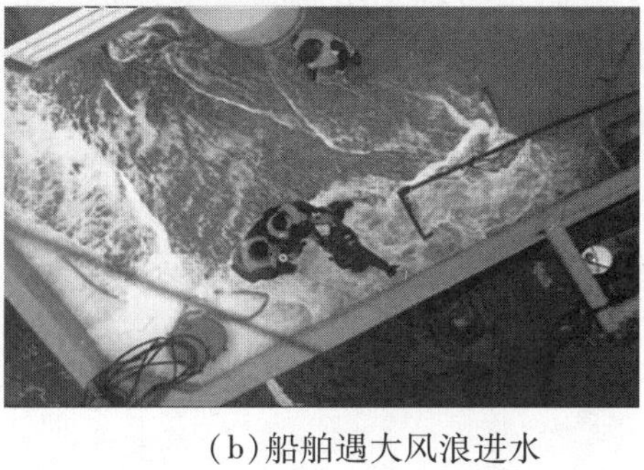

(b)船舶遇大风浪进水

(c)船体折断进水

(d)船舶横倾进水

图 1-3-3-1　船舶进水

(一)船舶进水应急程序与措施

船舶一旦进水,即应按下列程序和措施应急。

1. 报告

发现船舶漏损进水,应立即向驾驶台报告,驾驶台应立即报告船长和通知机舱。

2. 报警

发出漏损(堵漏)应急警报信号(警铃或汽笛二长声一短声,连续放 1 min)召集船员。

3. 集合

(1)全体船员听到警报信号后(除固定值班人员外),应按应变部署表/船舶进水应急计划的分工,携带规定器材,迅速赶赴现场,做好应急准备。

(2)进水应急部署人员包括总指挥、现场指挥、排水队、堵漏队、隔离队、救护队及驾驶台值班人员、机舱值班人员等。

4. 判断损害情况

现场指挥大副率领堵漏队和隔离队的队长,迅速查明进水原因、漏损部位、损坏情况和进水量及受损部位相邻舱室的水密情况、事故发生地周围环境情况(水文、气象、航道、通航等)及对通航环境的影响程度、船舶机器、设施受损情况,排水能力及操纵能力受限的程度等,立即报告船长,船长对险情进行判断,确定施救方案,指挥各队人员投入扑救。同时船长应向公司及港口主管机关(如果在港口及附近)报告,并保持联系。

查找漏损部位的方法包括:

(1)根据船舶横纵倾情况,估计破洞大概位置。

(2)测量舱柜液位;木匠测量淡水舱、压载舱、污水沟等的液位,二管轮等测量油舱液位,如果水位增加,则可以判定该舱进水。

(3)倾听各空气管内有无水声,如有流水声和水流漏出,则可判定该舱进水。

(4)观察船旁水面有无气泡和旋涡。

(5)在舱内听声和目测漏损部位,大副率人测定破洞的位置、大小及进水情况(图 1-3-3-2)。

（a）听空气管的声音　（b）直接到可能漏损舱室查看　（c）观察船旁水面有无气泡和旋涡

图 1-3-3-2　查找漏损部位的方法

5. 应变措施

（1）船舶发生漏损后，船长应通知机舱备车，立即采取停车或减速措施，以减少水流和波浪对船体冲击；若已知漏损部位，应用车舵配合将漏损部位置于下风侧，以减少进水量。

（2）一经发现进水部位，应立即通知机舱排水。同时由三副率隔离队紧闭进水舱四周的水密门和隔舱阀等，使进水舱与其他舱室隔离，必要时应加固邻近舱壁阻止进水漫延。切断经过进水部位的电源。合理调整船舶浮态，尽可能促使船体的受损部位露出水面，做好防止或减轻环境污染的相关工作。

（3）堵漏队在水手长和三管轮的领导下，直接担负堵漏和抢修任务，实施行之有效的堵漏措施。船长和大副应根据漏情发展，及时调整部署。

（4）轮机长率排水队使用所有水泵（包括便携式水泵）全力排水，并根据情况注入、排出和移驳压载水，保持船体平衡。

（5）指派木匠定时量水，并派专人不断观察和记录前后吃水和干舷高度变化，估算进水量和排水量之差，判断险情的发展和大量进水对船舶稳性及浮力的影响。

（6）若进水严重和情况紧急，船长应当请求第三方援助，并尽可能择地抢滩，避免船舶全损。若船长确认堵漏无效，且无法就近抢滩，船舶面临沉没时，应立即发出求救信号，宣布弃船。

（7）船长应指示值班驾驶员做好详细记录，并向公司和有关当局报告。

（二）常用的堵漏方法

船舶进水部位主要有船体破口，水密门或舱口损坏，机舱管系损坏，尾轴套损坏，海底门损坏等。

对于船舶进水，应迅速予以控制，不论能否完全堵住，都能不同程度地减缓进水速度，减轻危险程度和争取抢救时间。堵漏时，应在能控制船位的前提下考虑减速或停车，尽可能将破洞置于下风，以方便应急操作；堵漏后，应采用适当航速，经常检查封堵处，以防堵塞物脱落。常用的堵漏方法：

1. 船体裂缝

船体裂缝处不可直接打入木楔，以免扩大裂缝（木楔的使用方法如图 1-3-3-3 所示）。应先在裂缝两端各钻一小孔，再将橡皮等软物覆于裂缝上，压以木板，用支柱等方式支撑和固定。

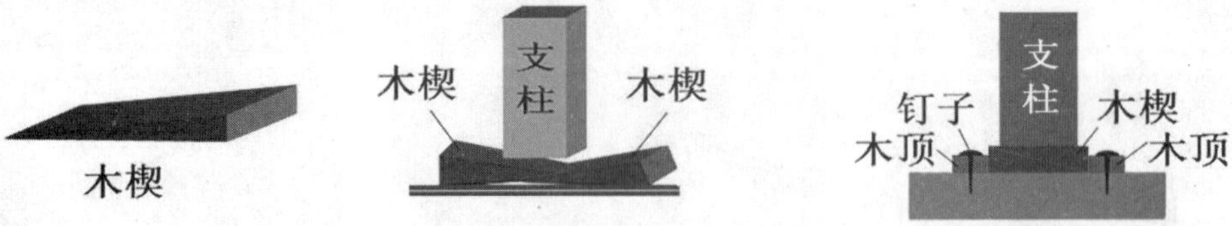

图 1-3-3-3　木楔的使用方法

2. 船体小破洞

可于船内用相当大小的木塞用布料包裹，直接塞进破洞。如果一个堵漏塞不够用，可用数个堵漏塞（图 1-3-3-4）。稍大一些的破洞可以使用活页堵漏板堵漏（图 1-3-3-5）。

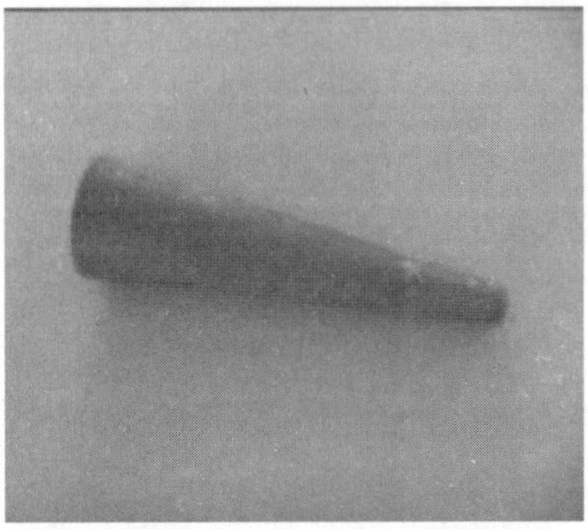

（a）木塞

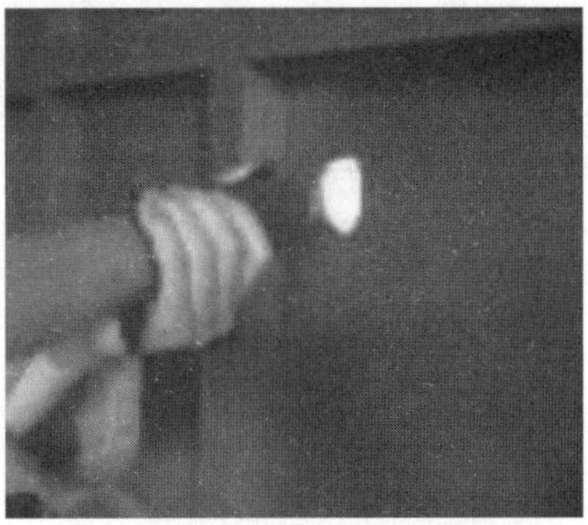

（b）用软布包住木塞

（c）将带软布的木塞塞进破洞

（d）用锤子将木塞打进破洞

图 1-3-3-4　木塞的使用

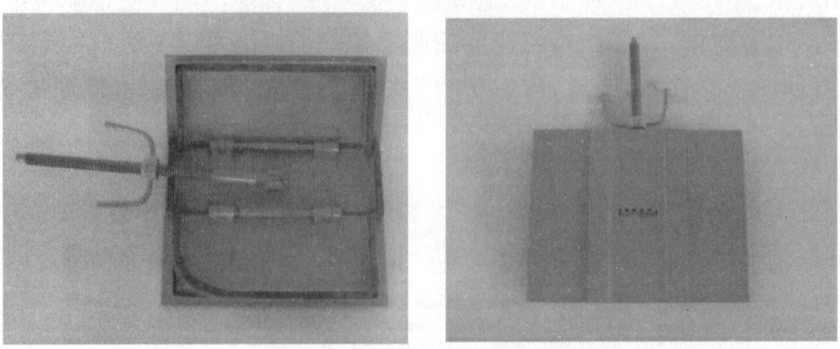

图 1-3-3-5　活页堵漏板

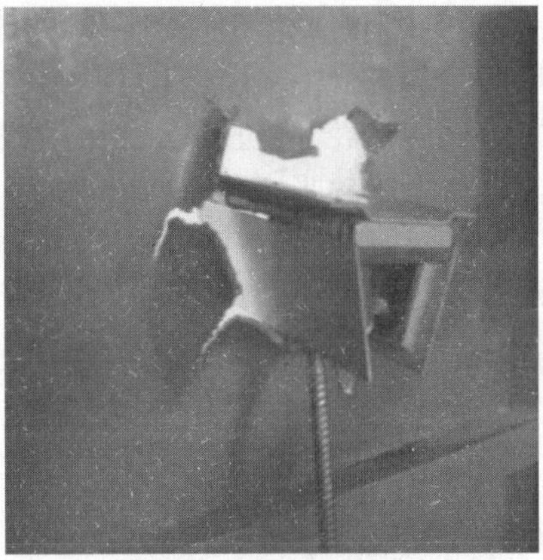

(a)将堵漏板合上从舱内送出舱外后，将板打开放在合适的位置上

(b)将铁片垫子穿过螺栓

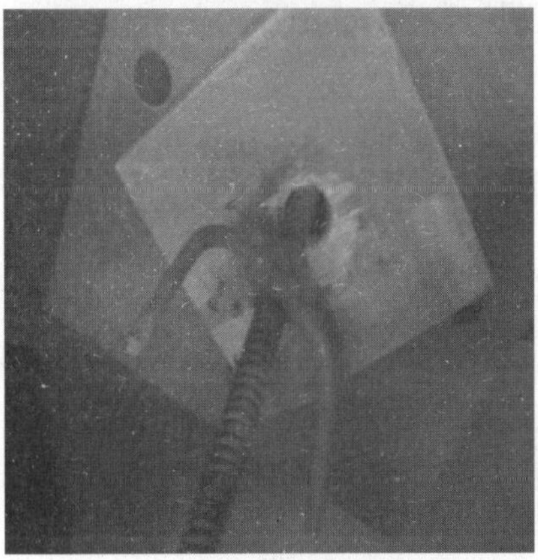

(c)将木垫子穿过螺栓,并开始拧紧螺母

(d)摆正堵漏板和垫子,拧紧螺母

图 1-3-3-6　活页堵漏板的使用

3. 船体大破洞

如果船内可以操作,可用床垫等卧具填塞,再覆以木板用木柱支撑固定(图 1-3-3-7)。如果破洞水压太大,应在船体外破洞处敷设堵漏毯减少进水量,再在船内用支架进行堵漏(图 1-3-3-8)。如果船内没有操作空间,在船外用堵漏毯(图 1-3-3-9)能有效地减慢船舶进水和下沉速度,为机舱排水、加固相邻舱壁、抢滩、等待救援争取时间。

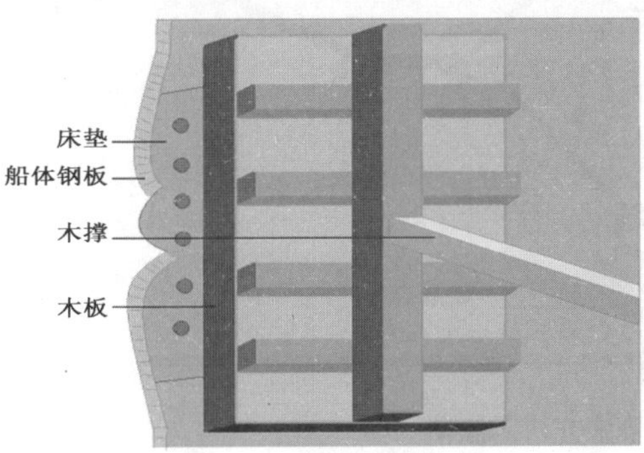

图 1-3-3-7　床垫堵漏

图 1-3-3-8　减少进水量后船内堵漏

大船使用的堵漏毯用钢丝绳或铁链作边纲,中部可辅以小号钢丝绳作经纬,用至少两层帆布作面缝制而成,四角应设强力耳环供张索受力,四个角的张索均为钢丝绳。堵漏毯使用时,下端应坠以重物,使堵漏毯能垂到船底。过底索应有足够长度绕过船底,与前张索、后张索、控制索配合,使堵漏毯覆盖于破洞,然后用绞车等收紧和固定各张索(图 1-3-3-10)。在堵漏毯被破口钢板或船体突出物挂住时,应妥善处理,避免硬拉而撕破堵漏毯。

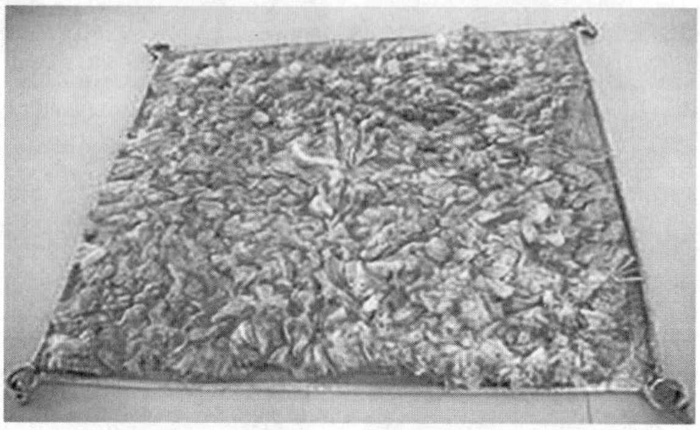

图 1-3-3-9 堵漏毯

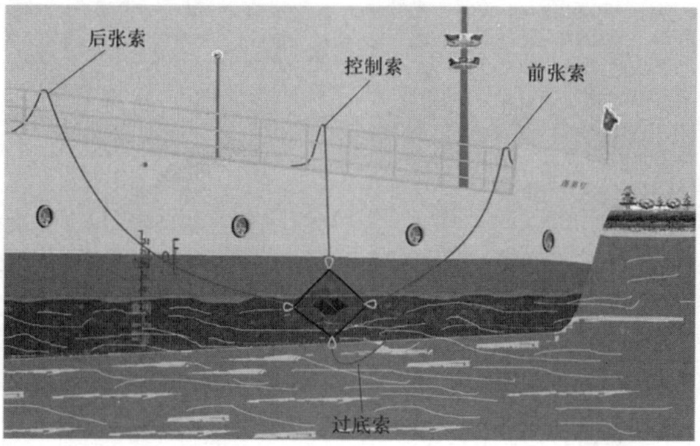

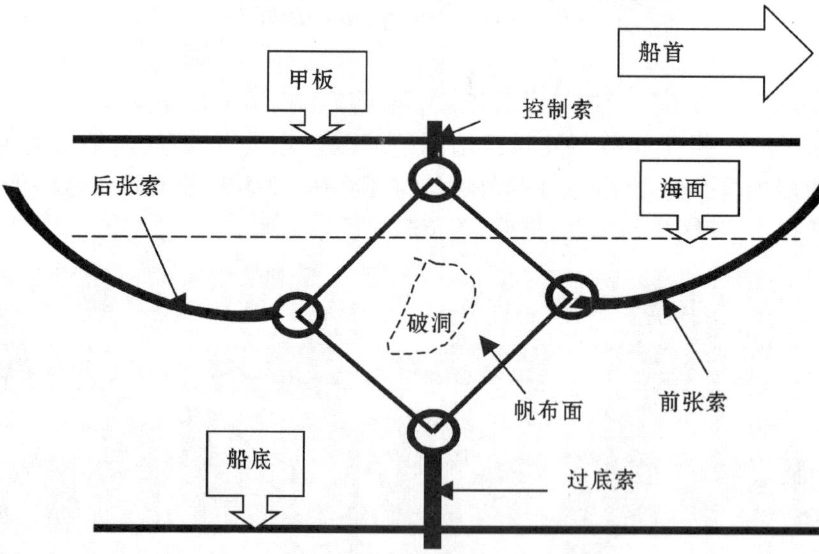

图 1-3-3-10 堵漏毯堵漏方法示意图

六、评估标准

1. 优秀:回答问题正确、熟练。
2. 良好:回答问题正确、比较熟练。
3. 及格:回答问题正确、熟练程度一般。
4. 不及格:回答问题较差。

实操训练项目四　安全和防护设备的使用

一、实操训练内容

1. 头部防护。
2. 手的防护。
3. 眼睛防护。
4. 听力防护。
5. 呼吸防护。
6. 脚的防护。
7. 坠落防护。
8. 身体防护。

二、实操训练目的和要求

个人防护设备是为防御物理、化学及生物等外界因素伤害所穿戴、配备和使用的各种防护用品。船上每个人都应熟悉个人劳动安全保护设备的使用场景和使用目的,掌握使用方法和注意事项。

三、实操训练条件

1. 多媒体教室。
2. 多媒体课件。
3. 满足实操教学使用的安全帽、手套、护目镜、耳塞、耳罩、口罩、防毒面具、呼吸器、工作鞋、防护服、安全带等。

四、实操训练组织

1. 学生分成2组,每组由一名教师负责组织、授课。
2. 教师多媒体课件配合实物讲解和演示,学生实作,教师检查纠正。

五、实操训练具体内容和步骤

(一)头部防护

1. 安全帽的作用

安全帽是对人体头部受坠物及其他特定因素引起的伤害起防护作用的帽。它可以在以下几种情况下保护人的头部不受伤害或降低头部伤害的程度:

(1)飞来或坠落下来的物体击向头部时(图 1-3-4-1)。

(2)当作业人员从高处坠落下来时(图 1-3-4-2)。

(3)当头部有可能触电时。

(4)在低矮的部位行走或作业,头部有可能碰撞到尖锐、坚硬的物体时。

图 1-3-4-1　坠落物体击向头部

图 1-3-4-2　高处坠落

2. 安全帽的结构

由帽壳、帽衬、下颌带和后箍等组成(图 1-3-4-3)。

(1)帽壳呈半球形,坚固、光滑并有一定弹性。打击物的冲击和穿刺动能主要由帽壳承受。

(2)帽衬是帽壳内部部件的总称,包括帽箍、吸汗带、缓冲垫、衬带等组成。

(3)帽壳和帽衬之间留有一定空间,可缓冲、分散瞬时冲击力,从而避免或减轻对头部的直接伤害。

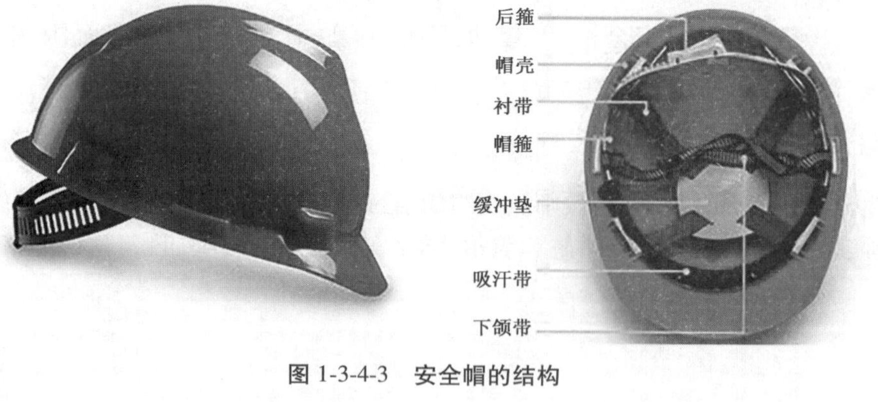

图 1-3-4-3　安全帽的结构

3. 安全帽的性能

安全帽一般具有冲击吸收性能、耐穿刺性能、侧向刚性、电绝缘性、阻燃性基本技术性能。

4. 安全帽的使用方法

(1)在使用前应检查安全帽上是否有外观缺陷,各部件是否完好,无异常;

(2)帽衬调整后的内部尺寸、垂直间距、穿戴高度、水平间距符合安全要求;一般人的头顶和帽体内顶部的空间垂直距离一般在 25~50 mm 之间,至少不要小于 32 mm。这样才能保证当遭受到冲击时,帽体有足够的空间可供缓冲,平时也有利于头和帽体间的通风。

(3)安全帽戴正、戴牢,锁紧帽箍,配有下颌带的安全帽系紧下颌带,确保在使用中不发生意外脱落(图 1-3-4-4),比如被大风吹掉,或者是被其他障碍物碰掉,或者由于头的前后摆动,使安全帽脱落。

图 1-3-4-4 安全帽的正确穿戴

5. 安全帽的使用注意事项

(1)不应随意在安全帽上拆卸或添加附件,以免影响其原有的防护性能;

(2)使用者不应擅自在帽壳上涂油漆、涂料、汽油及溶剂等;

(3)不应随意碰撞挤压或将安全帽用作除穿戴以外的其他用途,例如坐压、砸坚硬物体等;

(4)在安全帽内,使用者应确保永久标识齐全、清晰;

(5)安全帽的维护应按照产品说明进行,安全帽上的可更换部件损坏时应按照产品说明及时更换;

(6)安全帽的存放应远离酸、碱、有机溶剂、高温、低温、日晒、潮湿或其他腐蚀环境,以免其老化或变质;安全帽不应放在热源附近,防止帽体变形;安全帽应保持清洁。

(二)手的防护

1. 手套的作用

手套(图 1-3-4-5)用于不同工作环境下手部防护。在船舶作业中,手是身体容易受到伤害的部位。防护手套是防御物理的、化学的和生物的外界因素伤害作业者的手指至腕部的上肢防护用品。

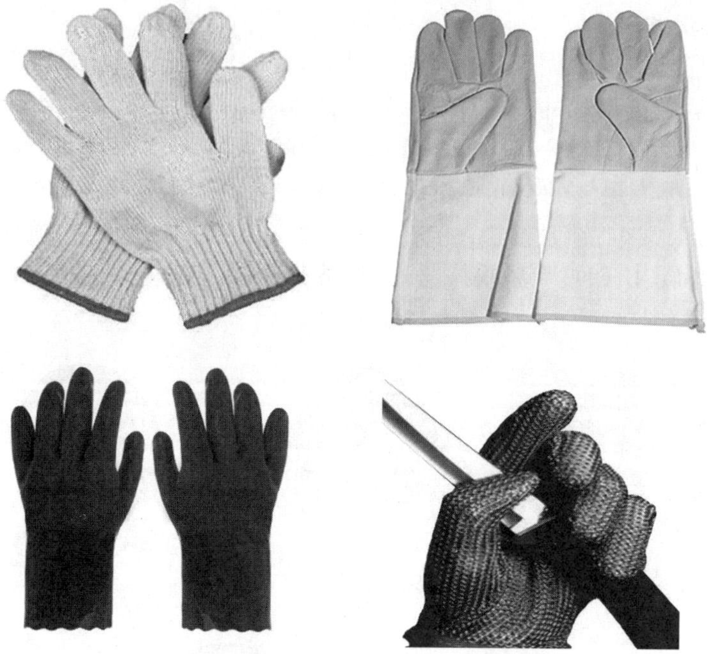

图 1-3-4-5　防护手套

2. 手套的种类

手套按防护功能,可以分为防切割手套、防化学腐蚀、化学渗透手套、隔热防护手套、绝缘手套、防滑手套等(表 1-3-4-1)。

表 1-3-4-1　手套的种类

序号	类别	功能
1	防切割手套	可能接触尖锐物体或粗糙表面时使用
2	防化学腐蚀、化学渗透手套	可能接触化学品时使用
3	隔热防护手套	可能接触高温或低温表面时使用
4	绝缘手套	可能接触带电体时使用
5	防滑手套	可能接触油或湿滑表面时使用

3. 手套的正确使用

(1)选择合适的手套:选用手套前,首先要对所从事的工作进行风险评估,评估该手套是否适合于该工作使用,是否可以有效地预防有关危害,尽量消除可能伤害手部的有害因素。

①薄帆布、纱线、分指手套主要用于检修工作、开吊车、配电工作和带解缆等;

②翻毛皮革长手套主要用于焊接工作;

③橡胶或涂橡胶手套主要用于电气、铸造等工作;

④插钢丝时应戴皮手套。

(2)选择适当的尺寸:如果手套太紧,限制血液流通,容易造成疲劳,并且不舒适;如果太松,使用不灵活,而且容易脱落。

(3)使用前检查:使用前穿戴者应检查手套有无明显缺陷,损坏的手套不允许继续使用,比如裂痕、缝合处开裂、严重磨损、变形、烧焦、融化或发泡、僵硬、有洞眼、发黏或发脆等等。

(4)戴各种手套时,注意不要让手腕裸露出来,以防在作业时有害物溅入造成伤害。

4. 手套使用注意事项

(1)随时对手套进行检查,检查有无小孔或破损、腐蚀的地方,尤其是指缝。对于防化手套可以使用充气法进行检查。

(2)注意手套的使用场合,如果一副手套用在不同的场所,则可能会大大降低手套的使用寿命。

(3)使用中要注意安全,不要将污染的手套任意丢放,避免造成对他人的伤害。暂时不用的手套要放在安全的地方。

(4)摘取手套一定要注意正确的方法,防止将手套上沾染的有害物质接触皮肤和衣服上,造成二次污染。

(5)最好不要与他人共用手套,因为手套内部是滋生细菌和生物的温床,共用手套容易造成交叉感染。

(6)戴手套前要洗净双手,手套要戴在干净(无菌)的手上,否则容易滋生细菌。摘掉手套后要洗净双手并擦点护手霜以补充油脂。

(7)在戴手套前要罩住伤口,皮肤是抵御外界环境伤害的天然屏障,可以阻止细菌和化学物质的进入。

(8)操作各类机床或在有被夹挤危险的地方作业时严禁戴手套(图 1-3-4-6)。

(9)防护手套应储存在清洁、干燥通风、无油污或无阳光直射、无腐蚀性气体的地方。

图 1-3-4-6 操作各类机床时严禁戴手套

(三)眼睛防护

1. 护目镜的作用

护目镜(图 1-3-4-7)的作用是保护作业人员的眼睛,防止受辐射、粉尘、烟尘、金属和砂石碎屑以及化学溶液溅射等的损伤。

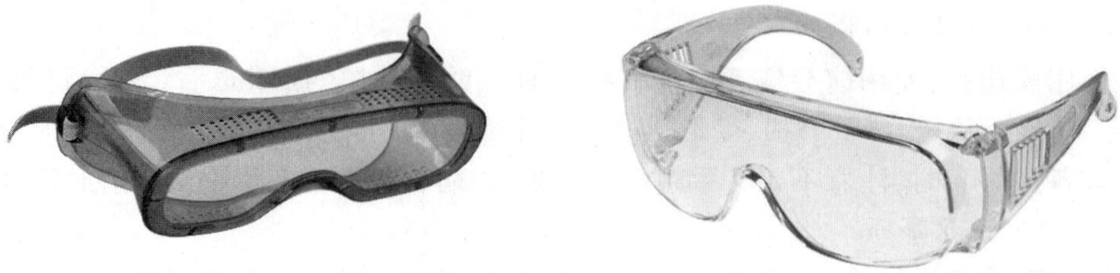

图 1-3-4-7　护目镜

2. 护目镜的种类

护目镜种类很多,有防尘眼镜、防冲击眼镜、防化学眼镜和防光辐射眼镜等多种。

(1)防尘眼镜:在尘埃较多的环境下使用,一般镜片强度要求不高,用一般平光玻璃镜片制作。

(2)防冲击眼镜:主要用于防御金属或沙石碎屑等对眼睛的机械损伤。眼镜片和眼镜架结构坚固,抗打击。框架周围装有遮边,其上应有通风孔。

(3)防化学眼镜:主要用于防御有刺激或腐蚀性的溶液对眼睛的化学损伤。可选用普通平光镜片,镜框应有遮盖,以防溶液溅入。

(4)防光辐射眼镜:主要用于电焊、气焊的作业人员。

3. 护目镜使用注意事项:

(1)选用的护目镜要选用经产品检验机构检验合格的产品。

(2)护目镜的宽窄和大小要适合使用者的脸型。

(3)镜片磨损粗糙、镜架损坏,会影响操作人员的视力,应及时调换。

(4)护目镜要专人使用,防止传染眼病。

(5)焊接护目镜的滤光片和保护片要按规定作业需要选用和更换;选择时应考虑作业时弧光的强弱。弧光强、颜色要深,反之,应选浅色镜片。如果弧光强,戴浅色防护镜,部分红外线会透过镜片刺激和损伤眼睛,长期下去会患职业性白内障,反之弧光弱而长期戴深色安全防护眼镜,则会使视力大幅度下降。

(6)防止重摔重压,防止坚硬的物体摩擦镜片和面罩。

(四)听力防护

听力防护器具可分为耳塞、耳罩和防噪声头盔三类。

对防噪声工具的选用,应考虑作业环境中噪声的强度和性质,以及各种防噪声用具衰减噪声的性能。选用时应认真按照说明书使用,以达到最佳防护效果。

1. 耳塞

(1)耳塞的种类

耳塞(图 1-3-4-8)可插入外耳道内或插在外耳道的入口。它有可塑式和非可塑式两种,可塑式耳塞用漫蜡棉纱、防声玻璃棉、橡皮泥等材料制成。使用者可以使之成形,每件使用一次或几次。非可塑性耳塞又称“通用型耳塞”,用塑料、橡胶等材料制成,有大小不等的多种规格。图 1-3-4-8 中前面三种为可塑式,第四种为非可塑式。

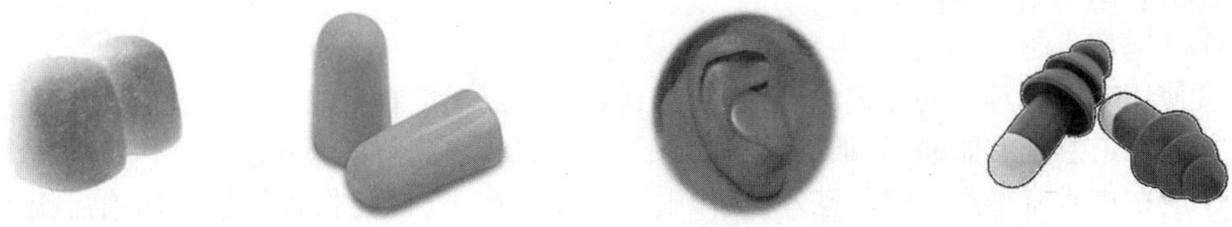

(a)蜡丸（蜡棉）耳塞　(b)泡沫（慢回弹记忆棉）耳塞　(c)硅树脂（硅胶泥）耳塞　(d)成型硅胶耳塞

图 1-3-4-8　耳塞

（2）耳塞的使用方法（图 1-3-4-9、图 1-3-4-10）

①各种耳塞在使用时，要先将耳郭向上提拉，使耳腔呈平直状态，然后手持耳塞柄，将耳塞帽体部分轻轻推向外耳道内，并尽可能地使耳塞与耳甲腔相贴合。但不要用力过猛或插得太深，以自我感觉适度为止。

②戴后感到隔声不良时，可将耳塞缓慢转动，调整到最佳效果位置为止。如果经反复调整仍然效果不佳时，应考虑改用其他型号规格的耳塞试用，以选择最佳者定型试用。

③戴上泡沫塑料耳塞时，应将圆柱体搓细成锥形体后再塞入耳道，用手指轻轻抵住耳塞尾部 20~40 s，让塞体自行回弹，等耳塞膨胀定型后充满耳道即可松开手指。

④戴上硅橡胶自行成型的耳塞，应分清左右塞，不能弄错，放入耳道时，要将耳塞转动方正位置，使之紧贴耳甲腔内。

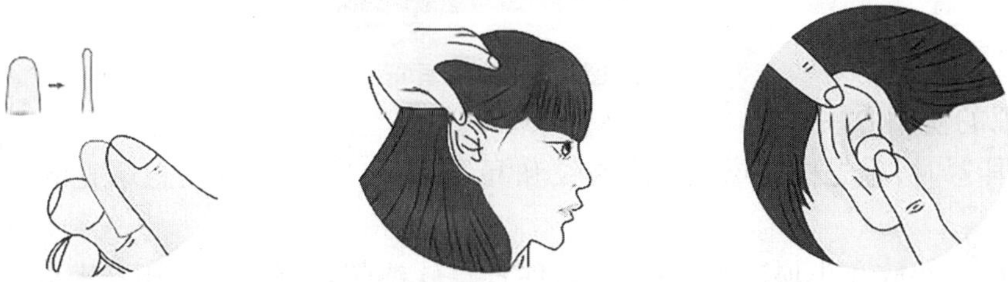

步骤一　步骤二　步骤三

图 1-3-4-9　耳塞的使用方法 1

正确戴上
降噪效果棒

错误戴上
效果大打折扣

图 1-3-4-10　耳塞的使用方法 2

(3)耳塞使用注意事项

①耳塞塞入越深,隔音效果越好,但舒适度会稍降。

②使用时调整耳塞的穿戴深度,以便找到效果和舒适度自己满意的位置。

③若耳道感觉有胀痛感,请不要戴太深入,应调整,直到舒适为止。

④应在进入有噪声舱室前戴好,工作中不应随意摘下,以免伤害鼓膜。如确需摘下,应在离开噪声环境以后,到安静处所再摘掉耳塞。

2. 耳罩

耳罩(图 1-3-4-11)形如耳机,常以塑料制成,呈杯碗状,内具泡沫或海绵垫层,装在弓架上把耳部罩住使噪声衰减的装置。耳罩的噪声衰减量可达 10~40 dB,适用于噪声较高的环境。

图 1-3-4-11　耳罩

(1)耳罩的使用方法

①使用耳罩时,应先检查罩壳有无裂纹和漏气现象,穿戴时应注意罩壳的方向,顺着耳郭的形状戴好。

②将连接弓架放在头顶适当位置,尽量使耳罩软垫圈与周围皮肤相互密合。

③耳塞和耳罩可单独使用,也可结合使用,结合使用噪声衰减效果比单独使用更好。

(2)耳罩使用的注意事项

①应在进入有噪声舱室前戴好,工作中不应随意摘下,以免伤害鼓膜。如确需摘下,应在离开噪声环境以后,到安静处所再摘掉耳罩。

②为了取得最佳的防护效果,耳罩的软垫应该紧密贴合头部。任何影响穿戴紧密度的物体,如耳边的头发(尽量往后拨头发)。厚的或是不紧贴头部的眼镜架、放在耳朵上的铅笔以及帽子等,都会使耳罩穿戴不紧而降低防护性能。

③耳罩软垫用后需用肥皂、清水清洗干净,晾干后再收藏备用。橡胶制品应防热变形,同时撒上滑石粉贮存。

3. 防噪声头盔

防噪声头盔(图 1-3-4-12)可把头部大部分保护起来,如再加上耳罩,防噪效果就更好。这种头盔具有防噪声、防碰撞、防寒、防暴风、防冲击波等功能,适用于强噪声环境。

图 1-3-4-12　防噪声头盔

(五)呼吸防护

1. 呼吸防护用品作用

呼吸防护用品是防止缺氧空气和有毒、有害物质被吸入呼吸器官时对人体造成伤害的个人防护装备。在生产、日常生活及某些极端场合,采用呼吸防护用品来避免或降低环境中有毒、有害物质通过呼吸器官对人体的伤害,日益受到人们的关注和重视。

在没有防护的情况下,任何人都不应暴露在可能危害健康的空气环境中。应根据国家有关的职业卫生标准,对作业中的空气环境进行评价,识别有害环境性质,判定危害程度选择适合的呼吸防护用品。

2. 常用呼吸防护用品

常用呼吸防护用品主要包括日常防护型口罩、自吸过滤式防颗粒物呼吸器、自吸过滤式防毒面具、船上消防员用自给式呼吸器等。

(1)日常防护型口罩

日常防护型口罩(图 1-3-4-13)适用于普通人群在日常生活中空气污染环境下滤除颗粒物所穿戴。口罩的防护效果由高到低分为 A 级、B 级、C 级、D 级,适用的环境空气质量分别对应严重污染、严重及以下污染、重度及以下污染、中度及以下污染。正确穿戴符合标准的日常防护型口罩可以使呼入体内的空气质量达到良级以上水平。

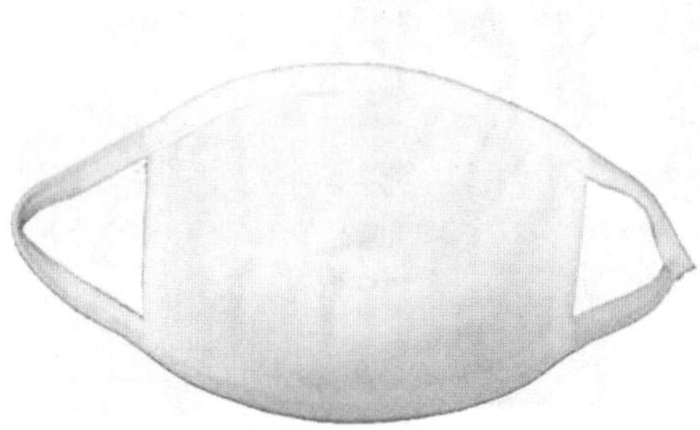

图 1-3-4-13　日常防护型口罩

(2)自吸过滤式防颗粒物呼吸器

自吸过滤式防颗粒物呼吸器(图 1-3-4-14)别名“防尘口罩”,是预防作业环境中颗粒物对从业人员造成伤害的有效个体防护器具。面罩按结构分为随弃式面罩、可更换式半面罩、全面罩三种,主要用于防护空气中粉尘、烟、雾及微生物等颗粒污染物进入人体呼吸器官从而保护生命安全，是通过人体自身呼吸来使用的呼吸防护用品，对接触颗粒物的作业人员的健康起到重要的保护作用。

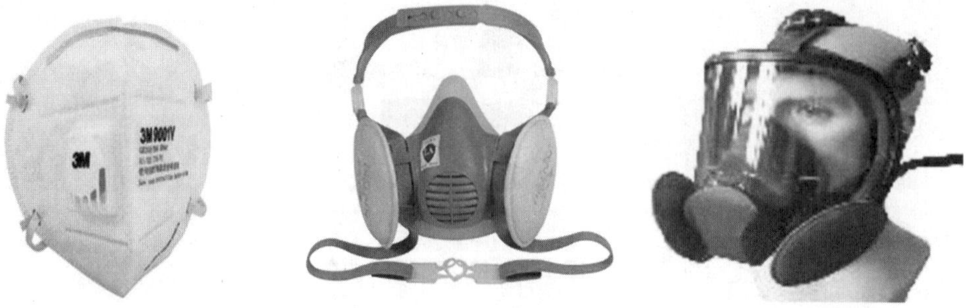

图 1-3-4-14　自吸过滤式防颗粒物呼吸器

(3)过滤式防毒面具

过滤式防毒面具(图 1-3-4-15)是一种能够有效地滤除吸入空气中的化学毒气或其他有害物质，并能保护眼睛和头部皮肤免受化学毒剂伤害的防护器材，主要由滤毒罐和面罩等组成。在使用这种防毒面具时，面具的呼吸阻力、有害空间和面罩的局部作用，对人体的正常生理功能造成不同程度的影响。健康人员在平时尚可忍受，在一些特殊情况下，就可能会带来一定的不良后果。因此，对不适合戴面具的人员，应根据病情限制或禁止使用防毒面具。对患有心血管、呼吸系统疾病、贫血、高血压、肾脏病患者等，应尽量缩短配戴时间。使用者必须明确使用防毒面具现场的工作环境，包括有毒有害化学物质的种类，具体的浓度。

(4)呼吸器

空气呼吸器(图 1-3-4-16)适于人员在浓烟、毒气或缺氧等各种环境下安全使用。它以钢瓶内压缩气体为气源，具有重量轻、体积小、使用及维护方便、佩带舒适、性能稳定等优点。使用时按规定进行检查和穿戴，用后做好保存保养工作。

图 1-3-4-15　过滤式防毒面具

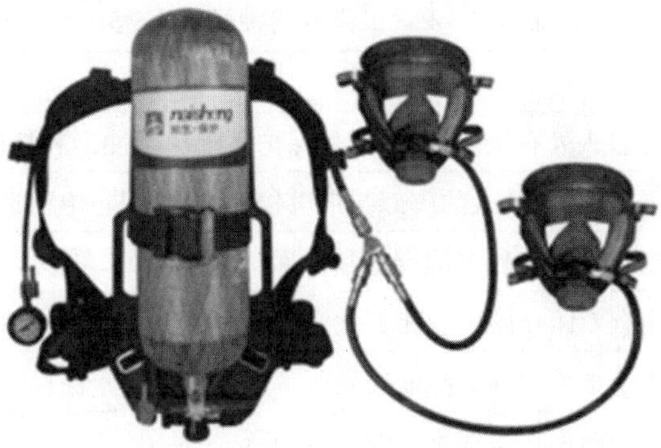

图 1-3-4-16　空气呼吸器

3. 呼吸防护用品使用注意事项

(1)任何呼吸防护用品的防护功能都是有限的,应让使用者了解所使用的呼吸防护用品的局限性。

(2)使用任何一种呼吸防护用品都应仔细阅读产品使用说明,并严格按要求使用。

(3)在必须配备逃生型呼吸防护用品的作业场所内的有关作业人员和其他进入人员,应接受逃生型呼吸防护用品使用方法培训。空气呼吸器应限于受过专门培训的人员使用。

(4)使用前应检查呼吸防护用品的完整性、过滤元件的适用性、电池电量、气瓶储气量等,消除不符合有关规定的现象后才允许使用。

(5)进入有害环境前,应先穿戴好呼吸防护用品。在有害环境作业的人员应始终穿戴呼吸防护用品。

(6)不允许单独使用逃生型呼吸防护用品进入有害环境,只允许从中离开。

(7)当使用中感到异味、咳嗽、刺激、恶心等不适症状时,应立即离开有害环境,并应检查呼吸防护用品,确定并排除故障后方可重新进入有害环境;若无故障存在,应更换有效的过滤元件。

(8)胡须或过长的头发会影响面罩与面部之间的密合性,使用者应预先刮净胡须,避免将头发夹在面罩与面部皮肤之间。应考虑使用者面部特征,若因疤痕、凹陷的太阳穴、非常突出的颧骨、皮肤褶皱、鼻畸形等影响面部与面罩的密合时,应选择与面部特征无关的面罩。

(六)脚的防护

1. 工作鞋的种类和用途

工作鞋(图 1-3-4-17)用于保护足部免受伤害,主要有保护足趾鞋、电绝缘鞋、防静电鞋、耐化学品鞋、防油保护鞋、防水保护鞋、防滑鞋、防寒保护鞋、防刺穿鞋及多功能防护鞋等。工作鞋的种类和用途如表 1-3-4-2 所示。

图 1-3-4-17　工作鞋

表 1-3-4-2　工作鞋的种类和用途

序号	种类	用途
1	保护足趾鞋	前包头处有抗冲击材料，是保护足趾免受冲击和挤压伤害的防护鞋
2	电绝缘鞋	不导电，能使人的脚部与带电物体绝缘，阻止电流通过身体，防止电击
3	防静电鞋	能有效阻止静电的产生和积累
4	耐化学品鞋	能有效阻止酸碱及相关化学品的腐蚀
5	防油保护鞋	用于地面积油或溅油的场所
6	防水保护鞋	用于地面积水或溅水的作业场所
7	防滑鞋	用于地面光滑的场所，防止滑倒
8	防寒防护鞋	用于在温度 5 ℃及以下的低温环境作业人员的足部保护，以免受冻伤
9	防刺穿鞋	用于足底保护，防止被各种尖锐物刺穿鞋底

2. 工作鞋的使用注意事项

在实际生产中，多功能的工作鞋较为常见，比如焊接防护鞋。为避免足部受到伤害，应根据工作场所的防护需求，正确选择相应的防护鞋种类，并且注意：

(1)使用时不得擅自修改防护鞋的构造；

(2)选择合适尺码的防护鞋；

(3)正确穿着，不要拖穿；

(4)明确防护鞋的防护性能，不要超越其防护功能使用，如穿不具有防酸碱功能的鞋子从事化学品有关操作；

(5)注意个人卫生，使用者应维持脚部及鞋履清洁干爽。

(七)坠落防护

1. 安全带的作用

安全带(图 1-3-4-18)是防止高处作业人员发生坠落或发生坠落后将作业人员安全悬挂的个体防护装备。其优点是强度大、耐磨、耐用、耐霉烂、耐酸碱，简易轻便，安全适用。

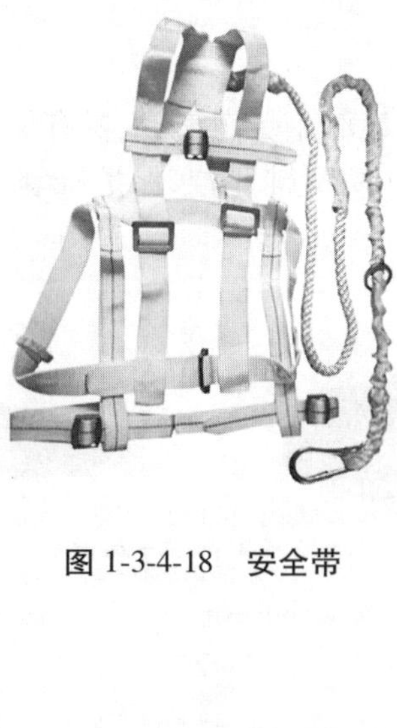

图 1-3-4-18　安全带

2. 安全带的结构

安全带由系带、安全绳和连接器及金属构件组成,可加装缓冲器或速差自控器或自锁器(图 1-3-4-19)。

系带是坠落时支撑和控制人体、分散冲击力,避免人体受到伤害的部件。安全绳是在安全带中连接系带与挂点的绳(带、钢丝绳)。连接器是具有长闭活门的连接部件。

缓冲器(图 1-3-4-19)是串联在系带和挂点之间,发生坠落时吸收部分冲击能量、降低冲击力的部件。

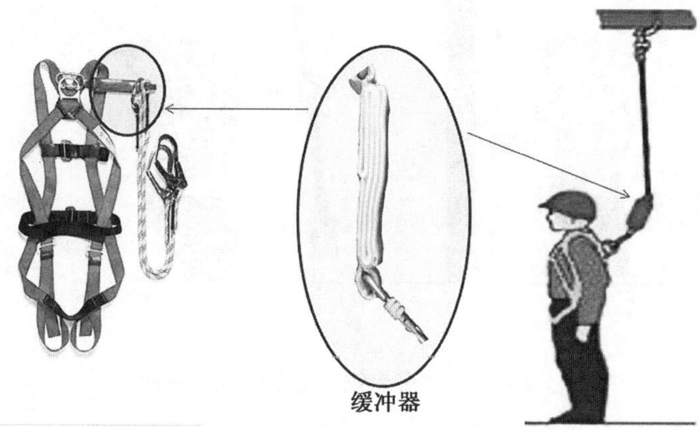

带缓冲器的安全带　　加装缓冲器坠落悬挂示意图

图 1-3-4-19　缓冲器的使用

速差自控器(图 1-3-4-20),又叫收放式防坠器,是安装在挂点上,装有可伸缩长度的绳(带、钢丝绳),串联在系带和挂点之间,在坠落发生时因速度变化引发制动作用的部件,用丁人员高空作业防止意外坠落,即使意外坠落也能快速有效的保障人员安全,能在限定距离内快速制动锁定坠落人员,保护人员的生命安全。

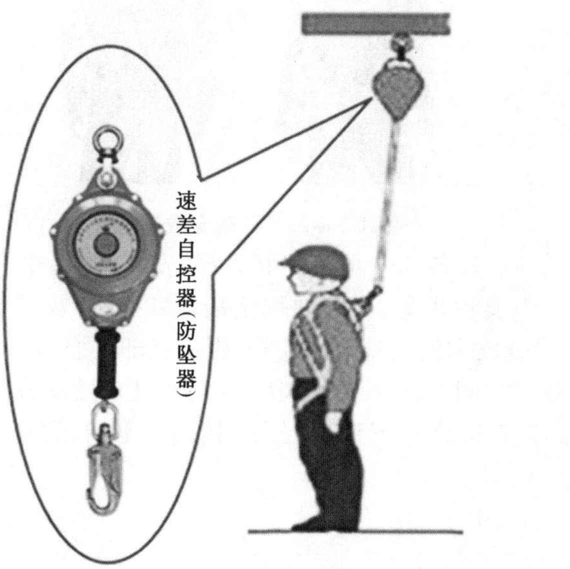

图 1-3-4-20　加装速差自控器坠落悬挂示意图

自锁器,也叫导向式防坠器,是附着在导轨上、由坠落动作引发制动作用的部件(图1-3-4-21)。

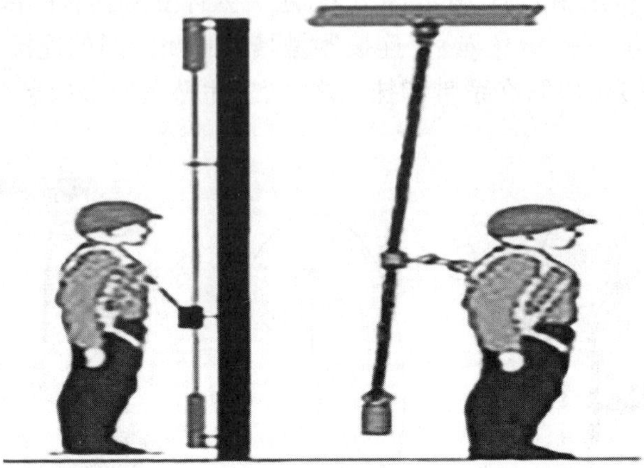

图 1-3-4-21　加装自锁器坠落悬挂示意图

3. 安全带的正确穿戴

使用安全带时,应注意:

(1)高空作业或必要时,须系好安全带;使用人员必须经过专业培训,确保能正确使用安全带(图 1-3-4-22)。

图 1-3-4-22　正确穿戴安全带

(2)使用安全带前应检查各部位是否完好无损,安全绳、系带有无撕裂、开线、霉变,金属配件是否有裂纹、是否有腐蚀现象,弹簧弹跳性是否良好,以及其他影响安全带性能的缺陷。如发现存在影响安全带强度和使用功能的缺陷,则应立即更换。

(3)安全带应拴挂于牢固的构件或物体上,应防止挂点摆动或碰撞。

(4)使用坠落悬挂安全带时应正确悬挂,挂点应位于工作平面上方(图 1-3-4-23、图 1-3-4-24)。

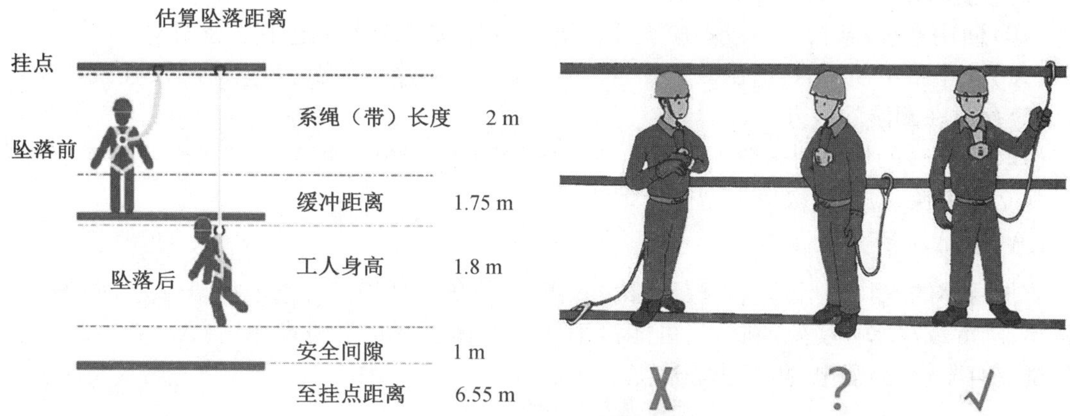

图 1-3-4-23　安全带要挂在适当的位置

(a)钟摆效应

(b)挂点高度过低

(c)安全带低挂高用

(d)安全带连接器交叉悬挂

(e)安全带连接器反挂系绳

图 1-3-4-24　安全带错误使用示例

(5)使用安全带时,安全绳与系带不能打结使用。

(6)高处作业时,如安全带无固定挂点,应将安全带挂在刚性轨道或具有足够强度的柔性轨道上,禁止将安全带挂在移动或带尖锐棱角的或不牢固的物件上。

(7)使用中,安全绳的护套应保持完好,若发现护套损坏或脱落,必须加上新套后再使用。

(8)安全绳(含未打开的缓冲器)不应超过 2 m,不应擅自将安全绳接长使用,如果需要使用 2 m 以上的安全绳应采用自锁器或速差式防坠器。

(9)使用中,不应随意拆除安全带各部件。

(10)使用连接器时,受力点不应在连接器的活门位置,螺纹式连接器除外。

(11)安全带不使用时,应由专人保管。存放时,不应接触高温、明火、强酸、强碱或尖锐物体,不应存放在潮湿的地方。

(12)安全带的使用期一般不超过5年。储存时,应对安全带定期进行外观检查,发现异常必须立即更换,检查频次应根据安全带的使用频率确定。

(八)身体防护

防护身体的衣物包括帽、衣、裤、围裙、套裙、鞋罩等。适用于高温或低温作业的工作服,要能保温;潮湿或浸水环境要能防水;可能接触化学液体要有化学防护作用(图1-3-4-25);在特殊环境要有阻燃、防静电、防射线等功能。

图1-3-4-25 **穿化学品防护服的船员**

船上平时使用较多的工作服主要作用为防尘防污,一般用较致密的棉布、麻布或帆布制作,需具有良好的透气性和防尘性,式样有连身式和分身式两种,袖口、裤口可扎紧(图1-3-4-26)。

工作时,一定按工作的性质和需要,正确选择和穿着工作服,保护自身安全。用后注意清洗干净。

图1-3-4-26 **穿连身式工作服工作的船员**

六、评估标准

1. 优秀:使用操作或回答正确、熟练。

2. 良好:使用操作或回答正确、比较熟练。

3. 及格:使用操作或回答正确、熟练程度一般。

4. 不及格:使用操作或回答较差。

实操训练项目五 进入封闭处所作业

一、实操训练内容

进入封闭场所的程序、安全防范的措施,作业时应该采取的措施及应急措施。

1. 风险评估。
2. 进入许可。
3. 封闭与警示。
4. 通风换气。
5. 空气检测。
6. 进入封闭处所前确认如下事项。
7. 进入封闭处所后的预防措施。
8. 应急救助。

二、实操训练目的和要求

掌握进入封闭舱室的基本知识及方法。船上封闭处所作业具有较大的风险,每年都会发生多起船上封闭处所作业事故,导致船员伤亡的情况。通过培训,熟悉进入封闭处所作业的程序,掌握封闭处所内的危险识别、危险评估、危险检测、危险控制和危险消除的方法,防止在进入封闭处所时发生意外。

三、实操训练条件

1. 多媒体教室。
2. 多媒体课件。
3. 进入封闭处所作业视频。
4. 模拟封闭处所。
5. 空气呼吸器 2 具、气体测量仪 1 个、防爆对讲机 2 个、安全手电 2 个、安全绳 2 条、安全带 1 条、担架、急救药箱等。

四、实操训练组织

1. 学生分成 2 组,每组由一名教师负责组织、授课。

2. 教师多媒体课件讲解;或组织观看视频,教师适时讲解;或实际进行进入封闭处所作业的模拟操作演示,教师讲解、示范进入封闭舱室的要求和做法,学员练习,教师指导、讲评。

五、实操训练具体内容和步骤

封闭处所是指用于出入的开口受限或通风不佳或者不是为作业人员持续停留而设计的处所，任何封闭处所内的气体都可能是缺氧的或富氧的和/或含有易燃和/或有毒气体或蒸气（图 1-3-5-1）。

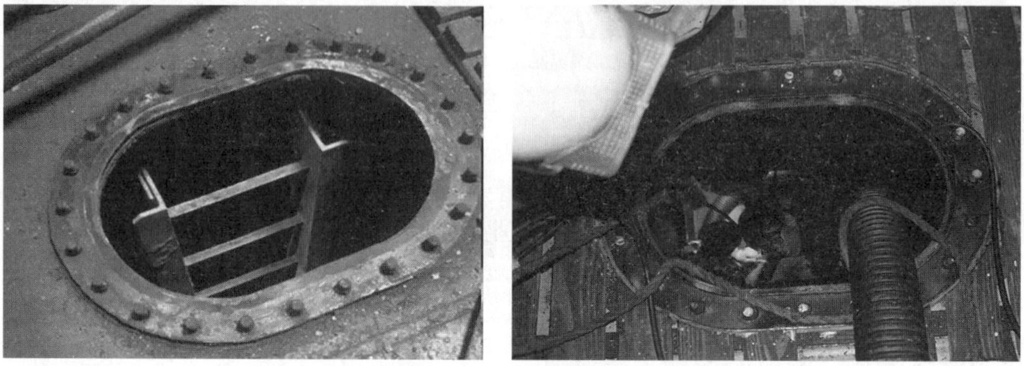

图 1-3-5-1　封闭处所

人员贸然进入封闭处所（图 1-3-5-2），常会发生人员窒息或中毒死亡事故。这种不安全空气也可能会出现在先前认为是安全的处所之中。毗邻已知的危险处所，也有可能出现不安全空气。

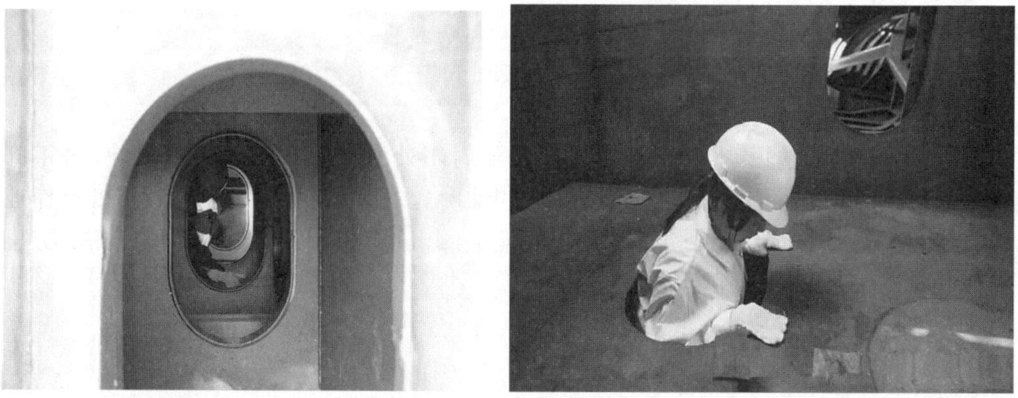

图 1-3-5-2　进入封闭处所作业

（一）风险评估

1. 对将要进入的空间中的任何潜在危险做出初步评估，应依据船舶载运的货物、处所的通风、处所的涂层和其他相关的因素。初步评估中需判定出现缺氧、富氧、易燃或有毒空气环境出现的可能性（图 1-3-5-3）。

2. 未经风险评估的封闭处所，判定为可能存在危险，应禁止进入作业。

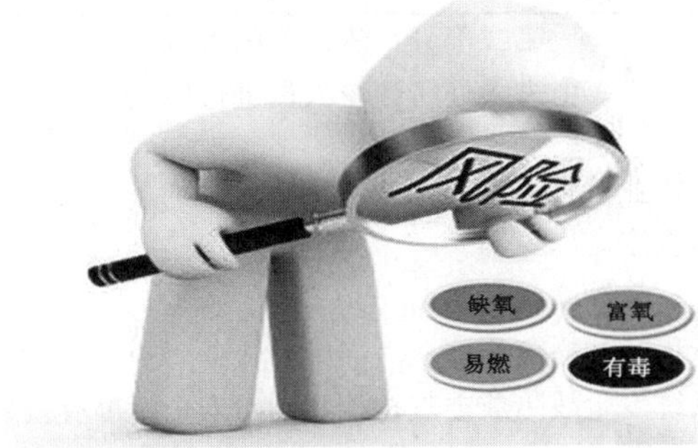

图 1-3-5-3　风险评估

（二）进入许可

1. 作业人员进入封闭处所开展缺氧危险作业前，应取得由相应的作业负责人批准的进入许可（表 1-3-5-1）。

表 1-3-5-1　船舶封闭处所进入许可样本

本表应由作业负责人以及参与作业的所有人员共同填写完成。（“是”填写“√”，否填写“×”）	
概　述	
船舶封闭处所名称和位置：________	
进入的原因：________	
第一部分　进入前准备 （由作业负责人检查）	
·是否通过机械手段对封闭处所进行了彻底通风？	□
·封闭处所是否已被隔离，将所有相关的管路或阀，电源或电力设备切断或关闭？	□
·封闭处所是否进行了必要的清理？	□
·封闭处所是否进行了空气质量检测并表明可以安全进入？	□
·进入前空气质量情况：	□
——氧气（O_2）：________%容积（19.5%~23.5%）	
——有毒有害气体：________ mg/m^3（或 ppm）	
——可燃气体：________% LFL	
检测时间：________　检测人：________	
·在封闭处所内有作业人员或工作间歇后，是否已经安排了连续的空气检测？	□
·在封闭处所内有作业人员或工作间歇后，是否对封闭处所进行了持续通风？	□
·通道和照明是否足够？	□
·封闭处所入口处是否安排了即时可用的救助和急救设备？	□
·是否已经将进入计划通知值班人员？	□
·作业人员和监护人员的通信系统是否已经检测并统一了信号？	□
·是否制订了应急程序和撤离程序，并使作业人员均了解该程序？	□
·是否所有的设备都处于良好工作状态，并在进入前进行了检测？	□
·人员是否正确穿着防护服等安全防护设备用品？	□

续表

<table>
<tr><td>第二部分　进入前的检查
（由进入处所作业人员进行检查）

· 此表第一部分已经由作业负责人检查完成。 □
· 我已同意和明白通信程序。 □
· 我已同意每隔________分钟联络一次。 □
· 我已同意和明白应急程序和撤离程序。 □
· 我明白处所内通风系统发生故障或空气检测显示与安全标准有差异时，必须立即撤离。 □</td></tr>
<tr><td>第三部分　呼吸器及其他设备
（由作业负责人和作业人员共同检查）

· 拟进入封闭处所的人员熟悉呼吸器的使用。 □
· 呼吸器已经进行如下检测： □
——压力表和容量
——低压声音报警
——面罩：正压力下不泄露
· 已检测了通信方式和统一了应急信号 □
· 为所有拟进入封闭处所的人员提供了救助用具和救生绳（如需要） □</td></tr>
<tr><td>完成第一、二、三部分后签字：
作业负责人：__________　　____年____月____日____时
监护人员：__________　　____年____月____日____时
拟进入封闭处所的作业人员：____________________
____年____月____日____时

批准本次作业审批表有效期：自____年____月____日____时
至____年____月____日____时
如果封闭处所的通风停止或检查表中注明的任何条件发生变化，则本审批表失效。</td></tr>
</table>

续表

<table>
<tr><td colspan="3">第四部分　进入人员
（由监护人员填写）</td></tr>
<tr><td>姓名</td><td>进入时间</td><td>离开时间</td></tr>
<tr><td></td><td></td><td></td></tr>
<tr><td></td><td></td><td></td></tr>
<tr><td></td><td></td><td></td></tr>
<tr><td></td><td></td><td></td></tr>
<tr><td></td><td></td><td></td></tr>
<tr><td></td><td></td><td></td></tr>
<tr><td></td><td></td><td></td></tr>
<tr><td colspan="3">第五部分　工作完成
（由监护人员填写）</td></tr>
<tr><td colspan="3">·工作完成：　____年____月____日____时
·锁闭进入的封闭处所：　____年____月____日____时
·已经正式通知船上值班高级船员：　____年____月____日____时
·已经正式通知作业负责人：　____年____月____日____时

当完成第四、五部分后签字：
监护人员__________　日期：__________时间：__________</td></tr>
</table>

2. 船方以外作业人员进入封闭处所前，应先取得船方批准的进入许可。

3. 进入许可应明确有效时限，超过有效时限应重新取得进入许可。

4. 作业人员未取得进入许可，或取得进入许可但未采取相应安全措施，不得打开或者进入封闭处所。

（三）封闭与警示

1. 对无须进入的封闭处所，其所有出入口应始终锁闭并设置警示标识，防止人员进入。

2. 当打开封闭处所的出入口进行通风换气时，应在出入口处安排监护人员或者使用机械式障碍物（如用绳子或铁链）拦挡，并设置警示牌，防止人员进入（图 1-3-5-4）。

3. 正在作业的封闭处所，应在出入口处设置警示牌和警戒线，并安排监护人员进行监控，防止无关人员进入。

4. 隔离封闭处所，将所有相关的管路或阀，电源或电力设备切断或关闭。

5. 对封闭处所进行必要的清理。

图 1-3-5-4　防止人员意外进入

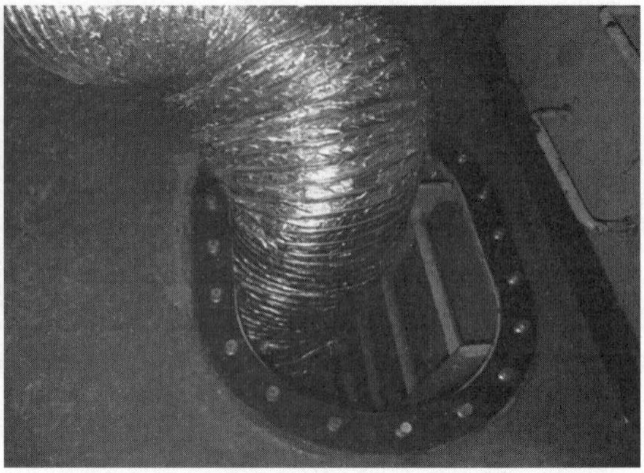

图 1-3-5-5　彻底通风

(四)通风换气

1. 应对人员拟进入的、可能形成不符合空气质量要求的封闭处所进行持续有效地通风换气,使作业环境空气质量符合规定,直至作业结束(图 1-3-5-5)。

2. 不同的封闭处所应分别进行通风换气。船舶多层货舱应视为不同封闭处所。

3. 自然通风换气效果不佳或封闭时间较长的封闭处所应采用机械通风。

4. 对可能存在可燃气体的封闭处所使用机械通风时,应采用防爆通风机械。

5. 对于非固定式通风系统,机械通风应当为正压式。

6. 因故暂停通风或重新关闭的封闭处所,恢复作业前应重新进行通风换气。

7. 清舱作业前或熏舱作业后,应通风换气。

8. 不应使用纯氧通风换气。

9. 采用二氧化碳等气体灭火的封闭处所,应进行有效的通风换气。

(五)空气检测

1. 应在作业人员进入封闭处所前进行空气质量检测,并做好检查记录。确认检测结果符合规定,否则应禁止作业人员进入作业。

2. 检测点的选择应根据封闭处所的结构、货物载运状况等实际情况合理布点。

3. 检测人员应尽可能在封闭处所外进行空气检测,当需要进入封闭处所检测或采样时,检测人员应穿戴自给式空气呼吸器,严禁穿戴过滤式防毒面具(图 1-3-5-6)。

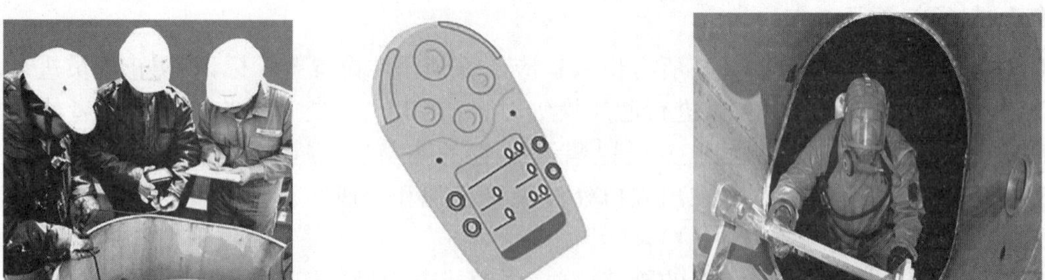

图 1-3-5-6　气体检测(进入封闭处所内测量应穿戴自给式空气呼吸器)

4. 为了能够进入，应获得以下所需数据的稳定读数：

（1）使用氧气含量计测量氧气体积百分比大于等于 19.5%，且小于等于 23.5%；

（2）如果初步评估确定处所内可能存在可燃气体或蒸气，经适当精度的可燃气体测试仪测量，不超过可燃下限（LFL）的 1%；

（3）暴露在有毒蒸气或有毒气体中，读数不超过职业暴露极限（OEL）的 50%。

5. 在进行任何的气体检测时，应停止对封闭处所的通风，并在此环境状态稳定后进行，以便于获得准确的读数。

6. 如果初步评估认定处所内存在有毒气体和蒸气，需使用固定式或便携式的气体或蒸气测试设备进行适当的检测。通过设备得到的读数，应低于公认的国家或国际标准中给出的有毒蒸气或气体的职业暴露极限。应当注意的是，对易燃性或氧含量的检测，不能作为有毒性测量的检测方法，反之亦然。

7. 处所内部的结构、货物、货物残余和储罐涂料也可能会造成缺氧区域的出现，应对此始终保持警惕，包括即使是经过检测可以进入的封闭处所。这种情况尤其可能会发生在通风进出口都被结构件或货物堵塞的处所内。

（六）进入封闭处所前确认事项

1. 完成风险评估并尽可能进行了隔离或消除；该处所已经彻底通风，处所内的各种气体水平经测试显示正常。

2. 处所设有安全保护并有良好的照明，可以进入。

3. 对在进入封闭处所期间作业人员和监护人员所使用的通信系统，已进行了商定和测试。

4. 有人员进入封闭处所时，应该在入口处安排一名监护人员。

5. 只有接受过培训的人员才能被指派进入封闭处所，或者承担守护人员或救援小组成员的职能。

6. 对所有与进入封闭处所相关的设备进行检查，并确保其处于良好工作状态。

7. 检查处所入口处的救援和急救设备处于良好工作状态，同时也商定好了应急信号、应急程序和撤离程序；救援和急救设备（图 1-3-5-7）主要包括：

（1）安全绳、安全灯、安全带；

（2）防毒面具、呼吸器具；

（3）担架和急救药箱；

（4）消防器材；

（5）通信设施。

8. 进入人员正确穿着防护服等安全防护设备用品；熟悉呼吸器的使用，对呼吸器已经进行了压力表和容量、低压声音报警和面罩的检测。为所有拟进入封闭处所的人员提供救助用具和救生绳（如需要）（图 1-3-5-8）。

9. 已经将进入计划通知值班人员。

10. 取得经签发的进入许可证。

图 1-3-5-7　准备好救援和急救设备

图 1-3-5-8　正确着装并带好装备

（七）进入封闭处所后的预防措施

1. 对作业过程中可能发生空气质量变化的，应连续检测空气质量。空气质量检测结果不符合要求时，应立即停止作业撤离人员。

2. 当存在坠落危险时，气体检测人员和作业人员应使用全身式安全带，并在适当位置可靠地安装安全绳网设备。

3. 货舱内装卸货作业应严格遵守相应程序规定。对需要定位分票拆垛作业，应采取阶梯式拆卸方法，并随时检测作业点的空气质量。

4. 在封闭处所内进行管道和阀门作业时，如果工作过程发生以下情况，应提高空气检测频率：

(1)气温升高;

(2)使用氧燃料火炬;

(3)移动设施;

(4)在封闭处所内可能会产生蒸气的工作;

(5)工作间歇;

(6)在工作进行期间船舶进行压载或平舱操作。

5. 在人员进入处所后以及在人员临时休息期间,应持续对处所进行通风。休息过后再次进入时,应再次对空气进行检测。如果通风系统发生故障,处所内的所有人员必须立即离开。

6. 作业过程中不应以任何理由离开工作面和擅自进入封闭处所深处,作业工具及其他物品落入封闭处所内不应进入拾取。

7. 一旦出现紧急情况,在救援到达并对现场情况进行评估、确保可以安全进入处所来实施救援之前,任何在场船员不得进入此处所。只有训练有素和装备完善的人员可以在封闭处所内从事救援工作。

8. 作业人员进入封闭处所前和离开封闭处所时,应清点人数。

(八)应急救助

1. 在实施作业的封闭处所入口处应配备必要的救助和急救设备。

2. 当封闭处所作业人员发生危险或异常情况时,应立即停止作业并迅速撤离。

3. 在救助人员对现场情况进行评估、确保可以安全进入封闭处所实施救助之前,任何在场人员不得进入该处所。

4. 仅允许训练有素和装备完善的救助人员在封闭处所内从事救助工作。救助人员应穿戴自给式空气呼吸器,严禁穿戴过滤式防毒面具进入封闭处所实施救助。

5. 对已患缺氧症的作业人员应立即在空气新鲜处实施现场抢救,并尽快与医疗单位联系,以便进一步抢救和治疗。

6. 应对担任救援和急救职责的船员进行救援和急救程序方面的定期训练。训练至少应当包括:

(1)识别进入封闭处所后可能会面临的危险;

(2)进入过程中,由于暴露在危险状态中,能识别对健康造成不利影响的迹象;

(3)对进入封闭处所人员所需防护装备的了解。

六、评估标准

1. 优秀:使用操作或回答正确、熟练。

2. 良好:使用操作或回答正确、比较熟练。

3. 及格:使用操作或回答正确、熟练程度一般。

4. 不及格:使用操作或回答较差。

实操训练项目六　防止油污染器材的使用

一、实操训练内容

各种防油污器材，如围油栏、木屑、草袋、吸油毡、垃圾桶、扫把、簸箕等的使用。

二、实操训练目的和要求

船舶发生污染海域事情，应立即向当局(我国为海事局)报告。首先应该防止溢油继续溢漏，然后使用围油设备实施围控，抑制溢油的扩散，再采取措施使用吸油材料将溢油回收，最后使用溢油分散剂等除油材料将残油清除。通过训练，熟悉防止油污染器材的种类，掌握溢油发生后各种防油污器材的使用方法。

三、实操训练条件

1. 多媒体教室。
2. 多媒体课件。
3. 防止油污染器材使用的视频。
4. 模拟防止油污染器材使用的处所。
5. 各种防油污器材，如围油栏、木屑、草袋、吸油毡、垃圾桶、扫把、簸箕等。

四、实操训练组织

1. 学生分成 2 组，每组由一名教师负责组织、授课。

2. 教师多媒体课件讲解；或组织观看视频，教师适时讲解；或实际进行防止油污染器材使用的模拟操作演示，教师讲解、示范防止油污染器材使用的要求和做法，学员练习，教师指导、讲评。

五、实操训练具体内容和步骤

(一)围油栏

1. 围油栏的作用

围油栏是用于围控水面浮油及漂浮物的机械漂浮栅栏，可用于防止溢油扩散、缩小溢油面积、转移溢油和保护水域环境。船用围油栏大都为固体浮体式和充气式。

2. 围油栏的基本结构

围油栏的结构一般包括浮体、裙体、配重、接头等。根据围油栏的不同类型，可增加受拉构件、泄水孔、柔性隔、鳍、提手、支撑杆、固锚座等构件。围油栏的基本结构见图 1-3-6-1。

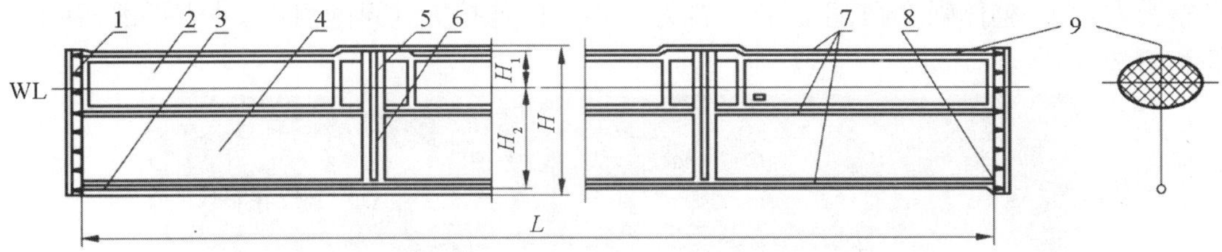

图 1-3-6-1　围油栏基本结构示意图

1—接头组件；2—浮体；3—配重；4—裙体；5—柔性隔；6—支撑杆；7—受拉构件；8—固锚座；9—鳍；

H_1—干舷；H_2—吃水；H—总高；L—节长；WL—吃水线

3. 围油栏的种类

围油栏的种类很多，包括帘式围油栏、栅栏式围油栏、防火围油栏及岸滩围油栏等。从浮力上看包括固体浮力材料和充气式围油栏。围油栏基本上由浮体、裙体和配重链组成。

帘式围油栏是依靠浮体支撑的围油栏，浮体在垂直横断面内对称分布，裙体与浮室柔性连接。总浮力重量比高，且有良好的乘波性，通常在海洋环境下使用。围油栏材料一般包括聚氯乙烯（PVC）、聚氨酯（PU）、橡胶涂层合成纤维织物。

聚氯乙烯（PVC）围油栏（图 1-3-6-2）主要采用 PVC 双面涂层高强防水布制成。色彩鲜艳、美观、耐油、抗晒、浮力储备大、滞油性能强。栏体上设有拉绳、加强带和拉力配重链。外表光洁、利于导油、便于清洗。一般每 20 m 一节，节与节之间连接方便快捷。

图 1-3-6-2　聚氯乙烯（PVC）围油栏

聚氨酯（PU）围油栏采用聚酯纤维涂覆聚氨酯技术，抗压好、耐海水侵蚀，可长期于海中布放，材质环保，易回收，无污染，如图 1-3-6-3 所示。

图 1-3-6-3　聚氨酯（PU）围油栏

橡胶围油栏（图 1-3-6-4）由特种橡胶制成栏体，强度高、耐磨、耐油、耐候。浮力储备大，外形平整受力均匀，整体强度高，垂直稳定性好。通用的连接方式迅速可靠，外表平滑，利于引导溢油和清洗。

图 1-3-6-4　橡胶围油栏

栅栏式围油栏（图 1-3-6-5）是由自支撑或依靠浮力支撑的加强膜材料组成的围油栏，在垂直横断面内浮体是刚性的，一般采用固体浮子作为浮力材料，通常在没有波浪或限定的波浪条件下使用。

图 1-3-6-5　栅栏式围油栏

防火围油栏（图 1-3-6-6）是用于围控可燃烧的浮油，使其可就地燃烧的围油栏。围油栏在水线以上的材料应具有耐火性。大多数围油栏仅能使用一次。当围油栏包含冷却系统时，允许多次使用。由不锈钢制成的围油栏可以重复使用。

岸滩围油栏（图 1-3-6-7）用于阻止浮油登岸的围油栏。它是一种在潮间带使用的特殊类型的围油栏。它通常设有两个平行的水室和一个气室，水室在底部，气室在顶部，以确保围油栏位于海滩或河岸时具有油密封性，顶部的气室可以确保围油栏能在水中漂浮。

充气式围油栏（图 1-3-6-8）由多个气室组成。其强度高、使用寿命长、耐油耐磨、耐候性能优越，稳定性、滞油性能好，贮存体积小。

图 1-3-6-6　防火围油栏

图 1-3-6-7　岸滩围油栏

图 1-3-6-8　充气式围油栏

4. 围油栏的高度选择

应根据水域环境条件选择合适高度的围油栏，见表 1-3-6-1。

表 1-3-6-1　不同水域环境条件下围油栏的高度

不同水域	平静水域	平静急流水域	遮蔽水域	开阔水域
总高 H/mm	$150 \leqslant H \leqslant 600$	$400 \leqslant H \leqslant 800$	$600 \leqslant H \leqslant 1\ 100$	$H > 1\ 100$

5. 围油栏使用方法

(1)围油栏的连接

围油栏使用时需把多节围油栏连接起来，一般在甲板上将围油栏连接成所需的长度。

目前很多围油栏使用对钩式接头和铰链式接头。

对钩式接头分滑接型接头(图 1-3-6-9)和 Z 型接头(图 1-3-6-10)，每个接头上至少配备一个快速自锁插销，使用非常方便(图 1-3-6-11)。

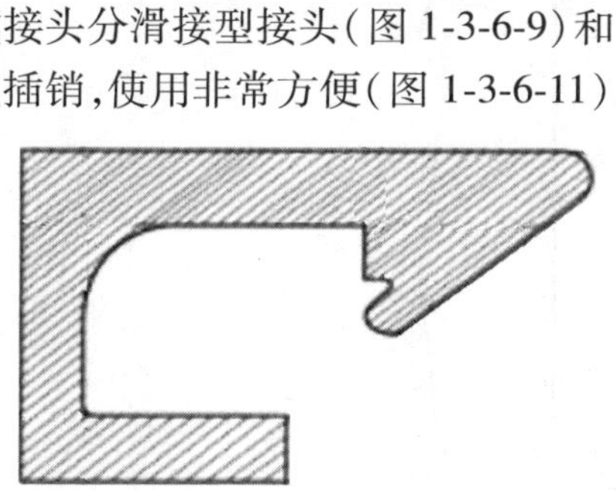

图 1-3-6-9　滑接型接头结构

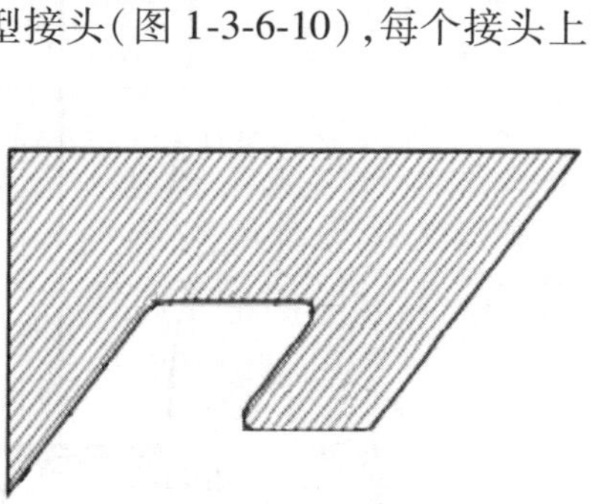

图 1-3-6-10　Z 型接头结构

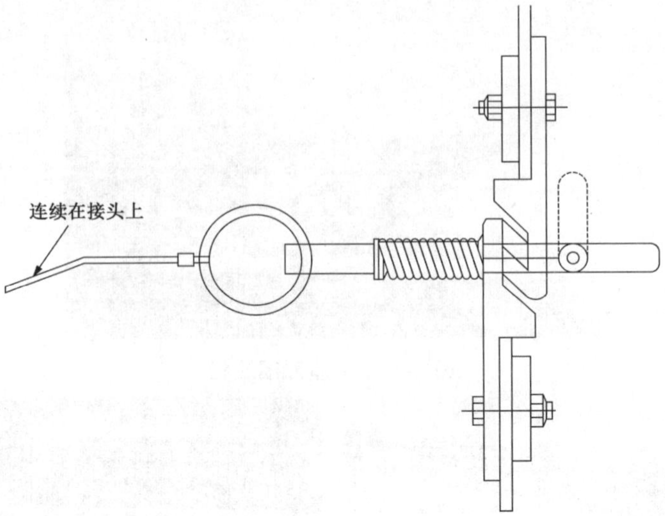

图 1-3-6-11 对钩式接头快速自锁插销使用(Z 型)

铰链式接头(图 1-3-6-12 示)使用也很方便,设有一个快速插销将两个铰链接头连接在一起(图 1-3-6-13)。

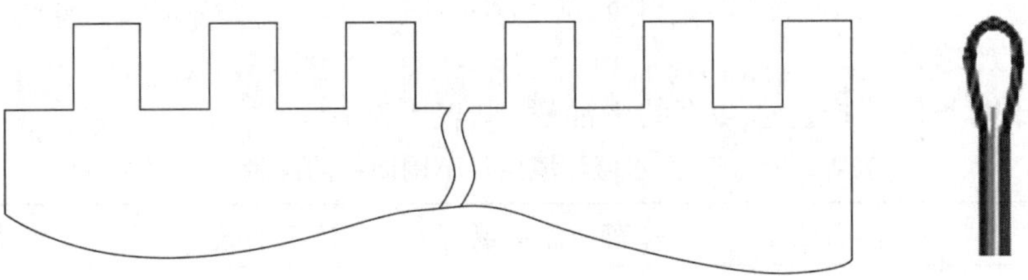

图 1-3-6-12 铰链式接头的结构及快速插销

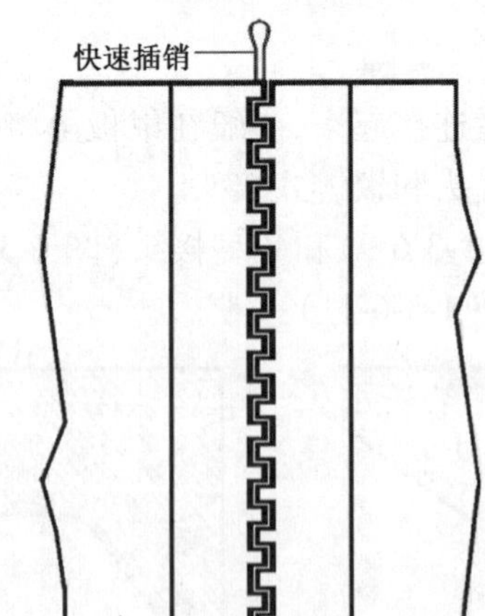

图 1-3-6-13 铰链式接头快速插销使用

也有其他连接方式,下面是一种 PVC 围油栏接头连接方法:(图 1-3-6-14)

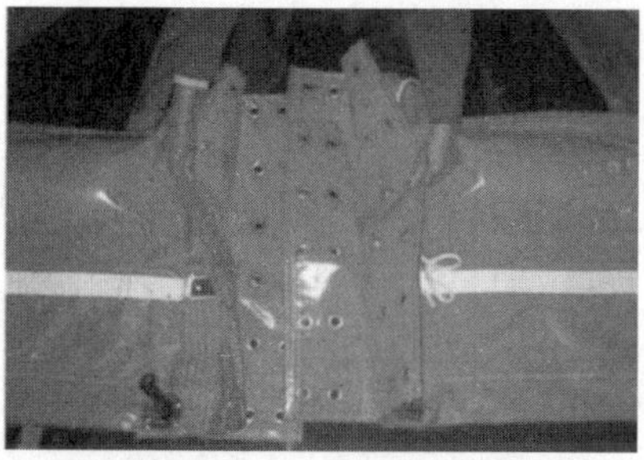
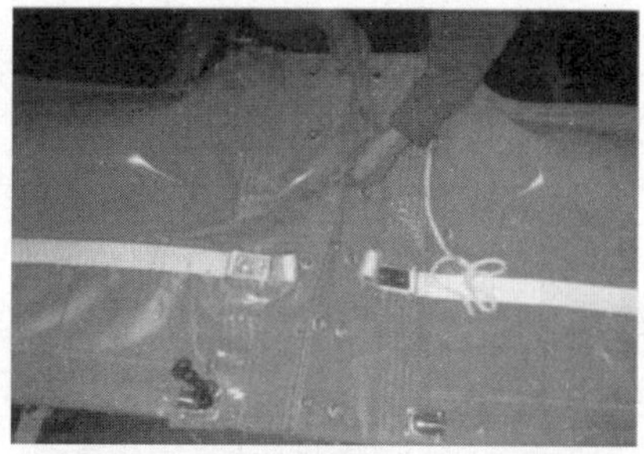

(a)将两条围油栏伸展好后,接头板处对正　(b)将两条围油栏的接头板交错搭接,孔对正

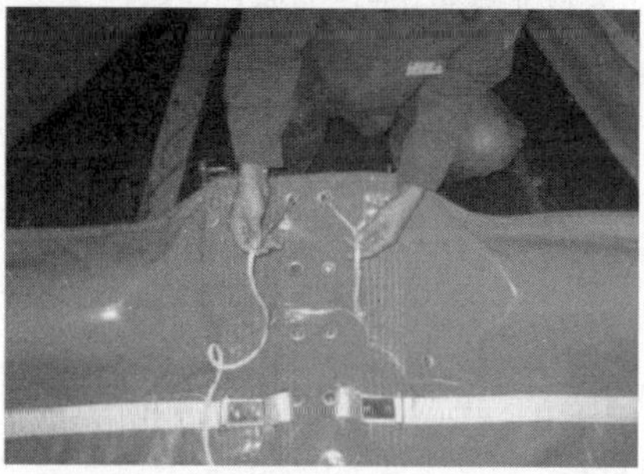
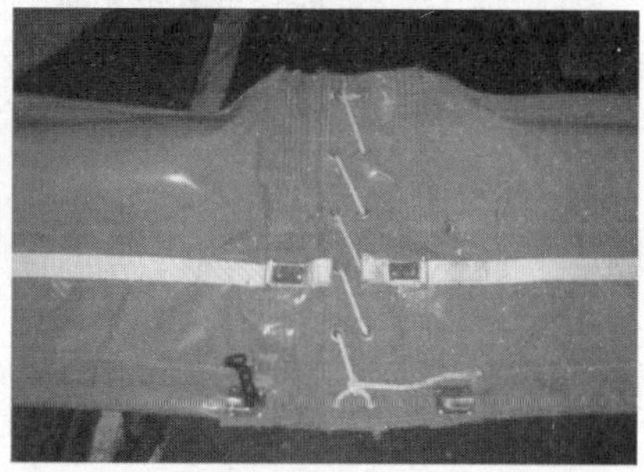

(c)用连接绳穿过接头板孔连接两条围油栏　(d)连接好连接绳的围油栏

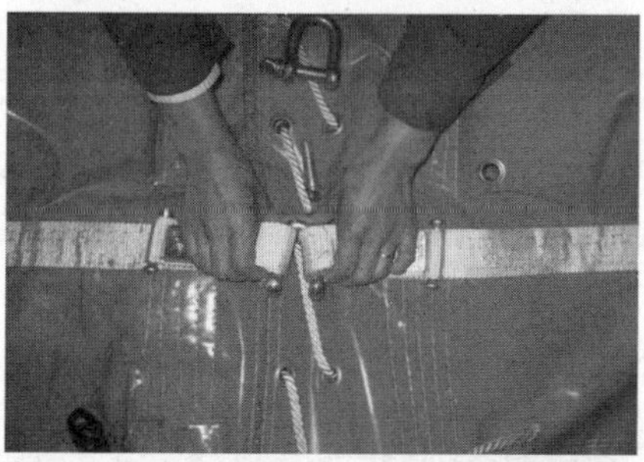
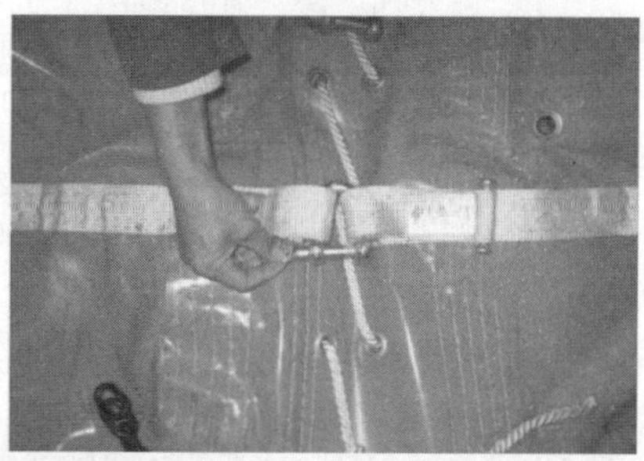

(e)用卸扣连接围油栏中间的加强带

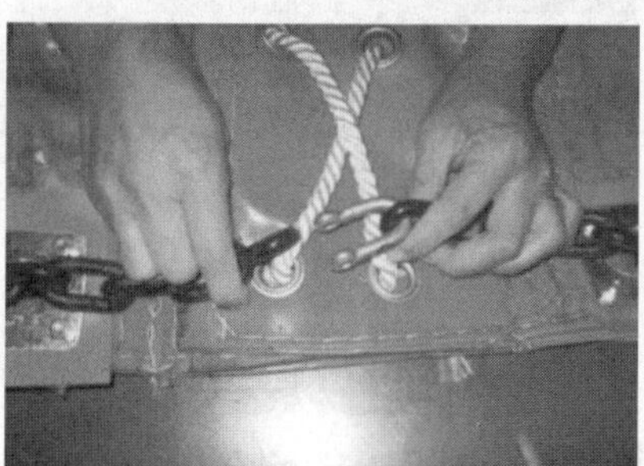

(f)用卸扣连接两条围油栏的配重链条

图 1-3-6-14　PVC 围油栏接头连接方法

不同型号的接头不匹配的围油栏可以使用连接适配器(图 1-3-6-15)连接起来。适配器采用蝶形螺母或锁紧螺母锁紧或牢固连接。

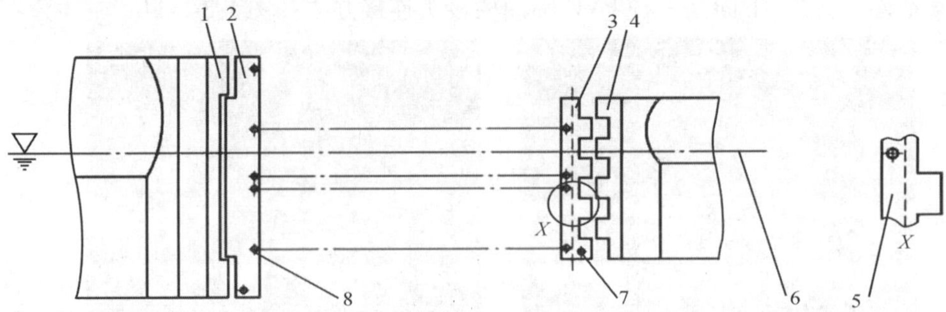

图 1-3-6-15　围油栏(五孔接头型式和四孔接头型式)与标准适配器的连接

1—围油栏 A 型接头(五孔接头);2—适用于 A 型接头的标准适配器;3—适用于 B 型接头的标准适配器;4—围油栏 B 型接头(四孔接头);5—配合面(虚线左边部分);6—设计水位线;7—供钩环或固定器对受拉构件进行固定连接的孔;8—孔

(2)围油栏的投放

①围油栏在甲板上连接好后,尽可能用船舶装卸设备吊放入海,或用其他能避免围油栏与船体摩擦的方式投放。

②围油栏下水前必须整理裙体和绳系,避免扭曲和缠结,确保围油栏下水流畅和水中姿势正确。

③投放时,水面应有小艇配合,投放艇只应逆风流行驶,避免堆积或扰乱。

(3)围油栏围控溢油

①如果有足够数量的围油栏,溢油尚未大面积扩散,通常采取围控措施,即把溢油包围在船旁(图 1-3-6-16)。

②如果围油栏数量不足以围控,可用两艘小艇拖带围油栏进行扫油,包围较多溢油后,腾出一小艇清除围住的油污。

③如果有三艘小艇,则可采取两小艇扫油,第三艇在围油栏内除油的方案。

图 1-3-6-16　围油栏围控溢油

(4)围油栏回收和储存

除油结束后,应谨慎地回收、拆解和清洗围油栏,晾干后按厂家要求存放。

(二)吸油材料

目前使用的主要吸油材料有无机材料、天然有机材料、人造聚合材料等(见表 1-3-6-2)。

表 1-3-6-2　主要吸油材料

分类	主要材料	特点	吸油量	吸油性能
无机材料	蛭石、火山灰等	便宜，易获得	自重的 1~2 倍	差
天然有机材料	木屑、稻草、芦苇等	适于吸收风化的原油或重油	自重的 5~10 倍	较好
人造聚合材料	泡沫、纤维等(如吸油毡)		自重的 6~30 倍	优

这里概要介绍木屑、草袋、吸油毡的使用方法。

1. 木屑、草袋的使用

木屑、草袋属于天然有机吸油材料，具有吸油的表面，能够成功的吸着自重 5~10 倍的溢油，最适用于吸着风化原油和重油。木屑和草袋吸水性强，应贮存于干燥通风处，谨防潮湿，严禁雨淋。

(1)木屑和草袋用于吸着船上溢油时：

①可一边派人采取关阀、移驳(图 1-3-6-17)等阻止继续溢油的措施，一边在溢油下游处铺设草袋和木屑围堵和吸油(图 1-3-6-18)。

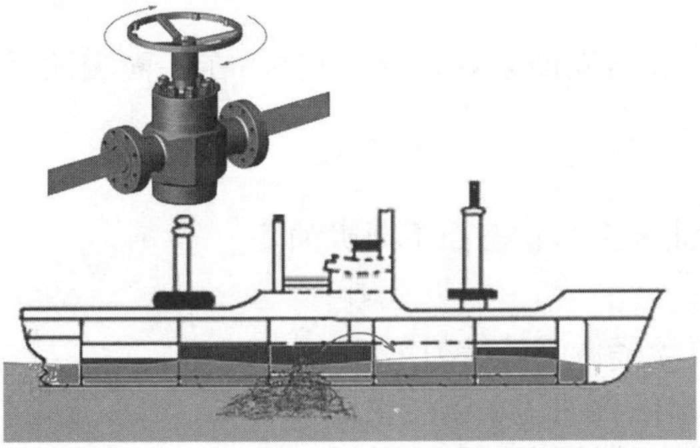

图 1-3-6-17　关阀、移驳

图 1-3-6-18　围堵和吸油

②油流大时应构筑围堰并在其上加压重物以防冲决。

③向回收(上游)的溢油抛掷足够的草袋和木屑，用扫帚等反复搅拌木屑使之充分吸油。

④清除上游已吸油的木屑和草袋，再次播撒木屑并搅拌，直至甲板溢油全部吸干净。

⑤以同样方法处理下游的围油处所(该方法同样适用于有毒液体物质的处理，但处理人员应采取防毒措施)。

⑥已吸着溢油的木屑和草袋应集中堆放和迅速处理，防止二次污染和积热自燃。通常是在船上焚烧处理或卸岸处理。

(2)用木屑和草袋吸附水中溢油时：

①先用围油栏围控溢油，没有围油栏的船舶可用漂浮的化纤缆绳代替，以控制溢油和吸油材料的飘散，方便吸油作业和回收吸油材料。

②用小艇向溢油面播撒木屑或草袋。

③在吸油后应立即捞出木屑和草袋，因其吸水量大，长时间留在水中会因吸水后重量变大而沉入水下。

④已吸油的木屑不易回收，可用两小艇用拖网方式慢速拖曳少量围油栏聚拢木屑，边拖边

捞,也可自制回收装置或请专业船回收。

⑤最后一边收缩围控设施一边用小艇捞起积聚在围控设施处的木屑。

⑥从水中捞起的吸油材料应尽快焚烧处理。

2. 吸油毡的使用

(1)吸油毡的用途

①船用吸油毡是能在水面黏附、吸收、收集船舶、港口及其他事故所造成溢油的固体吸油材料。

②主要用于海事船舶、水面溢油应急处理。

③尤其适用于处理大面积原油的溢漏油事故。

(2)吸油毡的特点

①吸油毡通常用聚丙烯等人造聚合物材料制作,也有用棉花纤维的。

②吸油毡吸油量通常为自重的 10 倍以上;吸水量在 20 ℃时应小于自重的 10%。

③在通常保管情况下性能变化很小;使用后容易回收;可以燃烧处理。

④一般都具有易吸油、不亲水、比重小、吸油前后浮于水面不变形的独特优点,且具有吸油倍数高、吸油速度快、无污染、焚烧不产生毒废气,易于储存、耐高温、可重复使用优点。

(3)吸油毡的使用

①海上使用吸油毡,通常在围控状态下,用小艇向溢油多处呈水平投放,在一面吸油后翻面充分吸油(图 1-3-6-19)。

②对吸足油的吸油毡应及时回收。

③最好使用足够数量的吸油毡,使其处于吸油未饱和状态而不断吸油。

④当余油稀薄时,应逐步缩小围控范围。

⑤使用吸油材料时,不得使用溢油分散剂,以免降低吸油能力。

⑥回收的吸油毡应及时焚烧处理,并防止滴出的含油污水第二次污染水域。

图 1-3-6-19 救助艇投放吸油毡

(三)溢油分散剂

溢油分散剂(图 1-3-6-20)是可将水面溢油乳化、分散或溶解于水体中的化学制剂,是目前使用最多的溢油处理剂,通常由表面活性剂的混合物和溶剂组成。溢油分散剂分为常规型分散剂和浓缩型分散剂。浓缩型分散剂分为可经水稀释和不可水稀释两种。溢油分散剂的使用多采用直接喷洒的方式(图 1-3-6-21)。

图 1-3-6-20 溢油分散剂

图 1-3-6-21 船舶喷撒溢油分散剂

1. 可以使用溢油分散剂的情况

在下述情况下可以考虑使用溢油分散剂处理水面漂浮油或事故溢油：

(1)水面漂浮油或事故溢油可能向海岸、水产养殖地以及其他对溢油敏感的水域移动，威胁着商业、环境或舒适性的利益，并且在到达上述敏感区域之前既不能通过自然蒸发或者风、浪、流的作用而自行消散，也不能用物理方法围堵或回收处理；

(2)对于物理的、机械的方法难于处理的溢油，采用溢油分散剂促使其向水体分散所造成的总的损害比把油留在水面上不处理的损害小；

(3)溢油发生在水深大于 20 m 的非港区水域；

(4)水面漂浮油或事故溢油的类型及水温适合于化学分散(一般来说，水温需高于拟处理油的倾点 5 ℃上)，气象、海况等环境条件宜于分散油扩散；

(5)在已经发生或可能发生油火灾、爆炸等危及人命或设施安全的不可抗拒的情况下。

2. 不可以使用溢油分散剂的情况

下述情况不宜使用溢油分散剂，但发生或可能发生危及人命或设施安全的不可抗拒的情况除外；

(1)溢油为汽油、煤油等易挥发的轻质油，或呈现彩虹特征的薄油膜；

(2)溢油为高蜡含量、高倾点的难于化学分散的油；

(3)溢油在环境水温下不呈流态或经过几天风蚀后形成具有清晰边缘的油包水乳化物的厚碎片；

(4)溢油发生在封闭的浅水区或平静的水域；

(5)溢油发生在淡水水源或对水产资源有重大影响的区域。

(四)其他防污染器材

1. 簸箕：用来收集残油和含油混合物。

2. 扫把：用于清扫聚拢残油和含油混合物。

3. 垃圾桶：用于盛装油水或垃圾。

六、评估标准

1. 优秀：操作和回答问题正确、熟练。

2. 良好：操作和回答问题正确、比较熟练。

3. 及格:操作和回答问题正确、熟练程度一般。

4. 不及格:操作和回答问题较差。

实操训练项目七　船上垃圾的分类与处理

一、实操训练内容

1. 船上垃圾的分类。
2. 垃圾处理规定。
3. 垃圾处理方法。

二、实操训练目的和要求

熟悉垃圾的分类,掌握垃圾处理的规定,了解垃圾记录有关要求。

三、实操训练条件

1. 多媒体教室。
2. 多媒体课件。
3. 模拟垃圾分类与处理的处所。
4. 各类模拟垃圾[塑料、食品废弃物、生活废弃物、食用油、焚烧炉灰、操作废弃物、动物尸体、渔具、电子废弃物、货物残余(对海洋环境无害物质)、货物残余(对海洋环境有害物质]及混合垃圾,可用编织袋或塑料袋盛装木粉等物品代替(垃圾袋上标明内装何种垃圾)。

四、实操训练组织

1. 学生分成 2 组,每组由一名教师负责组织、授课。
2. 教师多媒体课件讲解;或实际进行垃圾分类与处理的模拟操作演示,教师讲解、示范垃圾分类与处理的要求和方法,学员练习,教师指导、讲评。

五、实操训练具体内容和步骤

(一)垃圾种类

船舶应将垃圾分为 A 至 K 类,分别为:

1. A 类:塑料;
2. B 类:食品废弃物;
3. C 类:生活废弃物;
4. D 类:食用油;
5. E 类:焚烧炉灰渣;
6. F 类:操作废弃物;
7. G 类:动物尸体;

8. H 类：渔具；

9. I 类：电子废弃物；

10. J 类：货物残余（对海洋环境无害物质）；

11. K 类：货物残余（对海洋环境有害物质）。

其中，A 至 I 类垃圾适用于所有船舶，记录在垃圾记录簿第一部分中；J 和 K 类垃圾适用于载运固体散装货物船舶，记录在垃圾记录簿第二部分中。

（二）排放要求

1. 禁止排放垃圾入海的一般规定

除本附则另有规定外，禁止排放任何垃圾入海。除本附则“例外”条款另有规定外，禁止排放任何塑料入海（包括但不限于合成绳、合成纤维渔网、塑料垃圾袋和塑料制品的焚烧炉灰）；禁止排放食用油入海。

2. 在特殊区域之外排放垃圾

（1）仅当船舶处于在航状态且尽可能远离最近陆地时，方允许在特殊区域之外向海洋排放以下垃圾，但无论如何须：

①在距最近陆地不少于 3 n mile 处排放经粉碎或研磨处理后直径不大于 25 mm 的食品废弃物。

②未经上述第①项处理过的食品废弃物，在距最近陆地不少于 12 n mile 处排放。

③对于无法以常用卸载方法回收的货物残留物，在距最近陆地不少于 12 n mile 的地方排放。这些货物残留物不得含有任何被列为有害海洋环境的物质。

④对于动物尸体，其排放须尽可能远离最近陆地。

（2）货舱、甲板和外表面清洗水中含有的清洁剂或添加剂可以排放入海，但是，这些物质不得危害海洋环境。

（3）除谷物以外，SOLAS 公约规定的固体散装货物须按本附则规定加以分类，并由托运人申明其托运的货物是否对海洋环境有害。

（4）当垃圾中掺入其他禁止排放或有不同排放要求的物质，或是被此种物质污染时，须适用更为严格的要求。

3. 特殊区域内的垃圾排放

仅当船舶处于在航状态并遵守以下规定时，方允许在特殊区域内向海洋排放以下垃圾：

（1）排放食品废弃物入海须尽可能远离最近陆地，但距最近陆地或最近冰架须不少于 12 n mile。该食品废弃物须经粉碎或研磨处理且须能通过筛眼不大于 25 mm 的粗筛。食品废弃物须未受任何其他类型的垃圾污染。除非已经过无菌处理，否则禁止在南极区域排放包括禽类和禽类部位在内的外来鸟类产品。

（2）对于无法以常用卸载方法回收的货物残留物，须在满足下列所有条件后方可排放：

①根据本附则附录 I 设置的标准，货舱洗舱水中包含的货物残留物中无任何被分类为对海洋环境有害的物质；

②除谷物以外，SOLAS 公约规则规定的固体散装货物须按本附则附录 I 规定加以分类，并由托运人申明其托运的货物是否对海洋环境有害；

③根据本组织制定的指南，舱室洗涤水中包含的清洁剂或添加剂中无任何被分类为对海洋环境有害物质；

④出发港和下一目的港都在特殊区域内，且船舶在这些港口间航行时不会驶出特殊区域；

⑤这些港口没有足够的接收设施；

⑥当满足本款前五项的条件时，排放包含残留物的货舱洗舱水须尽可能远离最近陆地或最近冰架，且距最近陆地或最近冰架不少于 12 n mile。

(3)只有在对海洋环境无害的情况下，甲板和船舶外部表面清洗水中含有的清洁剂或添加剂才可以排放入海。

(4)各缔约国须确保悬挂其船旗的船舶在进入南极区域前，船上有足够容积储存船舶在该区域营运期间产生的所有垃圾，且已完成离开该区域后把这些垃圾排至某一接收设施的安排。

(5)当垃圾中掺入其他禁止排放或有不同排放要求的物质，或是被此种物质污染时，须适用更为严格的要求。

4. 例外

(1)前述要求不适用于：

①保障船舶和船上财产安全或挽救海上人命所必需的船舶垃圾排放；

②由于船舶或其设备损坏而导致的垃圾意外灭失，且在损坏发生前后已采取了一切合理的预防措施来防止意外灭失或使其降至最低限度；

③渔具意外灭失，且已采取了一切合理的预防措施来防止这种灭失；

④为保护海洋环境或保护船舶或其船员安全而从船上抛弃渔具。

(2)在航的例外：如果船上留存的食品废弃物明显会立刻危害船上人员的健康，则前述关于在航的规定须不适用于这些食品废弃物的排放。

(三)垃圾处理方法

1. 垃圾储存容器

(1)应当使用有盖、不渗漏、不外溢的垃圾储存容器，或者对垃圾实行袋装。

(2)一般船舶配有不同颜色垃圾容器，并做好标识，分别用于收集生活废弃物、塑料垃圾、操作废弃物、食品废弃物等(图 1-3-7-1)。

图 1-3-7-1　船舶配备不同颜色垃圾容器

2. 船舶垃圾处理的主要方法

(1)送岸处置:由有资质的船舶污染物接收单位接收。

(2)焚烧处置:配备焚烧炉的船舶可以焚烧处理(图 1-3-7-2)。

(3)粉碎排放:配有粉碎机的船舶可以将食品废弃物粉碎处理后排放(图 1-3-7-3)。

图 1-3-7-2　焚烧炉

图 1-3-7-3　粉碎机

(四)垃圾记录簿

1. 400 总吨及以上的船舶和经核准载运 15 人或以上的船舶须配备垃圾记录簿。垃圾记录簿无论是否为官方日志的一部分或其他形式,均须使用本附则附录中规定的格式。

2. 每次排放入海或排至某一接收设施,或者完成的焚烧作业,须及时记录在垃圾记录簿中并且由主管高级船员在排放或焚烧作业的当日签署。垃圾记录簿每页记录完成时须由船长签字。垃圾记录簿须至少使用英语、法语或西班牙语填写。如垃圾记录簿同时还以船舶的船旗国官方语言填写的,在出现争执或不一致情况时,须以船旗国官方语言填写的为准

（图 1-3-7-4）。

垃 圾 排 放 记 录
第一部分
除货物残余外的所有垃圾
（所有船舶）
RECORD OF GARBAGE DISCHARGES
PART I
For all garbage other than cargo residues as defined in regulation 1.2 (Definitions)
（All ships）

船名
Ship's name:______________________ 船舶编号或呼号
Distinctive No. or letters:______________ 海事组织编号
IMO No.:______________

垃圾种类：
Garbage categories:

A. 塑料 Plastics
B. 食品废弃物 Food waste
C. 生活废弃物（例如，纸制品、布、玻璃、金属、瓶子、陶器等）Domestic wastes (e.g., paper products, rags, glass, metal, bottles, crockery, etc.)
D. 食用油 Cooking oil
E. 焚烧炉灰 Incinerator ashes
F. 操作废弃物 Operational wastes
G 动物尸体 Animal Carcasses
H. 渔 具 Fishing gear
I. 电子废弃物 E-waste

按 MARPOL 附则 V 第 4 条（在特殊区域外排放垃圾）、第 5 条（固定或浮动式平台排放垃圾的特殊要求）、或第 6 条（在特殊区域排放垃圾）、或极地规则第 II-A 部分第 5 章规定排放垃圾
Discharges under MARPOL Annex V regulations 4 (Discharge of garbage outside special areas), 5 (Special requirements for discharge of garbage from fixed or floating platforms) or 6 (Discharge of garbage within special areas) or chapter 5 of part II-A of the Polar Code

日期/时间 Date/time	船位（经纬度）或垃圾接收港口或垃圾接收船舶名称 Position of the ship (latitude/longitude) or port if discharged ashore or name of ship	种类 Category	排放估算量 Estimated amount discharged		焚烧估算量 Estimated amount incinerated	申明：（例如船舶焚烧开始/结束的时间和船位）Remarks: (e.g. start/stop time and position of	证明/签字 Certification/ Signature
			排放入海(m3) Into sea(m3)	排放到接收设施或其他船舶(m3) To reception facilities or to another ship (m3)			

船长签字
Master's signature:____________ 日期
Date:____________

第二部分
货物残余
（载运固体散装货物船舶）
PART II
For all cargo residues as defined in regulation 1.2 (Definitions)
(Ships that carry solid bulk cargoes)

船名
Ship's name:______________________ 船舶编号或呼号
Distinctive No. or letters:______________ 海事组织编号
IMO No.:______________

垃圾种类：
Garbage categories:

J. 货物残余（对海洋环境无害物质）Cargo residues (non-HME)
K. 货物残余（对海洋环境有害物质）Cargo residues (HME)

按 MARPOL 附则 V 第 4 条（在特殊区域外排放垃圾）和第 6 条（在特殊区域排放垃圾）中所述的排放
Discharges under regulations 4 (Discharge of garbage outside special areas) and 6 (Discharge of garbage within special areas)

日期/时间 Date/time	船位（经纬度）或垃圾接收港口 Position of the ship (latitude/ longitude) or port if discharged ashore	种类 Category	排放估算量 Estimated amount discharged		排放入海的开始和结束位置 Start and stop positions of the ship for discharges into the sea	证明/签字 Certification/ Signature
			排放入海(m3) Into sea(m3)	排放到接收设施或其他船舶(m3) To reception facilities or to another ship (m3)		

船长签字
Master's signature:____________ 日期
Date:____________

图 1-3-7-4　垃圾记录格式 1

3. 每次排放记录须包括日期、时间、船位、垃圾种类和被排放的垃圾的估算量（以立方米计）。排放货物残留物时，除了记录上述内容，还应记录排放开始和结束时的船位。

4. 每次焚烧记录须包含焚烧开始和结束时的日期、时间、船位（船舶经纬度）、被焚烧垃圾的分类、每一类被焚烧的垃圾的估算量（以立方米计）。

5. 每次排放至港口接收设施或另一艘船舶，须在垃圾记录簿中填写垃圾接收日期、时间、港口接收设施或另一艘船舶名称、垃圾的分类、每类垃圾的估算量（以立方米计）。

6. 垃圾记录簿附上从垃圾接收设施处获得的垃圾接收单证须留存在船舶上的适当处所，

以备在所有合理时间内随时可查。该记录簿在完成最后一次记录后须至少保留 2 年。

7. 若发生本附则“例外”条款所指的任何排放或意外灭失,须在垃圾记录簿中予以记录(图 1-3-7-5),或者对于 400 总吨以下的船舶,须在船舶官方日志中予以记录。记录包括排放或灭失发生的日期、时间、所在港口或船位(经纬度和水深)、原因、排放或意外灭失的物品细目、垃圾种类、和估计量(以立方米计)以及为防止或尽量减少这种排放或意外灭失已采取的合理的预防措施和大致说明。

第 7 条所述例外的排放或意外落失

Exceptional discharge or loss of garbage under regulation 7 (Exceptions)

日期/时间 Date/time	港口或船位 (经纬度和已知水深) Port or position of the ship (latitude/longitude and water depth if known)	种类 Category	估算的排放或意外落失量(m^3) Estimated amount lost or discharged (m3)	垃圾排放或落失的原因申明和一般说明(例如防止或尽量减少垃圾排放或意外损失的预防措施) Remarks: (e.g. start/stop time and position of incineration; general remarks)	证明/签字 Certification/ Signature

船长签字　　　　　　　　　　日期

Master's signature:__________　Date:__________

图 1-3-7-5　垃圾记录格式 2(第 7 条所述例外的排放或意外灭失)

8. 当发生“例外”条款所规定的可能会对海洋环境或航行带来严重威胁的渔具意外灭失或抛弃时,须向该船的船旗国报告,如灭失或抛弃行为发生在某个沿岸国管辖水域内,还须向该沿岸国报告。

六、评估标准

1. 优秀:操作和回答问题正确、熟练。
2. 良好:操作和回答问题正确、比较熟练。
3. 及格:操作和回答问题正确、熟练程度一般。
4. 不及格:操作和回答问题较差。

实操训练项目八　防止船上冲突及冲突解决办法

一、实操训练内容

1. 防止船上冲突。
2. 冲突解决办法。

二、实操训练目的和要求

冲突对船员的生活和工作产生重大影响，对船舶的安全航行和生产产生重要隐患。通过学习，了解船上冲突产生的原因和船上冲突的种类，熟悉船舶冲突的解决策略，掌握预防和解决冲突的方法。

三、实操训练条件

1. 多媒体教室。
2. 多媒体课件。
3. 关于冲突的视频和案例。

四、实操训练组织

1. 学生分成2组，每组由一名教师负责组织、授课。
2. 教师多媒体课件讲解；或组织观看视频，教师适时讲解；教师提出问题，设定冲突，学生讨论。

五、实操训练具体内容和步骤

为了使船舶团队有效地完成安全营运、创造更多效益的目标，同时满足船员个体的需要，必须建立团队成员和团队之间的良好和谐关系，即彼此间应互相支持，行动应协调一致。但是，现实的情况是，由于海上生活和工作环境的特殊性，船员的人际关系不同于陆地，有着显著的职业特征和特殊的交往原则。由于船员来自不同的地区，因文化交往的冲突、知识和业务技术水平的悬殊差别、饮食习惯的不一、甚至宗教信仰的不同等因素使得人际关系变得非常复杂。船员间存在的各种差异，导致对同一个问题会有不同的理解和处理，于是就会产生不协调、不一致，或是不能相容，冲突由此而产生。也就是说，冲突在船舶内部是客观存在的。由于航海职业的特殊性，船舶冲突的产生、应对的策略也有不同。

（一）冲突的概念

冲突是指人们由于某种抵触或对立状况而感知到的不一致的差异。具体到船上，冲突就是船员与船员之间，船员与船舶之间以及船上部门与部门之间（比如甲板部与轮机部之间）由于目标、认识或感情的不一致，多种摩擦和矛盾交织，而产生的不认可、甚至对立的状态。

（二）船上冲突产生的原因

冲突的产生原因非常复杂，既有直接原因，也有间接原因，而且具体的冲突情境还可能受到不同冲突来源的交互作用影响。总体上看，日常船舶工作生活中，船员个体之间或者船员个体与船舶团队之间以及船舶部门与部门之间利益的不同、沟通的障碍、认识的差别、船员个体个性的差异，都有可能造成冲突的发生。比如工作量分配不公平、工作能力不均等、工作态度不一致、处理问题的观点或方法不相同、个人的性格习惯有冲突以及人生观、世界观的认识不相同、文化背景的差异等等。这些矛盾的产生必然对船员的生活和工作产生重大影响，对船舶的安全航行和生产产生重要隐患。特别是船上空间有限，环境封闭，情绪得不到宣泄，矛盾得不到化解，同事之间的埋怨、猜忌、记恨等经长期聚集后就可能爆发为冲突，怎么协调船上人员的工作和生活、化解船员之间的矛盾和纠纷，构建一个和谐的船舶人际关系、营造一个和谐的工作生活环境是非常值得我们思索和探讨的。

（三）船上冲突的种类

冲突是普遍的现象，它可能发生于人与人之间，人与团队之间，团队内部的人与人之间，团队与团队之间等等，也存在于团队成员与环境之间、新旧观念与行为之间等。冲突是双方意见的对立或不一致，以及有一定程度的相互作用，它有各种各样的表现形式：如暴力、破坏、无理取闹、争吵等等。而且冲突并不都是我们常规理解只有破坏性。我们要正确对待冲突，首先要正确认识冲突。

1.按冲突主体来划分

一般来说，按冲突主体来划分冲突包括五个层次：自我冲突、人际冲突、群际冲突、组织间冲突以及国家与民族间的冲突。船上冲突主要是自我冲突、人际冲突和群际冲突。

（1）自我冲突

船员的自我冲突主要是船员个体与环境之间的冲突。

①环境的冲突

由于船员工作特殊性，每次上船工作都可能上不同的船舶、面对陌生的同船船员、开启陌生的航程。突然从熟悉的陆地生活换成了一个陌生的环境，缺少了家人的陪伴、关爱和照顾，往往会产生孤独感。刚上船工作时，还会充满了好奇与兴奋，特别是新船员，壮观的海上日出、美丽的异国风光都会给航海生活增添许多乐趣。但是远航工作中不只是有美好的一面，也有许多的艰难和困苦。比如饮食，船员来自五湖四海，甚至来自不同的国度，饮食习惯各不相同，而船上不可能为每个船员都准备符合其口味的饭菜，而且长时间海上航行，缺少新鲜蔬菜和水果，有些船员可能就会感到不适应。而睡觉方面，有些房间机器的轰鸣声日夜相伴，很难入睡，且船上值班三班倒，每天都可能在睡梦中被叫醒。特别是晕船，这几乎是每位船员都要经历的噩梦。海上无风三尺浪，船舶剧烈的摇摆和颠簸，一些船员吃不进饭，喝水都要呕吐，觉也睡不安稳。另外很多船员会觉得海上生活单调枯燥，特别是跨洋航行，连续多日面对的都是茫茫海水，活动空间骤然变小，没有地方展现青春的活力，四海漂泊，对家人充满了思念和担忧。而陌生的同事，变换的航线和未知的目的港，这种不确定性，更会使船员感到迷茫、无助和紧张。因此，船员不能尽快适应船上的生活和工作环境是常见的问题之一。

②船员个人知识能力与新的船舶岗位要求发生冲突

船员的能力与岗位不匹配，使其难以理解新岗位的任务目标和任务内容，这会降低船员的工作效率。船员经常每次会上一艘新船，要面对以前没有见过的不同型号的船舶设备，刚开始也会产生不适应。而对于新船员，在校时主要是以学习理论知识为主，理论和实践间存在着一定的差距，上船之初，常觉得在学校所学的知识并无大用，这也不懂，那也不会，从而怀疑自己的能力，否定自己，产生自卑和自闭情绪，不能主动和老船员进行沟通，不能尽快融入船舶的大家庭中去。

③角色转换的冲突

几个月的休假，从家庭角色或者陆地工作角色转换为船舶工作角色，或者新升职船员的角色转变，比如见习后初任三副、三管轮，甚至包括初任大副、大管轮，初任船长、轮机长，每次升职，都意味着工作职责和责任的变化，都需要一个适应的过程。

这些都属于船员个体与环境之间的冲突。虽然在表现上可能没有发生在人际间，表面没有影响到他人和团队，但这种冲突如果不能加以合适的调适，最终也会影响船员的身心健康，影响船舶团队的战斗力，甚至可能成为引发船员与船员之间和船员与船舶之间冲突的导火索。

(2)人际冲突

船上人际冲突包括船员个体间的冲突和船员个体与部门及船舶间的冲突。

①个体间的冲突

个体间的冲突包括船长与下属船员间的、高级船员与普通船员间的、船员与船员之间的、其他船员与大厨间的、船长与船东(代表)间的、船员与船东(代表)间的冲突等。其中上下级之间冲突是在船上人际方面最主要的冲突，比如船长与大副之间、船长与轮机长之间、船长或部门长与其他船员之间。上下级冲突通常分为任务冲突与关系冲突，关系冲突指上下级船员之间在人际交往上的矛盾摩擦，通常包含对抗、反感等对立情绪。任务冲突是与工作相关的冲突，通常为上下级船员之间对于工作的内容、工作方式以及目标设定、行为模式等等方面存在的分歧或争议，上级船员独断专横的态度、角色权利差异等使得上级船员在安排工作、绩效考核、激励下属船员等方面与下属船员之间产生误会，进而由利益冲突或亲疏关系等引发超过任务本身的矛盾。

②个体与部门及船舶间的冲突

个体与团队目标不一致也是引发冲突的主要原因。如果不能正确处理个体和部门或船舶之间的关系，一味地强调个人的权利、自由和利益，无视船舶团队的利益，或者一味地强调船舶团队的利益，强调个体利益服从群体利益而不顾个体的合理需求，不重视发挥个体的特长和作用，都会导致船员和部门或船舶团队之间产生冲突。另外，新船员换船后与新船舶文化的冲突也不可忽视。船员自身具有原来船舶的文化特征，进入新的船舶后要面对不同的文化和价值观，两种文化的不匹配也会带来冲突。

(3)群际冲突

船上的群际冲突主要表现为甲板部人员与轮机部人员间的冲突。甲板部和轮机部之间的冲突可以追溯到蒸汽取代帆的时代，甲板部和轮机部似乎是船上公认的一对冤家，经常会因为一些工作互相抱怨、推诿、产生不愉快，影响船上的工作进行。西方也常以“油和水不能混合”这句格言描述甲板部和轮机部之间的冲突。

甲板部和轮机部的工作有分工又有联系，但不可避免会发生交叉，需要相互协助和配合。比如，由于航次任务紧，甲板部扫舱、绑扎等工作都需要轮机部人员的参与和配合，甲板部部分设备的焊补(比如甲板部有栏杆坏了)也需要轮机部的协助，有时候还需要抽调很多的人力物力，而同时，轮机部的某些工作也需要甲板部人员的帮忙和配合，比如加油、上物料备件的起吊工作等。双方有工作交叉，如果分工不明确，职责界限不清晰，两个部门沟通不畅，可能就会产生矛盾。因此，两个部门的沟通至关重要，否则将影响部门之间的团结和船舶安全。

2. 按冲突性质来划分

我们还要对船舶冲突的性质加以辨别，从性质上区分冲突是属于积极类型的建设性冲突还是消极类型的破坏性冲突，这是我们确定对其采取什么样的态度和策略的前提。

(1)建设性冲突

建设性冲突指船员从船舶利益的角度出发，对船上存在的不合理之处所提出的意见等。建设性冲突可以使船舶中存在的不良功能和管理问题充分暴露出来，防止了事态的进一步恶化，同时，可以促进不同意见的交流和对自身弱点的检讨，有利于促进船上良性竞争。

(2)破坏性冲突

破坏性冲突是指由于船员认识上的不一致,船上资源和利益分配方面的矛盾,船员发生相互抵触、争执甚至攻击等行为,从而导致船舶工作效率下降,并最终影响到船舶安全营运的冲突。破坏性冲突造成了船舶资源的极大浪费和破坏,各种内耗影响了船员的工作热情,导致船舶凝聚力的严重降低,从根本上影响了船舶效益和安全。

对于破坏性冲突我们要有效的抑制、消除和排解,对于建设性冲突我们要加以有效利用,从而达到调适冲突、推动事业的目的。充满冲突的团队等于一座火山,没有任何冲突的团队等于一潭死水,所以我们既要预防团队的破坏性冲突,也要激发团队的建设性冲突。

3.跨文化冲突

由于航海职业的特殊性,我们这里不得不单独提出跨文化冲突。

航海是国际化很强的职业,有时候一艘船上有多个国家的船员,不同的国度,不同的政治、历史、宗教,不同的文化背景,船员相处过程由于不适应跨文化沟通会导致一系列的人际关系危机,究其深层根源,主要是来自文化上的冲突。其表现主要有如下方面:

(1)语言方面

航海通用的跨文化交际语言是英语,但英语沟通能力差,仍然困扰着我国外派海员,在沟通时常常产生沟通障碍,引起文化冲突,导致船员的焦虑、恐惧、孤独、自闭、自信心不足、工作压力大等心理症状。

(2)价值观方面

船员用本民族文化的价值观念和标准去理解和衡量其他民族船员的价值观、风俗习惯、人际交往方式、行为举止、管理模式等。当不同民族的船员存在民族优越感时,必然会产生相互之间的排斥,导致跨文化冲突的产生,影响人际关系的发展。

(3)宗教信仰与风俗习惯方面

宗教是多元文化中最具有倾向性和禁忌性的部分。在不同的文化特质中宗教影响下的人们处世态度、价值观念、行为准则都有明显的差异性。外派船员常因不同宗教的禁忌性和对宗教信仰仪式的不理解而引发矛盾。可以说这是文化冲突中最为突出的情况。

(4)中外饮食文化方面

中外饮食文化方面的巨大差异在外派船上也显得尤为突出,中国饮食文化用料考究,制作方法复杂,口味、菜式多样。外国饮食文化原料也较为丰富,制作方法较中餐相对简单。饮食习惯源于家乡古老的味觉记忆,国外船员吃不惯中餐的炒菜,而中国船员对菲律宾、印尼大厨的煮菜也难以下咽。这些生活习惯上的差异从生理上到心理上对于不同文化背景的外派船员都是严峻的考验,也是文化冲突最为突出的表现之一。

(四)冲突的解决策略

一般按照合作性和自我肯定性把面对冲突的策略分为屈服、回避、妥协、强制和问题解决五种。其中问题解决型策略就是既满足自己也照顾到他人,寻求到一种双方都满意的方案;妥协型策略就是大家各退一步,寻找到一种自己虽然不是最满意但是一定程度可以都接受的方案;强制型策略就是只在乎自己的感受不管别人的想法,做出的决定都是完全从自身利益出发;屈服型策略就是完全站在对方的立场,不顾自己所处的情况做出的方案;回避型策略就是既不关心自己也不关心他人,不做任何方案的处理。

下级船员与上级船员冲突时,下级船员一般倾向于采取妥协、回避等方式。由于上级船员处于主导地位，是管理的主体，所以作为下级船员，在一般情况下，有意见可以提，有要求可以说。但只能通过用说理和动情的方式，去实现目的，使冲突和分歧朝着有利于自己的方向发展。一旦不能达到目的，应该善于放弃，服从上级。这是由组织原则决定的，更是由船舶特殊的管理要求决定的，船上等级制度森严，船长具有绝对的权威，要求船员必须具有服从意识，下级必须服从上级。

当上级船员与下级船员发生冲突时，我们应该区分是工作性质冲突还是非工作性质冲突。工作性质冲突，尤其是上级对下属实施的批评、教育、矫正以及其他规范，这是领导职能在管理上的体现。作为上级更倾向于采取强制型策略，必须坚持原则，坚持到底，不可中途妥协，不可无原则退让，否则就可能形成不好的惯例，为以后工作埋下隐患。而非工作性质冲突，则恰恰相反，作为上级应该有妥协、有退让和有风格，这样方显领导情操、水平和身份。

当同级船员发生冲突时，我们往往采取妥协型策略和问题解决型策略。同级管理者之间的冲突，由于其前提是同级，因而其表现形式往往比较隐蔽，其解决方式往往多是协商和合作，其最终结果往往是商讨出双方都满意的方案或各方退让。一些时候还需要领导参与解决，形成居高临下的裁判态势。

(五)预防和解决冲突的方法

1. 预防冲突的具体方法

(1)从管理级的角度

①船上管理级船员要接受冲突化解训练，包括学习如何有效化解争端、有效沟通与对话，以及冲突调解技巧等。管理级船员要主动学习，开阔视野，提高自己的综合素养，提高冲突管理水平。在航运工作中，船舶管理人员会遇到各种各样的突发问题。增强应对突发问题的能力，要提高心理的素质、职业技能、应变能力。

②加强船舶内的信息公开和共享，提高船舶领导工作的透明度，对船公司的指示及时传达，船舶动态和计划及时与船员通气；对敏感的经济问题，比如奖金的发放、伙食费开支等，公布于众，接受船员的监督，正确对待船员的意见，让船员觉得船长是民主的，公正的。

③船长对船公司的指示理应尽心尽力地贯彻，但对不尽合理的地方，也不应盲目执行，尤其是关系到船员自身利益时，船长要敢于站出来为船员积极争取，如果对公司唯命是从，虽然可以得到公司的赏识，但在船员中就失去威信了。

④加强船员之间正式和非正式的沟通，利用晨会、茶歇时间、休息时间，或者安排聚会和活动，让船员们聚在一起，有机会互相交流和了解。

⑤明确岗位分工。很多矛盾和冲突源于职责上的交叉或模糊不清。管理者要合理划分岗位职责，明确管理范围和职责权限，从根本上防止出现交叉推诿扯皮现象。

⑥建立合理的评价体系。一个优秀的团队，必须有一套有效的激励机制。实践证明，人在工作中需要激励，才能激发个人的潜能。船舶管理者可以通过各种物质激励和精神激励的方式来激发船员的潜能，这样才能建立一个和谐、稳定、各尽其职的团队。

⑦加强船员教育，建立崇尚合作的船舶组织文化，设置一个能满足船舶全体成员的共同目标，设立船舶成员共同的竞争对象，避免形成团队成员之间争胜负的情况。

⑧船舶管理级人员应当根据新生代船员的特征调整管理方式。传统的管理级船员下达命令的专断型管理方式很容易引发上下级船员之间的关系冲突，管理级船员应尽量增加与员工的沟通渠道，促进上下级交流，增进上下级之间的关系。

⑨营造具有人文关怀的组织氛围，主动积极为遇到困难的船员提供帮助，对于有良好表现的船员及时表扬并奖励以提高船员对船舶团队的认同感和依赖性。

⑩尊重下属船员的管辖权，不能越权管理，即使是平时随意的一句话都要注意，不能超越下属船员管理的权限，否则会造成下属管理者没有办法管理他的下属船员的局面。

⑪船员劳务费的分配，常是船员矛盾的导火索，作为船舶领导在这个问题上要本着大度公正的立场按公司规定处理，减少不必要的矛盾。船舶领导应以维持船舶长期的互帮互助和谐局面为着眼点，以鼓励船员更积极地参与船上的各项工作为原则，平衡各方的利益关系，力争使分配方案既符合船东的根本利益，又促进船舶和谐气氛，使奖金成为促进工作和团结的润滑剂而非制造麻烦的催化剂。

⑫轮机长和大副作为部门长要摆正心态，良好沟通，主动维护船长的威信，主动理顺规矩，把船长的指示传达到位，把工作落到实处。

（2）从每一名船员的角度

①不拉帮结派，搞小团体

来自同一个地方，或者毕业于同一所学校，或是有相同脾气爱好，或是同属一个部门，这些都容易使船员在船上形成一个个的小团体。这些小团体会更多进行小范围的活动和交流，有意无意地与其他人产生隔阂，相互疏远，小团体以其内部成员利益为重，很容易与其他船员或与船舶团队之间产生越来越大的隔阂和矛盾，继而升级导致冲突发生。

②明确责任和权利，做好自己分内工作

船上配员越来越少，而且每个人都有自己的岗位工作职责，如果有人把自己职责范围内的工作推给了别人，给别人增添了麻烦，当然会让别人产生不满，久而久之就可能爆发冲突。

③不相互埋怨、不轻易指责他人

船上难免有人会发生一些小失误，出现一些小事故。每当事情发生时，很多人总是习惯性喜欢相互推诿和责备，倾向于掩饰自己的过错或缺点。导致一起过错或事故的原因有可能涉及很多人。这时候，如果每个人都能主动分析自身的问题，勇于承认自己的缺点和错误，大家会更和谐、更团结。反之如果互相指责挑错、找毛病，不但耗费太多无用的精力，也不利于同事间的和谐相处和接下来工作的顺利完成。互相埋怨导致相互记恨，相互记恨就会埋下冲突的种子。

④不自大、不自负

自大与自负往往是工作中很多问题的根源。船上工作，过于自大会不利于同事之间有效沟通，更不利于整体工作效率的提高，甚至是给别人带来一定的反感。比如我们可能会听到：机舱的事你们甲板部的不懂就不要问了，或者是：这个航线设计的事你们机舱的不懂就不要问了，说了也不明白。也有个别高级船员不屑于和普通船员或者是低级别的其他船员平等交流。这样会拒人千里之外，无形中给自己围上了篱笆。船舶是一个团队，大家各司其职，船舶安全营运离不开全体船员的齐心协力。一旦发生紧急情况，我们需要所有人同舟共济。

⑤互相帮助

船上职责分工非常明确，但每个人都有需要帮助的时候，每个人都有工作疏忽的时候。面对别人的困难，不要事不关己，伸出你的双手，给别人一点帮助，有善因才有善果，相互帮助，是奠定良好人际关系的重要手段。

⑥尽量将生活和工作分开，不将情绪带到工作中

在船上大家经常会因为工作上的事情有不同意见和看法而产生探讨和争辩，有时甚至争论得面红耳赤，导致心情不悦。我们要就事论事，不要将这些情绪带到工作和生活中。船上空间相对狭小，抬头不见低头见。工作上的事我们就把它放在机舱里去吵，放在驾驶室里去争，回到餐厅、回到生活区还是一家人，不要让负面情绪影响自己一整天。

⑦避免嚼舌根、说闲话、打小报告等行为

船上人不多，同事之间应该经常保持交流与沟通。但我们要尽量避免在人背后说闲话，或是嚼舌根、打小报告。这种行为是腐蚀同事关系的硫酸，摧毁相互信任的毒药。船上空间狭小，流言的传播速度远比我们想象的要快，即使是背后一句轻描淡写的评论也有可能很快引发一场争吵和怨恨。如果你与同事之间有了小误会，找个合适的时间，坐下来好好谈谈，互相交换看法，说不定问题很快就解决了。

2. 解决冲突的具体方法

(1)对于冲突当事船员

①保持冷静、尊重、耐性

冲突往往带来压力与不悦，但再怎么不高兴，也应展现尊重与礼貌，保持冷静，并努力找出冲突的原因，进行协商。这么做可以维持良好的关系，建立信任，有利于争端的化解。

②对事不对人

很多时候，冲突的背后隐藏了双方运作、职责上的分歧。所以，把冲突的个人情绪因素抽离，对事不对人，才能锁定问题，客观地交换意见，进行讨论。

③先听后说

要有效解决问题，必须仔细聆听对方(或双方)的观点，不能光听，还必须让说话的人感觉自己受到支持和肯定，也就是说，运用积极倾听的技巧：复述刚才听到的内容，或偶尔总结一下对方的观点，确认你已经充分了解。

④以争取整体利益为原则

听过双方的意见、观点后，再来谋求实际的解决办法，但有个前提：必须考虑你决定的解决方法，是否会损及船舶的整体利益；绝不能以自己部门或自身的利益为优先，也不能坚持只有单方获利的解决方案。

⑤共同寻找可能的解决方案

双方充分沟通讨论，拿出一套双方都能接受的解决办法。

⑥适当妥协

所谓妥协就是发生冲突的各方协商并且找到一个双方都能勉强或者说一定程度上能够接受的方案。不要追求自己一方独赢，即使达不到双赢，各退一步也海阔天空。

⑦求同存异

关注与对方一致的一面，淡化掉与对方不一致的地方，保持一种友好的气氛，大家静下来，好好沟通。

⑧冲突恶化时，请上级裁定

比如甲板部和轮机部间的对立太过激烈，或歧见太深，有时不是单凭轮机长和大副就能调解、处理的，必要时，需要请船长出面，让船长进行裁定。主动寻求帮助不是弱者的证明，能够寻求帮助也是一种心理能力，表明我们能够正视问题，接受问题，寻找资源解决问题。

⑨不要将矛盾放大

如果双方心情都不好，矛盾已经被激化，就先暂停沟通，时间可以淡化，但是不要就此搁浅，看时间差不多了，双方重新建立沟通平台。

(2)对于船舶管理级船员

①了解冲突原因

新的问题或新的矛盾产生时，船长或部门长要从发生事件的根源着想，一定要理解发生的事情，不断化解，保持平衡。船舶领导还要善于发现船员的个性，有的放矢地深入船员的思想，引导船员。

②监督对话

冲突的双方最初根本不可能真正地沟通。没有外力的帮助，他们在原有的片面观察问题的基础上极可能在很短的时间内再度彼此误解，重新争吵。所以在解决冲突的第一个阶段船舶领导必须及时介入，作为第三方密切监视冲突双方的双向行为。

③尽量多去倾听双方的意见，保持中立立场解决问题

船员间的摩擦与冲突，看似小事，但如果处理不当，也会影响到全船的安定，因而不可以忽视，船长或者部门长在解决这类冲突时，要公正，不可以偏袒任何一方。

④识别清楚冲突的性质和类别

建设性冲突要适当鼓励，破坏性冲突则应该减低到最低程度。要针对不同类型的冲突采取不同的措施，对不同对象之间的冲突要采取不同的管理对策。

⑤共同寻找可能的解决方案

让每个人都参与，利用脑力激荡，提出各种可能的解决选项，欢迎所有的想法，也许有些点子，还是你从来没想过的。所有的选项经过厘清、排序，最后再协商出一套冲突双方都能接受的解决办法。

⑥监督冲突双方信守承诺

调解工作的最后一步，就是要求冲突双方都要做出承诺，说到做到。只有严格地遵守制定好的游戏规则才有助于克服新的危机，不至于重新陷入争吵之中。

3. 跨文化冲突的解决方法

(1)进行跨文化学习，提高跨文化沟通能力

尊重对方文化，尊重的前提是理解，而理解的前提是了解。我们要充分认识外派船员“和而不同”的文化精髓，以缩小文化差异；提高跨文化交流与沟通的技巧，突破不同文化背景船员的沟通障碍，增进相互理解和包容。比如如果能对世界主流的几大宗教信仰有比较基础的了解，那么某些误会就很容易消除甚至不会发生。

(2)培养共感，求同存异，相互包容

我们要设身处地地体味他人的苦乐和际遇，从而产生情感上的共鸣。不同国家、不同民族的船员都将自己的生活方式、信仰、价值观、行为规范看成是最好的。我们要消除这种不自觉的优越感，在“求同存异”的理念下友好相处；其次要理解其他文化现象，站在更高的层面上去看待本群体文化和异质文化，相互包容。只有更为客观、全面地认识和理解其他群体文化的特质，才能在跨文化沟通过程中翻越文化障碍，缩短群体之间的距离，避免冲突的发生。

(3)对自身的文化进行多方面的理解和洞察

不仅要认识到自身文化的局限性，更重要的是能发现本土文化的精华与优势。因为在熟悉的文化范畴内，我们更能建立优秀的个人品质和人格魅力。中华民族几千年的文化养育了

我们吃苦耐劳、重视家庭、富有责任感的伟大情操,这些优势不应该被摒弃,应该被发扬。只有意识到这些,才能利用这些富有内涵的文化来强化船员的心理建设,以优秀的文化传统来消除海上生活带来的一系列的心理困境,从自身文化中攫取解决心理问题的途径。

(4)站在对方的立场上思考和处理问题,而不是固执的坚持自我

在理解他国文化的基础上,意识到他国文化的优点和值得学习和借鉴的地方。转换审视问题的角度,试着运用对方的价值观从对方的角度重新思考问题,纠正自己的看法并给对方以更多的理解。

六、评估标准

1. 优秀:回答问题正确、熟练。
2. 良好:回答问题正确、比较熟练。
3. 及格:回答问题正确、熟练程度一般。
4. 不及格:回答问题较差。

第四章　基本急救

实操训练项目一　徒手心肺复苏术(单人或双人法)

心肺复苏术(CPR)是针对心跳呼吸骤停者所采取的生命抢救技术,呼吸、心搏骤停后,心肺复苏越早,存活率越高,故医学上有急救黄金时间4 min之说。

一、实操训练的内容

心肺复苏术(CPR):胸外心脏按压法、畅通气道及口对口人工呼吸法。

二、实操训练的目的和要求

心肺复苏术的目的是促进血液循环,使血液可以携带氧到人体重要脏器(尤其脑),保障重要脏器的基本功能,以维持生命,为进一步复苏创造条件。

要求学员熟悉掌握心肺复苏的操作方法。按2015年心肺复苏指南标准要求步骤进行,心肺复苏术的主要步骤是C、A、B,即C(Circulation)胸外心脏按压;A(Airway)畅通气道;B(Breathing)人工呼吸。

三、实操训练的条件

所需要的器材及耗材:心肺复苏模拟人2具,无菌纱布块若干。

四、实操训练组织

1. 教师讲解具体步骤并演示、操作。
2. 学员分组,两人一组或单人操作。
3. 在心肺复苏模拟人上进行心肺复苏步骤操作训练并互换。
4. 教师进行动作纠正及归纳总结。

五、实操训练的步骤

1. 心肺复苏前的判断和准备

①评估环境安全:观察周围环境,确保安全,看表,记录开始时间。

②判断意识：拍打伤病员双肩，并分别对伤病员双耳呼叫，呼叫声响有效(图 1-4-1-1)。

③发求救信息：发音清晰，响亮(图 1-4-1-2)。

④体位：将伤病员放置仰卧位，身体平直无扭曲，双手沿躯干放平，下肢伸直，并松衣解带(图 1-4-1-3)。

⑤判断呼吸、心跳 (5~10 s)：触摸颈动脉有无搏动，同时观察伤病员胸腹部起伏，听呼吸音，感觉有无呼出气流(要求数数 1001、1002、1003……)(图 1-4-1-4、图 1-4-1-5)。

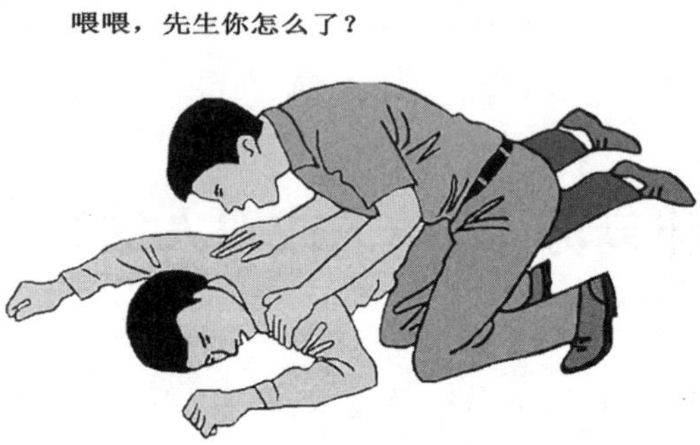

图 1-4-1-1　意识判断

图 1-4-1-2　呼救

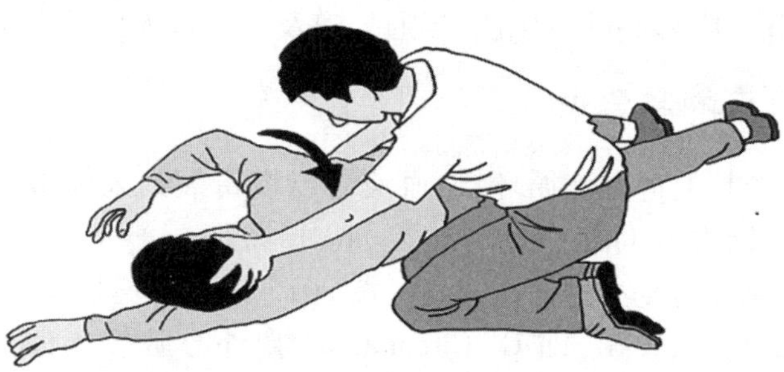

图 1-4-1-3　心肺复苏体位

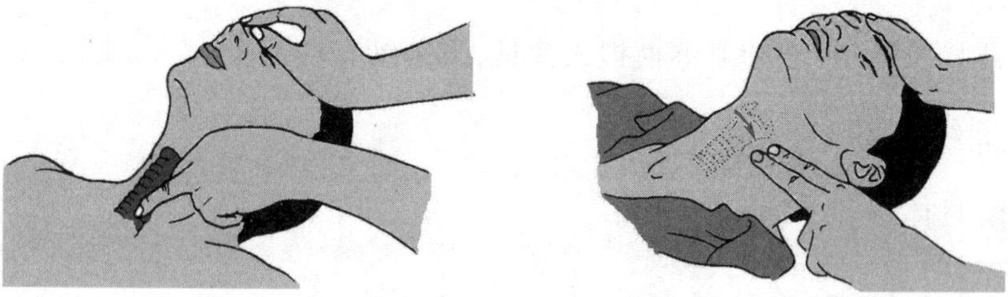

图 1-4-1-4　触摸颈动脉

食指与中指先触及气管正中部位(男性在喉结)，再旁开下移 2~3 cm 的软组织深处(在气管与颈部肌肉之间的凹陷里)，触摸颈动脉有无搏动。

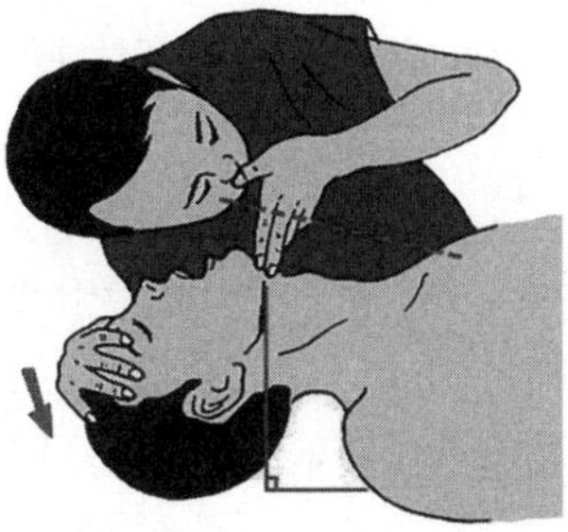

图 1-4-1-5　呼吸评估

2. 胸外心脏按压(C)

通过以上方法判断伤病员有无意识,10 秒内没有明确触摸到脉搏,无呼吸,则应立即开始心肺复苏。先按压 30 次,再开放气道和人工呼吸。具体方法如下:

(1)按压定位

①胸骨下半部,胸部正中央,两乳头连线中点(图 1-4-1-6);

②剑突上缘两横指:沿肋弓下缘上滑找到剑突,在剑突尖上两横指处,以另一手的掌根放在两横指上方(图 1-4-1-7)。

胸外心脏按压的位置必须准确,不准确容易损伤其他脏器。

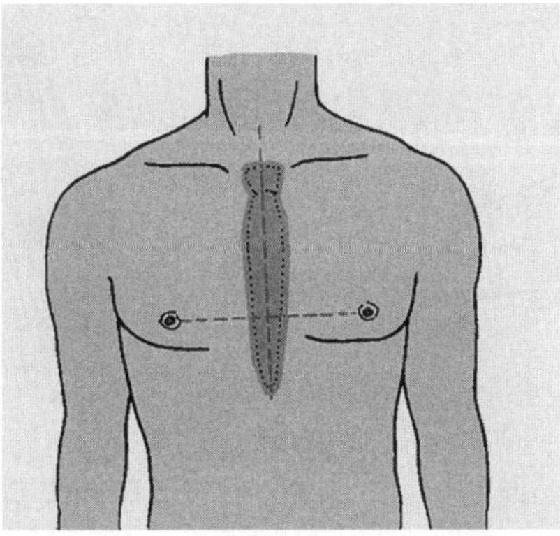

图 1-4-1-6　胸外心脏按压部位定位方法 1

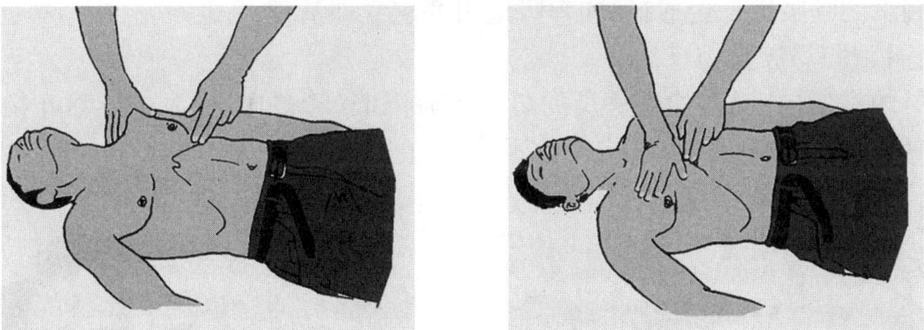

图 1-4-1-7　胸外心脏按压部位定位方法 2

(2)按压姿势

救护者站立或跪在伤病员身体一侧,双手掌根着力,平行重叠,双手指交叉紧扣,并翘起,以保证压力不施加在胸壁上。急救者身体前倾,两臂伸直,与伤病员身体平面垂直,利用上身重力垂直向下按压(图 1-4-1-8、图 1-4-1-9)。

(3)按压速率

按压 30 次(要求数数 01、02、03、04、05 等),速率为每分钟 100~120 次。尽量减少胸外心脏按压中的停顿。

(4)按压幅度

按压幅度至少是 5 cm,不超过 6 cm。按压过度会出现胸骨和肋骨骨折,同时救护者也会消耗大量体力,无法保证接下去的按压质量。按压与放松时间相同。每次按压后应保证胸廓充分回弹,因此救护者必须避免在按压间隙倚靠在伤病员的胸部。

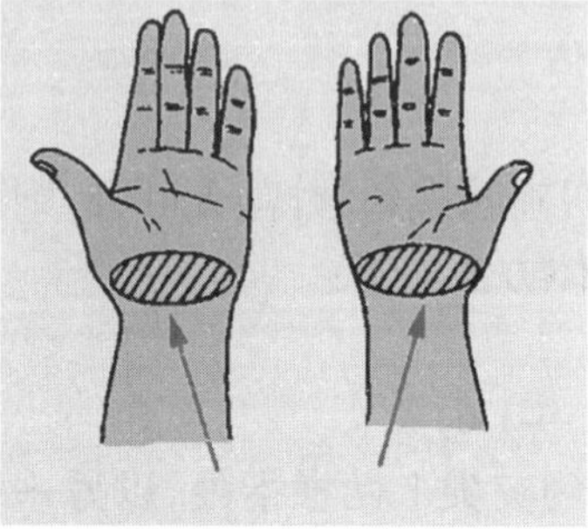

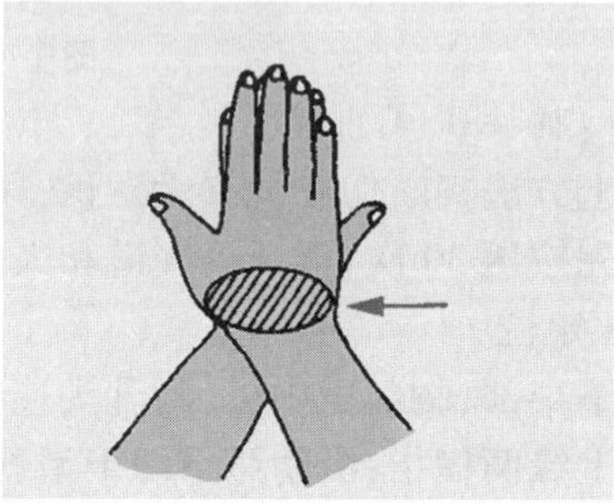

图 1-4-1-8 按压掌位

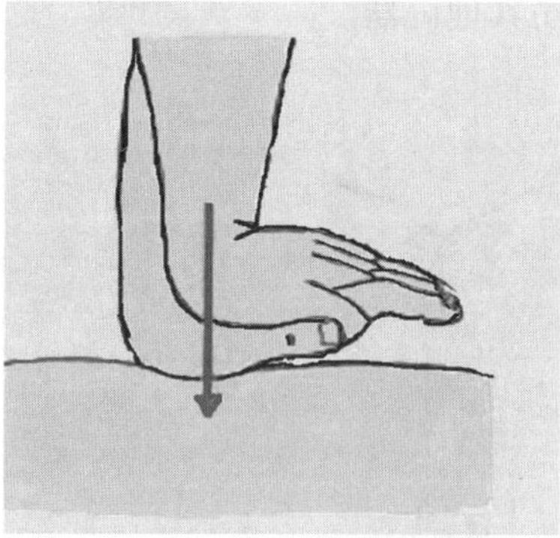

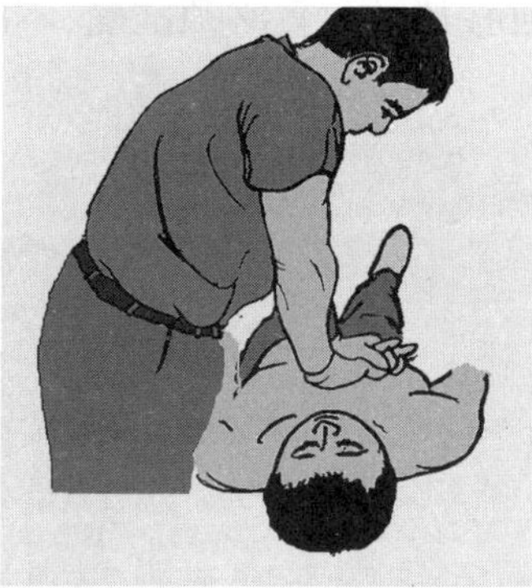

图 1-4-1-9 胸外心脏按压法手法

3. 清理并开放气道(A)

检查伤病员的呼吸道是否通畅,如呼吸道阻塞应立即清理。

(1)检查并清除口腔异物

将伤病员的头偏向一侧,如伤病员的口腔、咽部和气管被血块、泥土或呕吐物等堵塞 ,应立即清理;如伤病员昏迷后舌后坠,应牵拉舌头,防止造成窒息(图 1-4-1-10、图 1-4-1-11)。

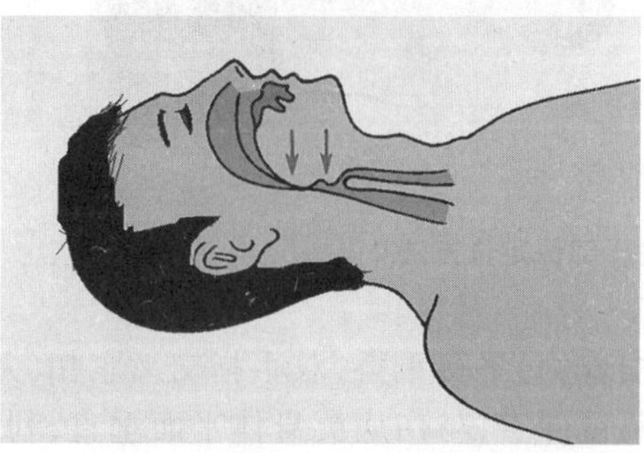

图 1-4-1-10 舌根后坠阻塞呼吸道

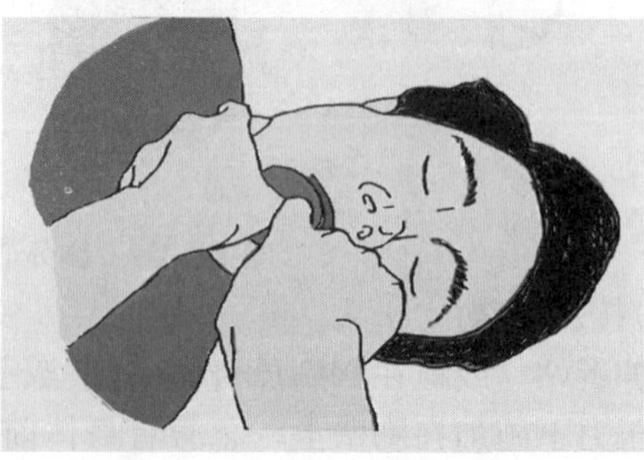

图 1-4-1-11 清理口腔

(2)开放气道

心肺复苏时必须设法开放气道,要在 3~5 s 内完成,而且在心肺复苏全过程中,自始至终要保持气道通畅。

常采用仰头抬颏法,具体操作如下:救护者将一手掌小鱼际(小拇指侧)放在伤病员前额,下压使其头部后仰,另一手的食指和中指放在颏部的下颌骨下方,向上抬起下颌,让下颌角与耳垂连线和地面呈垂直状态,使伤病员口张开,舌根离开咽后壁,避免舌根后坠以畅通气道。切忌按压颏下软组织,否则舌根会更加贴近咽后壁,造成气道梗阻(图 1-4-1-12、图 1-4-1-13)。

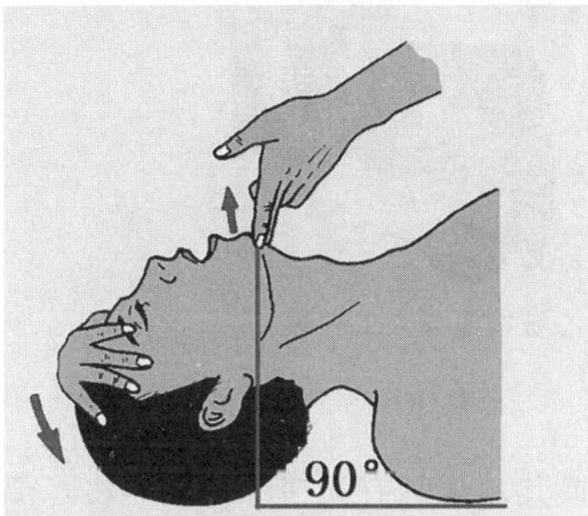

图 1-4-1-12　仰头抬颏法开放气道(正确)

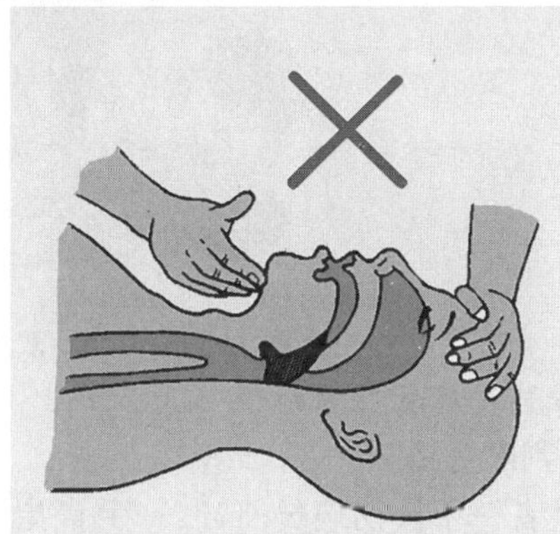

图 1-4-1-13　仰头抬颏法开放气道(错误)

4. 人工呼吸(B)

开放气道后,应立即给予人工呼吸 2 次。口对口人工呼吸是最为方便和有效的人工呼吸方法,是借助救护者吹气的力量,使气体被动吹入伤病员肺部,通过肺的间歇性膨胀,以达到维持肺泡通气和氧合作用,从而减轻组织缺氧和二氧化碳潴留。

操作方法:

(1)保持气道开放,用压在伤病员额头上的手以拇指和食指捏住伤病员的鼻孔,救护者用嘴唇包住伤病员的口,平稳地向伤病员口中吹气,吹气量约为 500~600 ml,超过 1 s,胸廓膨起为有效,避免给予过量通气。

(2)吹完后立即松开捏鼻孔的手,让伤病员的胸廓及肺依靠其弹性自主回缩呼气,气体呼出时看到胸廓回落。如此反复进行(图 1-4-1-14)。

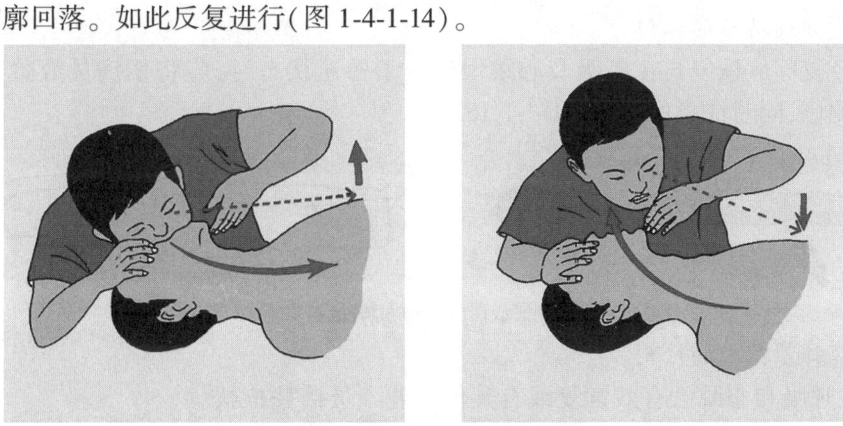

图 1-4-1-14　口对口人工呼吸法

5. 心肺复苏的循环周期

胸外心脏按压和人工呼吸按顺序进行,不论实施单人还是双人抢救时,成人胸外心脏按压和人工呼吸比例为 30∶2。即胸外心脏按压 30 次后给予 2 次人工呼吸，此为一个循环。一个周期至少进行 5 个循环（约 2 min），然后进行复苏效果评估。要求迅速，时间为 5～10 s（图 1-4-1-15）。

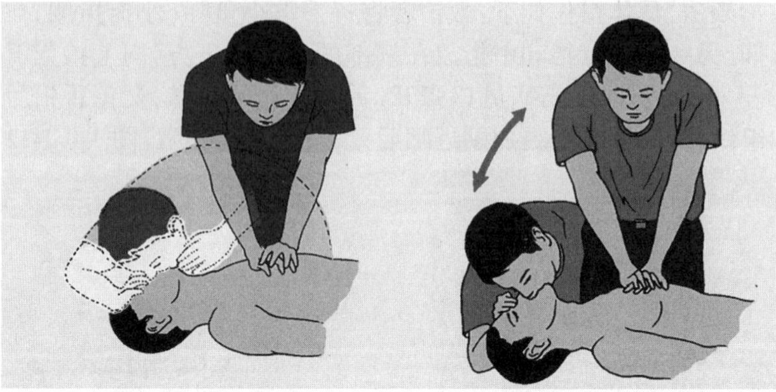

图 1-4-1-15　单/双人实施胸外心脏按压与人工呼吸

6. 心肺复苏成功的判断

（1）判断方法

救护者一手按伤病员前额，一手食指及中指触摸其颈动脉有无搏动。同时将耳部靠近伤病者口鼻处，听其呼吸音并感觉有无呼出气流；观察伤病员胸廓有无起伏；观察伤病员瞳孔、口唇、指甲。

（2）心肺复苏术有效指征

①昏迷程度变浅，出现各种反射。

②肢体出现无意识动作、呻吟等。

③自主呼吸逐渐恢复。

④触摸到规律的颈动脉搏动。

⑤面色、口唇、指甲等色泽转红润。

⑥双侧散大的瞳孔缩小，对光反射恢复。

⑦心电图证实恢复窦性心律。

7. 心肺复苏成功后的体位

伤病员经复苏后恢复自主呼吸及心跳但仍处于昏迷状态时，应将伤病员放置于侧卧的体位或平卧头侧位，同时注意保暖（图 1-4-1-16）。

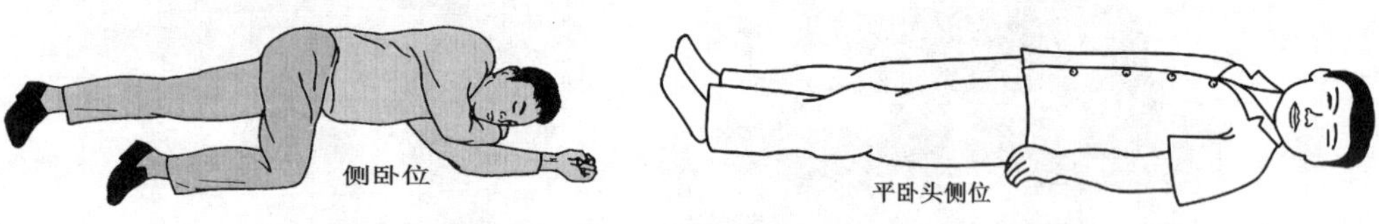

图 1-4-1-16　复苏后体位

8. 终止心肺复苏术的情形

（1）自主呼吸和心跳已有效恢复或有其他专业人员接替抢救。

（2）开始进行心肺复苏前，能确定心跳停止达 15 min 以上者。

（3）持续进行心肺复苏 30 min 以上仍无心跳和自主呼吸，现场无进一步救治和送治条件。但要注意一些特殊情况，如溺水、触电等，轻易不要放弃，需要延长心肺复苏时间。

(4)发现有不同意进行心肺复苏术的有效遗嘱。
(5)救护者因疲惫、周围环境危险、持续复苏可造成自身或其他人员危险而不得不终止。
9. 心肺复苏操作在人体模型上模拟进行，操作后整理器材，看表，记录复苏时间，操作完毕

六、实操训练评估标准

1. 优秀：心肺复苏术操作正确规范，回答问题正确、熟练。
2. 良好：心肺复苏术操作正确规范，回答问题正确、比较熟练。
3. 及格：心肺复苏术操作正确规范，回答问题正确、熟练程度一般。
4. 不及格：心肺复苏术操作错误，回答问题错误。

徒手心肺复苏操作步骤见表 1-4-1-1。

表 1-4-1-1　徒手心肺复苏操作步骤

	步骤	操作
C (Circulation)	1. 心跳呼吸骤停的诊断标准	神志突然丧失。伤员昏倒于各种场合，部分伤员可有短暂抽搐，伴头眼歪斜，随即全身肌肉松软；大动脉搏动消失；瞳孔散大，对光反应消失；呼吸停止或断续，呈叹息样；面色、口唇苍白或转为青紫
	2. 迅速确定伤员意识、呼吸、心跳是否存在	(1)判断意识。通过刺激反应判断意识，拍打伤员的双肩(或按压眶上缘、鼻唇沟等敏感部位)，并呼叫伤员，无反应则证明意识丧失 (2)判断心跳。触摸伤员颈动脉有无搏动，无搏动证明心跳停止，立即进行抢救 (3)判断呼吸。用耳贴近伤员口鼻，头部侧向伤员胸部。无呼吸或呼吸不正常(喘息样呼吸)，立即进行抢救 (4)迅速使伤员处于仰卧位。将伤员平放于硬板床或地面上，或在伤员身下放胸外按压板，松开伤员的腰带、领口
	3. 胸外心脏按压	(1)胸外心脏按压法。确定按压部位：按压两乳头连线中点，以一手的掌根部紧贴放在按压区(为定位手)，将另一手重叠放在定位手的手背上，使手指脱离胸壁，可采用两手手指交叉翘起抬起法，抢救者双臂应绷直，双肩在患者胸骨上方正中，利用上半身体重量和肩、臂部肌肉力量垂直向下用力按压；按压频率至少 100~120 次/分；按压深度：成人至少 5 cm，不超过 6 cm (2)注意事项。按压应平稳，不能间断；垂直向下用力，不能左右摆动，也不能冲击式地猛压或弹跳式按压等。下压及向上放松的时间大致相等，放松时，定位的手掌根部不要离开胸骨定位点，但应尽量放松

（续表）

A （Airway）	4. 畅通呼吸道	（1）取出伤员口腔内的义齿，清除口腔异物及分泌物 （2）仰头举颏法。一手置于伤员前额，另一只手的食指与中指置于颏部，使头部稍微后仰，手指不要压迫伤员颈前部，以免压迫气道；不要使颈部过度伸展，以免加重颈椎损伤
B（Breathing）	5. 人工呼吸	（1）通气方式。口对口（成人，口能打开者）；口对鼻（成人，牙口紧闭，不能打开者）；口对口鼻（适用于婴幼儿）；机械通气；气囊通气（适用于有设备条件者） （2）人工呼吸方法。用按于前额一手的拇指和食指，捏住伤员的鼻孔，进行口对口通气时要求抢救者张开口贴紧伤员口，将伤员口部完全包住。向伤员口内吹气，直至伤员胸廓起伏为止（超过 1 s）。一次吹气完毕后，应立即与伤员口部脱离，轻轻抬起头部，眼视伤员胸部，吸入新鲜空气以便做下一次人工呼吸。同时放松捏鼻的手，以便伤员从鼻孔出气。吹气频率 8～10 次/分，但应与胸外按压成比进行。胸外按压与人工呼吸之比为 30∶2，即按压 30 次，吹气 2 次为一个循环，至少要进行 5 个循环后才能检查生命体征是否恢复。如果没有恢复，则继续进行下一轮次的 5 个循环，直到放弃条件为止
判断	6. 心肺复苏的有效指标	（1）按压时能扪及大动脉搏动（一般为颈动脉），上肢收缩压>60 mmHg，若停止按压后脉搏仍有搏动，说明心跳恢复 （2）患者面色、口唇、指甲、皮肤等色泽逐渐转为红润 （3）散大的瞳孔再度缩小 （4）出现自主呼吸。自主呼吸出现，并不意味可以停止人工呼吸，如果自主呼吸微弱，仍要坚持人工呼吸 （5）神志逐渐恢复，伤员可有眼球活动、睫毛反射与对光反射出现，甚至手足抽动，肌张力增强

实操训练项目二　止血带止血术

血液是在血管中流动的液体，成年人的总血量一般占体重的 7%～8%，4 000～5 000 mL。急性出血时，当失血量为总血量的 10%～15%（400～500 mL）时，人体通过自身调节功能可以代偿；当失血量达总血量的 20%（800～1 000 mL）时，会出现头晕、脉搏增快、血压下降、出冷汗、肤色苍白、尿少等症状；当出血量达总血量的 30%(1 500 mL)以上，就会有生命危险，因此对于出血的病人，必须立即采取有效的止血措施(图 1-4-2-1)。

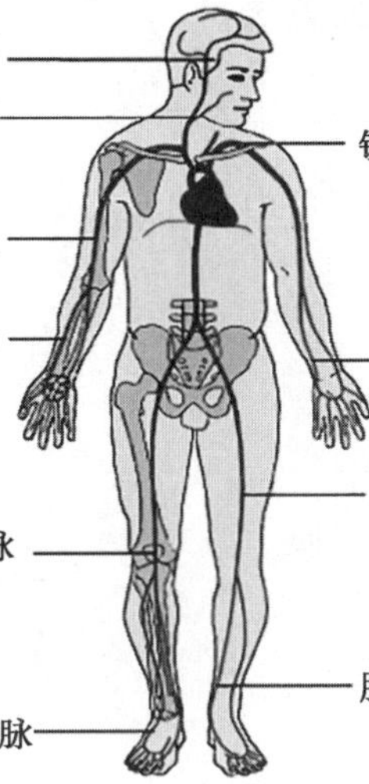

图 1-4-2-1　人体主要动脉

止血带有传统的橡皮管止血带、局部气压式止血带(图 1-4-2-2、图 1-4-2-3)，还有方便的卡扣式止血带和较先进的旋压式止血带(图 1-4-2-4、图 1-4-2-5)。紧急情况下也可使用三角巾、绷带、手帕等物品代替，严禁使用铁丝、电线、绳索等细小且无弹性的物品充作止血带。

图 1-4-2-2　橡皮管止血带

图 1-4-2-3　气压式止血带

图 1-4-2-4　卡扣式止血带

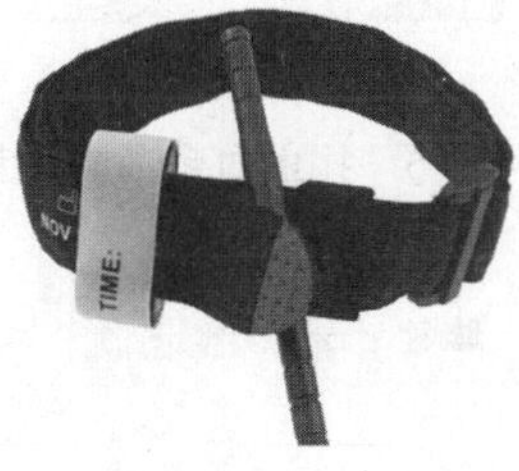

图 1-4-2-5　旋压式止血带

本实操课主要学习橡皮管止血带的使用方法。

一、实操训练的内容

止血带止血的具体操作方法及注意事项。

二、实操训练的目的和要求

止血带止血法的目的是控制出血，保存有效的血容量，防止休克，挽救生命。止血带止血法主要用于用其他止血方法暂不能控制的四肢动脉出血。使用恰当可挽救一些大出血伤员的生命，使用不当则可带来严重并发症，以致引起肢体坏死、急性肾功能衰竭等并发症。

因此要求学员熟练掌握止血带止血方法。

三、实操训练的条件

所需物品：橡皮止血带、纱布块及三角巾若干。

四、实操训练组织

1. 教师讲解具体步骤并演示、操作。
2. 学员两人一组。
3. 在对方肢体上进行操作训练并互换。
4. 教师进行动作纠正及归纳总结。

五、实操训练的步骤

1. 先处理伤口，并用三角巾、毛巾等做成平整的衬垫缠绕在要绑扎止血带的部位，避免直接勒扎，防止损伤皮肤(图 1-4-2-6)。

2. 扎止血带之前将患肢抬高 2~3 min，以促进血液回流(图 1-4-2-7)。

3. 前臂和小腿不宜扎止血带，因为有两根骨头，骨间有动脉穿过，扎止血带效果不好(图 1-4-2-8、图 1-4-2-9)。

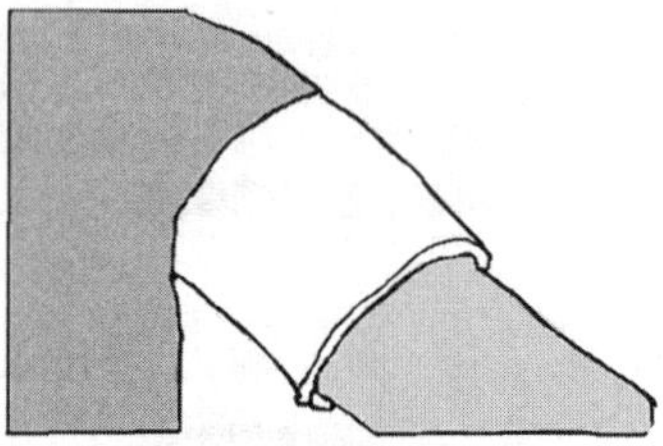

图 1-4-2-6　扎止血带前需加垫

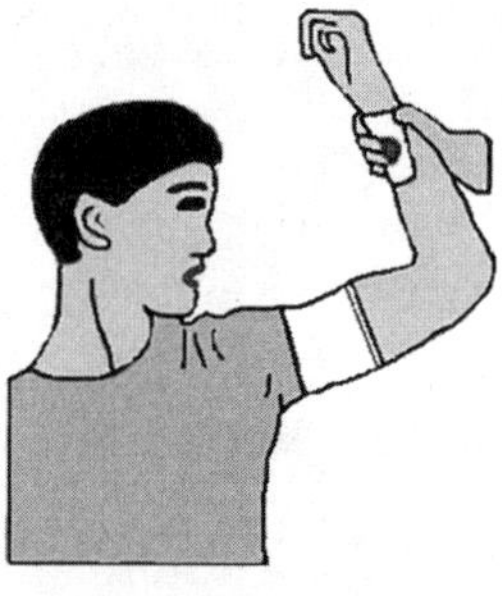

图 1-4-2-7　抬高患肢

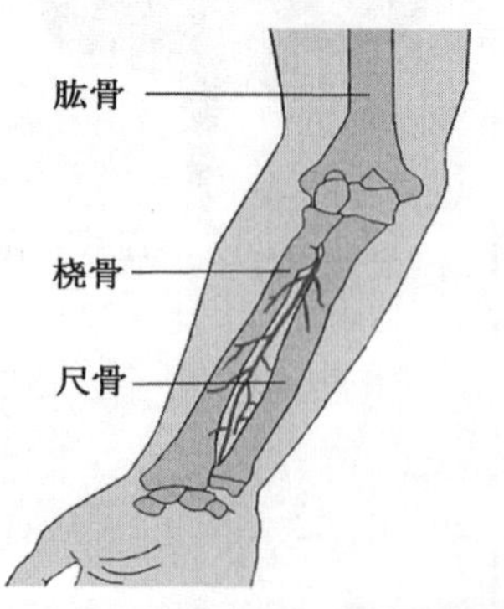

图 1-4-2-8　前臂骨骼

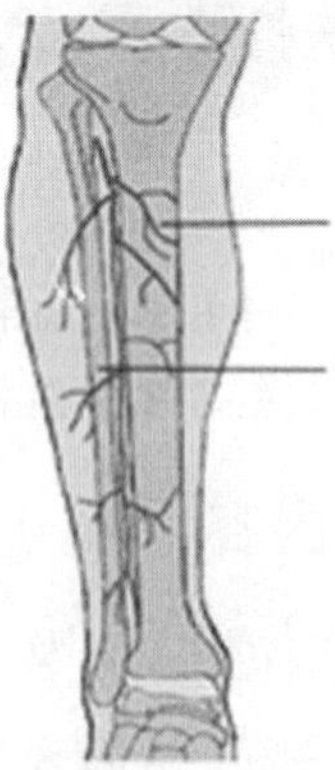

图 1-4-2-9　小腿骨骼

4. 止血带绑扎部位：止血带绑扎的位置应靠近伤口的最近端。上肢出血，止血带切忌扎在上臂的中部,此处有桡神经紧贴骨面,以免损伤桡神经(图 1-4-2-10)。因此上肢大出血时可扎在上臂的上 1/3 处(图 1-4-2-11);下肢出血时可扎在大腿的中上部(图 1-4-2-12)。

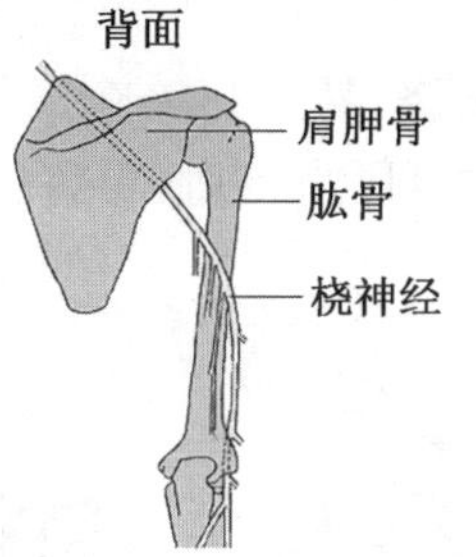

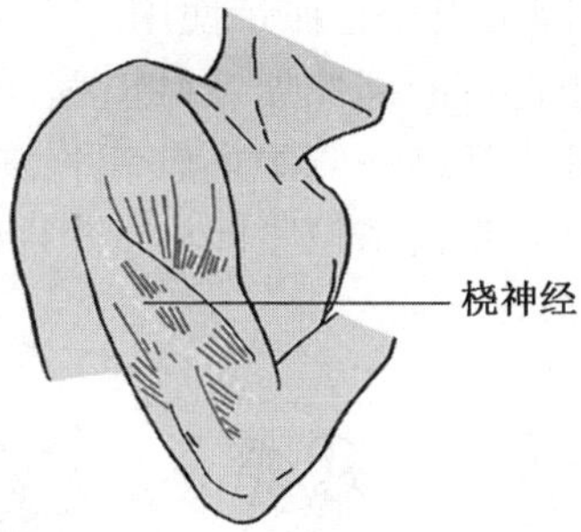

图 1-4-2-10　桡神经的位置

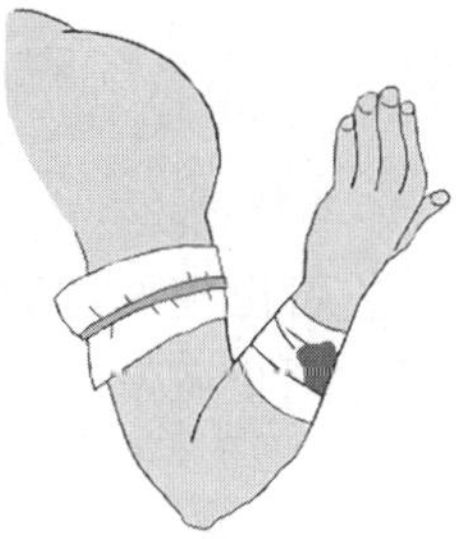

图 1-4-2-11　上肢止血带止血

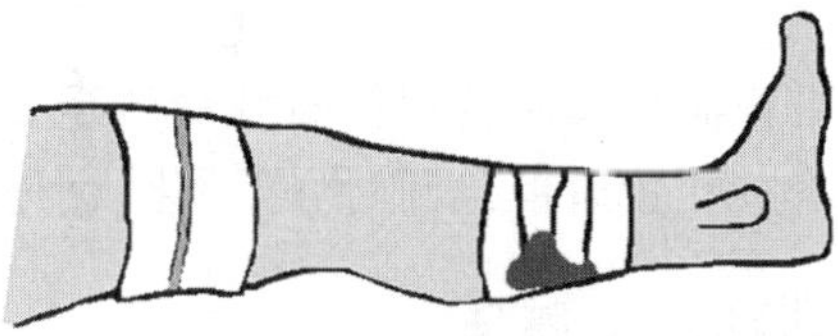

图 1-4-2-12　下肢止血带止血

5. 扎止血带方法:用一手的拇指、食指、中指持止血带的头端,将较长的尾端绕肢体一圈后压住头端,再绕肢体一圈,然后用食指、中指夹住尾端后,将其从止血带下拉过,由另一头端穿入,系成一个活结防止滑脱(图 1-4-2-13)。

6. 扎止血带松紧要适度,以出血停止、远端摸不到动脉搏动为宜。止血带过松达不到止血的效果,过紧容易造成肢体的坏死(图 1-4-2-14)。

7. 绑扎好止血带后,在明显部位加上标记,注明绑扎止血带的时间和放松时间。

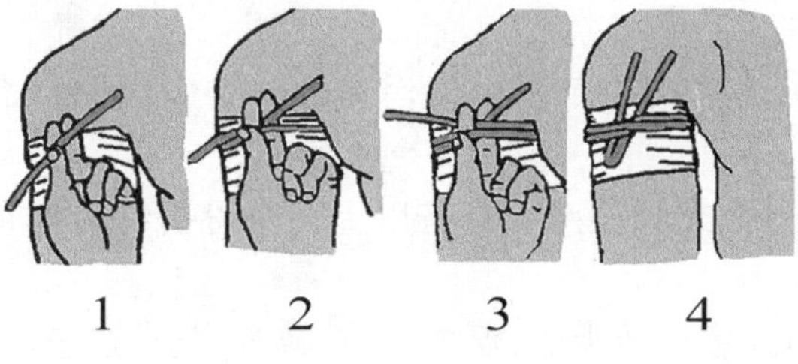

图 1-4-2-13　止血带绑扎方法

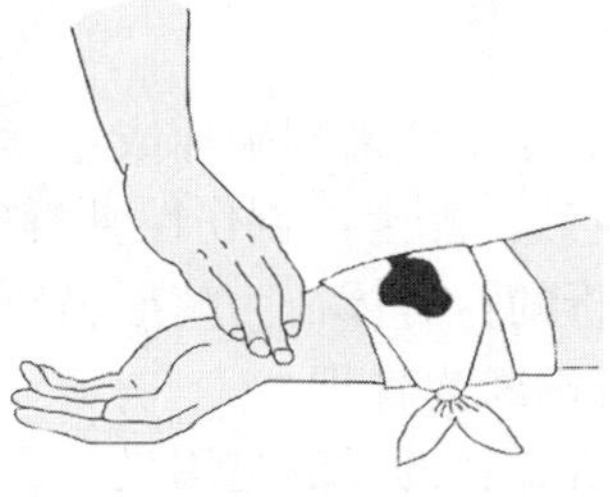

图 1-4-2-14　判断止血带松紧是否适度

8. 扎止血带的时间要求:

(1)为防止远端肢体缺血坏死,原则上应尽量缩短使用止血带的时间,止血带连续阻断血流的时间一般不得超过 4 h,且应在 1 h 后放松 1~2 min;继续延长时则每隔半小时放松一次。

(2)若扎止血带总时间超过 5 h,远端肢体将难以存活。

(3)已超过 9 h 仍在送往医院途中的伤员,则不可再放松止血带,因远端肢体已无生存的可能。

(4)如条件允许,伤员要尽快转送到能彻底止血的医院进行治疗。

9.绞紧法:如无橡皮止血带,可根据当时情况,就便取材,如三角巾、绷带、领带、布条等均可,折叠呈条带状,即可当作止血带使用。

具体方法:上止血带的部位加好衬垫后,用止血带缠绕,然后打一个活结,再用一短棒、筷子、铅笔等的一端插入活结一侧的止血带下,并旋转绞紧至停止出血,再将短棒、筷子或铅笔的另一端插入活结套内,将活结拉紧即可(图 1-4-2-15)

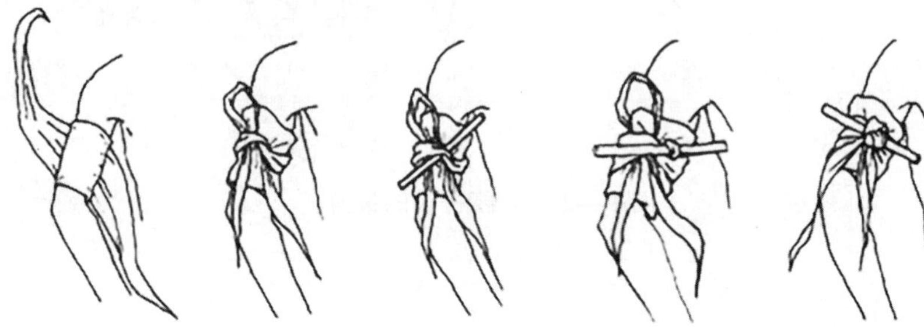

图 1-4-2-15　绞紧法

采用止血带止血是大血管损伤时救命的重要手段,但使用不当,可出现严重的并发症。需要断肢再植者不宜扎止血带,动脉粥样硬化、糖尿病及慢性肾病者慎用止血带。

六、实操训练评估标准

1. 优秀:止血带止血操作正确规范,回答问题正确、熟练。
2. 良好:止血带止血操作正确规范,回答问题正确、比较熟练。
3. 及格:止血带止血操作正确规范,回答问题正确、熟练程度一般。
4. 不及格:止血带止血操作错误,回答问题错误。

实操训练项目三　前臂骨折夹板-三角巾固定术

骨的完整性遭到破坏或连续性中断时称为骨折。骨折由创伤和骨骼疾病(如骨髓炎、骨肿瘤)所致。船上以创伤性骨折多见。

骨折的特有体征为畸形、异常活动和骨擦音或骨擦感。具有以上三个骨折特有体征之一者,即可诊断为骨折。

骨折急救的目的是用最为简单而有效的方法抢救生命,保护伤肢,减少痛苦,迅速转运,以便尽快妥善处理。固定是骨折急救的重要措施。凡怀疑有骨折者,均应按骨折处理。

一、实操训练的内容

前臂骨折夹板-三角巾固定法。

二、实操训练的目的和要求

骨折固定的目的是避免骨折端在搬运过程中对周围重要组织,如血管、神经、内脏的损伤;

减少骨折端的活动,以减轻疼痛;便于运送。

要求学员熟练掌握前臂骨折夹板-三角巾固定法。

三、实操训练的条件

长、宽适当的有垫夹板,三角巾,绷带,衬垫若干。

四、实操训练组织

1. 教师讲解具体步骤并演示、操作。
2. 学员分组,两人一组。
3. 在对方肢体上进行操作训练并互换。
4. 教师进行动作纠正及归纳总结。

五、实操训练的步骤

(一)骨折固定前准备

骨折固定前应注意伤员的全身情况,首先要抢救伤员生命。遇有呼吸、心跳停止者先行复苏,出血者先止血,保持呼吸道通畅等。再对局部伤口进行包扎等处理后再实施骨折固定。

(二)骨折后应注意

骨折后一般不予现场复位,若骨折断端压迫血管造成远端肢体血液循环障碍时,要先牵引,解除压迫后再固定。对开放性骨折在未清创前,不能把骨折断端送回伤口内以免引起严重感染,可用消毒纱布或干净手绢覆盖伤处,临时包扎,只要适当固定即可。

(三)具体操作步骤

1. 先在骨折的部位加衬垫(绷带、三角巾、衣服均可),尤其在夹板两端、骨突起和空隙部位,因为固定材料不能与皮肤直接接触,防止皮肤受压,组织坏死。如是开放性骨折,应先止血,用无菌纱布覆盖伤口,并用绷带包扎(图 1-4-3-1、图 1-4-3-2)。

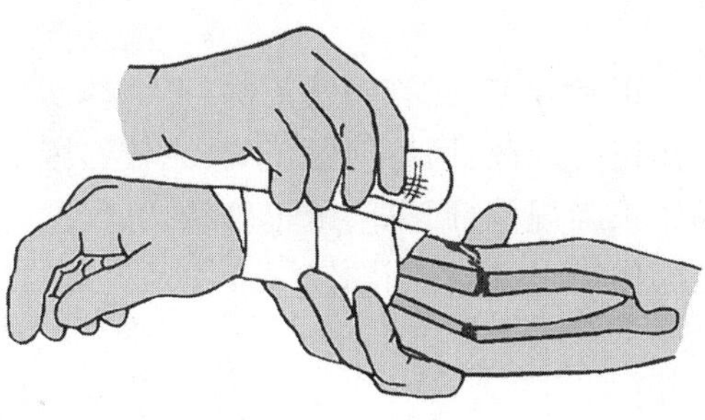

图 1-4-3-1 开放性骨折先止血、包扎

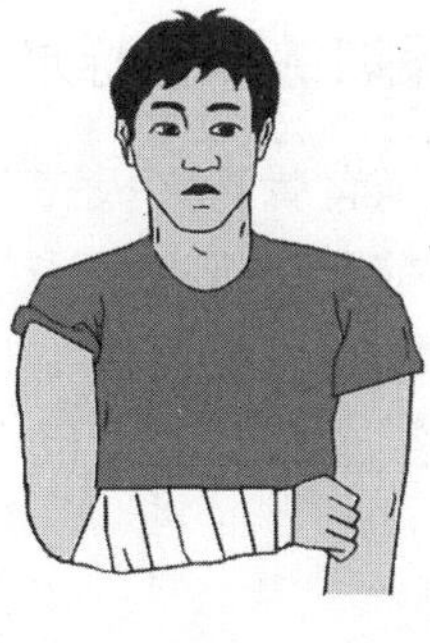

图 1-4-3-2 骨折部位加衬垫

2. 取两块长、宽相当的有垫夹板或就地取材选用树棍、木板、竹竿、硬纸板、硬塑料片等代替,置于前臂的掌侧和背侧;背侧的夹板超出肘、腕两个关节(图 1-4-3-3)。

3. 用布带或绷带捆扎固定。先固定骨折上下端,再固定腕、肘两关节,松紧适宜,过松失去固定的作用,过紧会影响肢体的血液循环。以捆扎夹板的布带可上下各移动 1 cm 为度(图 1-4-3-4)。

图 1-4-3-3　利用杂志或书本固定

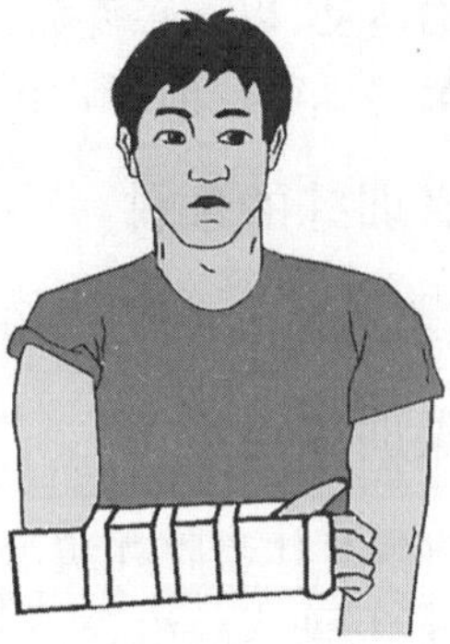

图 1-4-3-4　骨折处上夹板

4. 托起伤肢，屈肘 90°，用三角巾托起前臂，手略高于肘，将伤肢固定于胸前；露出手指末端，观察末梢血液循环的情况，若有指尖发紫、肿胀、疼痛和血液循环障碍等，应松解捆扎的布带，重新捆扎。若无任何可利用的材料时，上肢骨折可将患肢固定于胸部（图 1-4-3-5、图 1-4-3-6）。

图 1-4-3-5　前臂骨折夹板-三角巾固定法

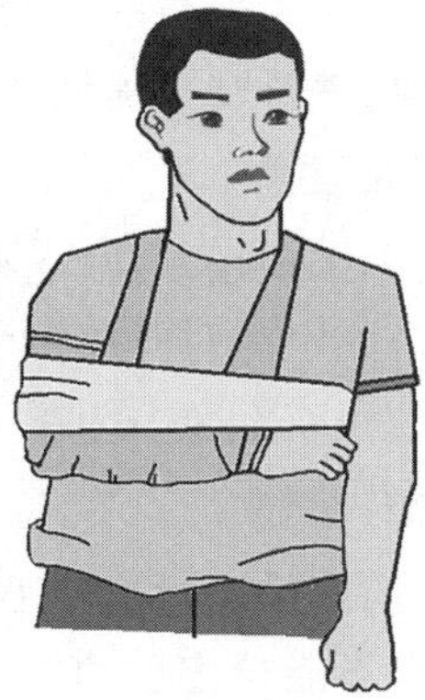

图 1-4-3-6　上肢骨折无夹板固定

六、实操训练评估标准

1. 优秀：前臂骨折夹板-三角巾固定操作正确规范，回答问题正确、熟练。
2. 良好：前臂骨折夹板-三角巾固定操作正确规范，回答问题正确、比较熟练。
3. 及格：前臂骨折夹板-三角巾固定操作正确规范，回答问题正确、熟练程度一般。
4. 不及格：前臂骨折夹板-三角巾固定操作错误，回答问题错误。

实操训练项目四　三角巾包扎术

包扎可以保护伤口免受再次污染，固定敷料和夹板的位置，还可以起到止血、减轻疼痛等作用，为伤口愈合创造良好条件。

伤口包扎术不是单指在急救现场用敷料对伤病者的伤口进行简单的覆盖处理，而是在现场急救过程中对于损伤部位进行完整、科学的技术处置中的重要环节。

一、实操训练的内容

常用三角巾包扎方法，包括：

1. 头部包扎法；
2. 面具式包扎法；
3. 风帽式包扎法；
4. 下颌包扎法；
5. 胸背部包扎法；
6. 肩部包扎法；
7. 腹部包扎法；
8. 臀部包扎法；
9. 手、足部包扎法；
10. 上肢包扎法。

二、实操训练的目的和要求

三角巾包扎法适用于包扎身体各个部位，操作简便，包扎面积大，还可作为固定夹板、敷料和代替止血带使用。学员需熟练掌握头、手、肩、胸、臀、上肢等部位三角巾包扎术。

三、实操训练的条件

1. 有绳带及无绳带三角巾、无菌敷料若干。

2. 三角巾规格：用边长约为 1 m 的正方形白布，将其对角剪开即成两块三角巾（图 1-4-4-1）。

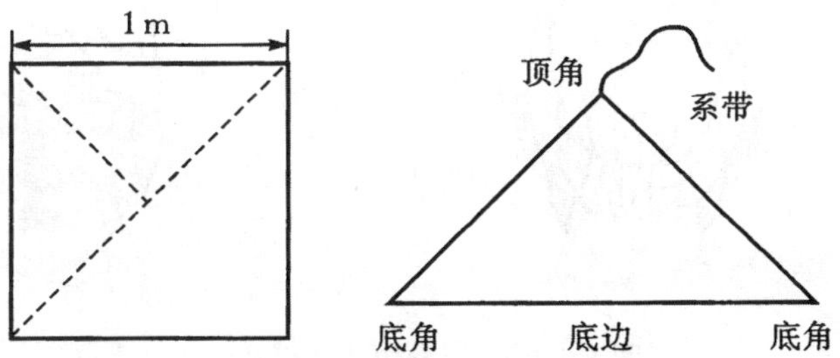

图 1-4-4-1　三角巾各部分名称

四、实操训练组织

1. 教师讲解具体步骤并演示。
2. 学员分组，两人一组。
3. 按三角巾包扎部位在对方身体上进行操作训练并互换。
4. 教师进行动作纠正及归纳总结。

五、实操训练的步骤

（一）包扎时的注意

1. 包扎前要妥善处理伤口，尽可能先用无菌敷料覆盖伤口，包扎敷料应超过伤口边缘5～10 cm。

2. 包扎伤口时，动作要迅速、敏捷、谨慎，不要碰撞和污染伤口，以免引起疼痛、出血或污染。

3. 包扎时要注意松紧适度，既要防止过松滑脱，也要防止过紧压迫神经血管，影响远端血液循环。

4. 包扎时要求边固定、角拉紧，中心伸展与敷料贴实。

5. 包扎打结或用别针固定的位置，应在肢体的外侧或前面，避免在伤口处或坐卧受压的地方。

（二）各部位的包扎方法

1. 头部包扎法

先将三角巾底边反折两横指，再将三角巾底边的正中点放在前额眉弓上部，顶角经头顶拉到枕后，然后将底边经耳上向后扎紧压住顶角，在枕后交叉，再经耳上到额部拉紧打结，将顶角平整地向上反折嵌入底边或用胶布、别针固定（图 1-4-4-2）。

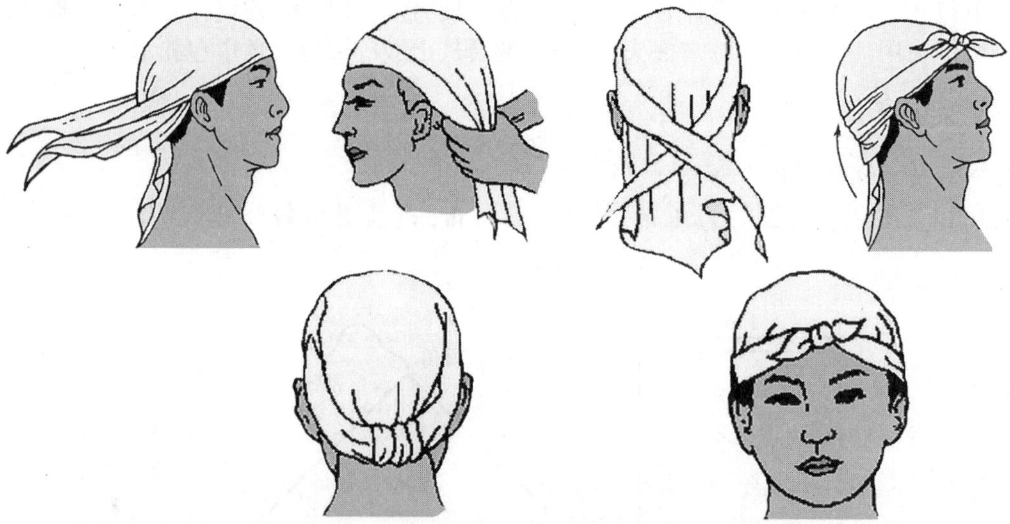

图 1-4-4-2　三角巾头部包扎法

2. 面部面具式

将三角巾的顶部打结后套在下颌部，罩住面部及头部拉到枕后，将底边两端交叉拉紧后绕到额部打结，然后在口、鼻、眼部剪孔开窗（图 1-4-4-3）。

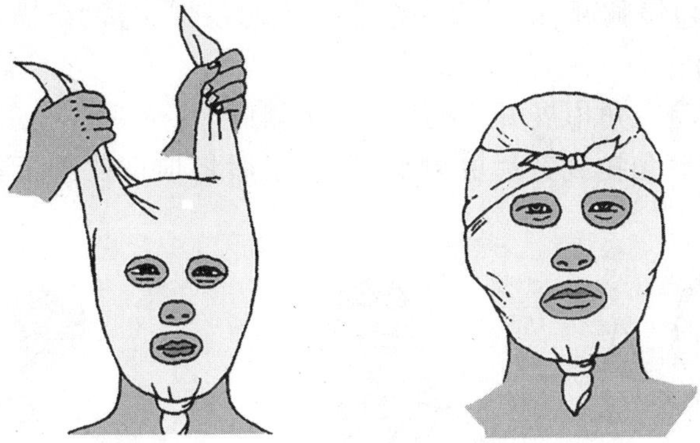

图 1-4-4-3　三角巾面具式包扎法

3. 风帽式包扎法

将三角巾顶角和底边中央各打一个结，将顶角结放在额前，底边结放在后脑勺下方，包住头部，然后将底边两个角往面部拉紧向外包绕下颌，最后绕到枕后打结(图 1-4-4-4)。

图 1-4-4-4　三角巾风帽式包扎法

4. 面颌部包扎法

将三角巾叠成宽约 10 cm 长带，将下颌兜起，绕过头顶到对侧，然后在对侧颞部将两头绞成十字，于头部横行包扎，在对侧颞部打结固定(图 1-4-4-5)。

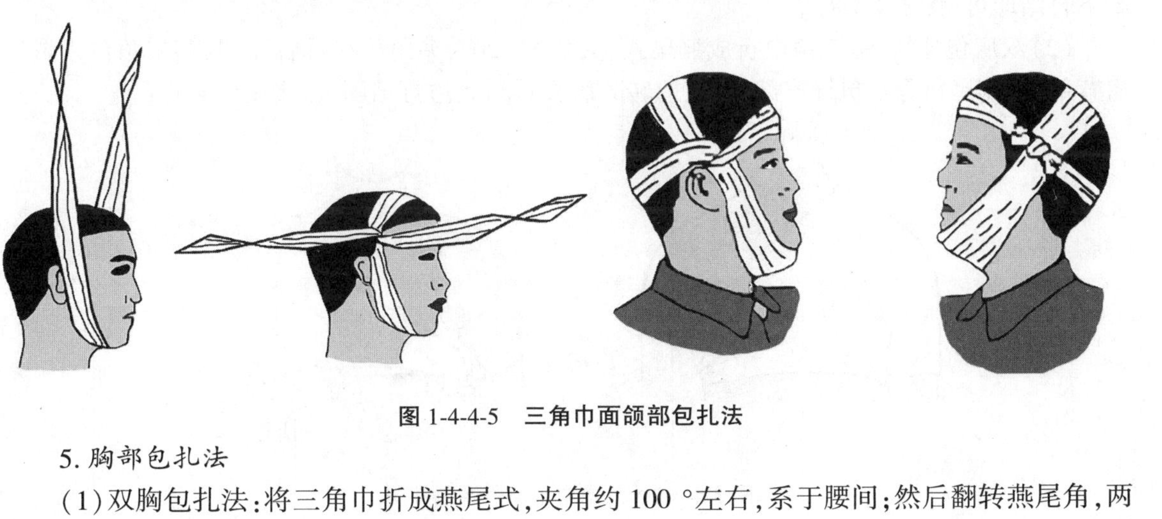

图 1-4-4-5　三角巾面颌部包扎法

5. 胸部包扎法

(1)双胸包扎法：将三角巾折成燕尾式，夹角约 100 °左右，系于腰间；然后翻转燕尾角，两燕尾角分别过肩于背后包绕胸部;最后将一个燕尾角的系带拉紧,绕横带后上提,与另一个燕尾角打活结(图 1-4-4-6)。

(2)单胸部包扎法:将三角巾展开,顶角放在伤侧肩上;然后将三角巾的底边向上反折约 10 cm 至于胸部下方;两底角拉到背后的侧面打结;最后将顶角拉紧,顶角系带穿过打结处上提系紧(图 1-4-4-7)。

图 1-4-4-6　三角巾胸部燕尾式包扎

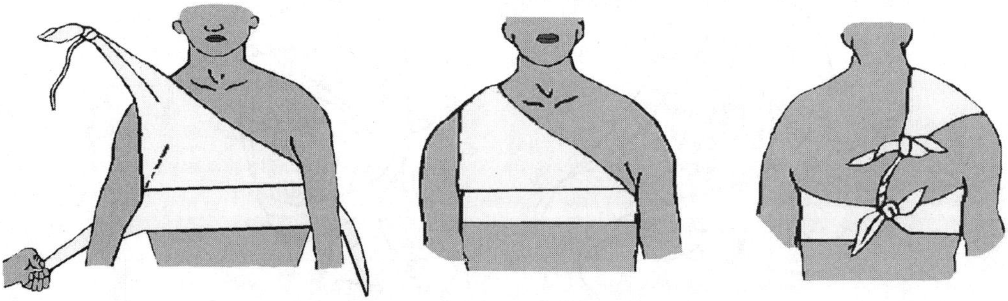

图 1-4-4-7　三角巾一侧胸部包扎法

6. 肩部包扎法

(1)单肩包扎法:先将三角巾折成燕尾式,夹角朝上,放在伤侧肩上,向后的一角压住并稍大于向前的一角,燕尾底边两角包绕上臂上部并打结,再拉紧两燕尾角,分别经胸、背拉到对侧腋下打结即可(图 1-4-4-8)。

(2)双肩包扎法:将三角巾折成燕尾式,夹角约 120°,夹角放在颈后部,两燕尾角分别置于肩背部,两燕尾角分别包绕肩部,于腋前转入腋窝再与底边打结固定(图 1-4-4-9)。

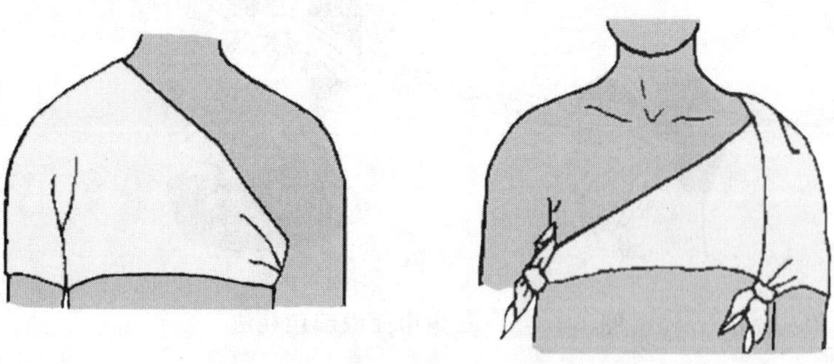

图 1-4-4-8　三角巾单肩燕尾包扎法

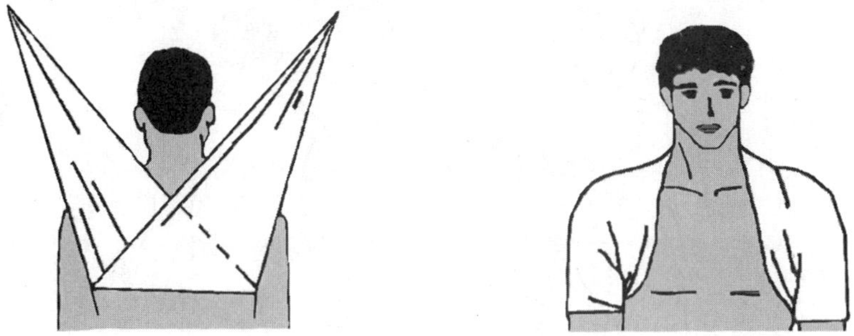

图 1-4-4-9　三角巾双肩包扎法

7. 下腹(会阴)部包扎法

(1)三角巾顶角向下,底边横放腹部,两底角在腰后打结,顶角经两腿间至臀后再与底角打结(图 1-4-4-10)。

(2)三角巾折成燕尾,前角大于后角并压住后角,夹角朝下,底边系带围腰打结,前角经两腿之间向后拉,两角包绕大腿根部打结(图 1-4-4-11)。

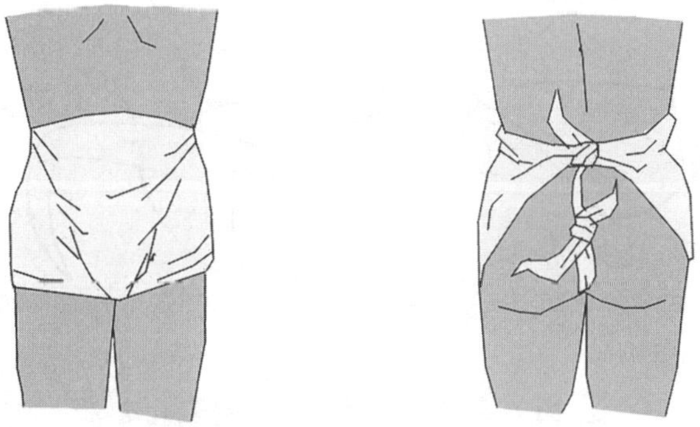

图 1-4-4-10　三角巾下腹(会阴)部包扎法 1

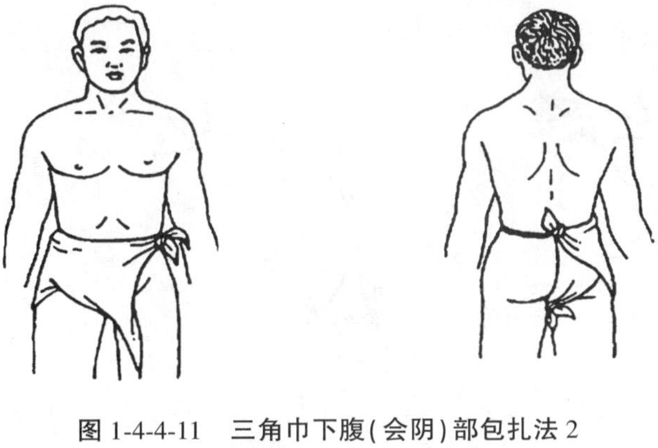

图 1-4-4-11　三角巾下腹(会阴)部包扎法 2

8. 臀部包扎法

包臀部时后角大于前角,其余同上(图 1-4-4-12)。

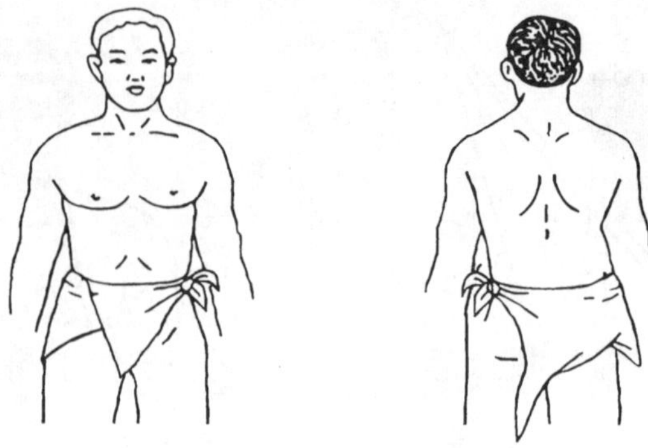

图 1-4-4-12　三角巾臀部包扎法

9. 手、足部包扎法

将手(足)放在三角巾中央,指(趾)向顶角,底边横于腕(踝)部,再把顶角折回拉到手(足)背上面,然后把左右两底角在手(足)背交叉地向上拉到手腕(脚踝)的左右两侧缠绕打结(图 1-4-4-13)。

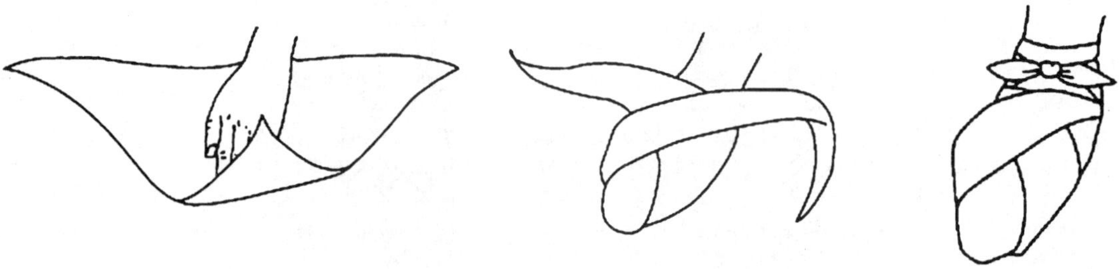

图 1-4-4-13　三角巾手(足)包扎法

10. 上肢包扎法

三角巾一底角打结后套在伤肢一侧的手上,另一底角经后背拉到对侧肩上,顶角包绕上肢,前臂屈至胸前,两底角相遇打结(图 1-4-4-14)。

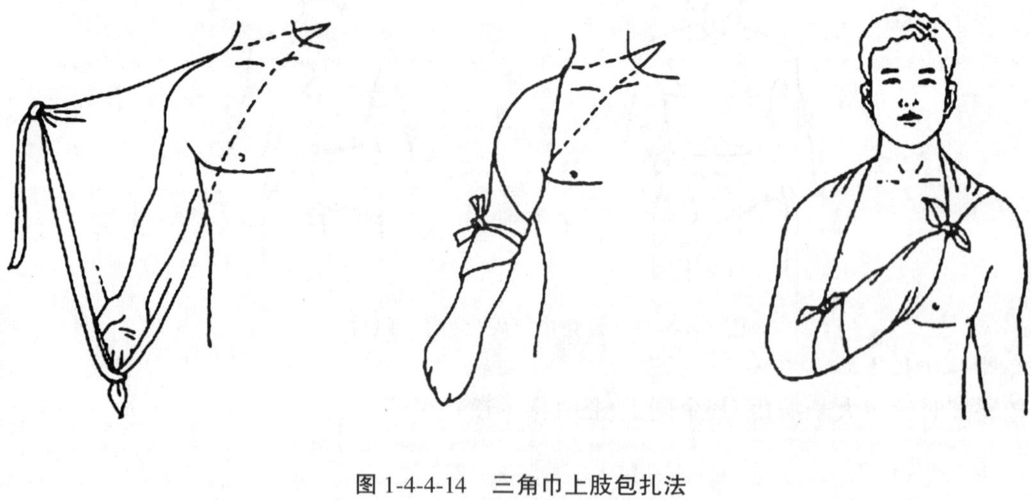

图 1-4-4-14　三角巾上肢包扎法

六、实操训练评估标准

1. 优秀：三角巾包扎操作正确规范，回答问题正确、熟练。
2. 良好：三角巾包扎操作正确规范，回答问题正确、比较熟练。
3. 及格：三角巾包扎操作正确规范，回答问题正确、熟练程度一般。
4. 不及格：三角巾包扎操作错误，回答问题错误。

第二篇　救生艇筏和救助艇操作与管理

实操训练项目一　荡桨

一、实操训练内容

1. 登离艇顺序。
2. 各项荡桨操作口令及其运用。
3. 简单操艇航行、回转及避让。
4. 指挥操艇能力的培养。

二、实操训练的目的和要求

荡桨操作训练教学的主要目的是为了使学生加强人力操艇的基本技能，掌握如何通过荡桨操纵无动力艇只离开难船和在海上行驶，增强海员战胜困难的意志力，锻炼齐心合力、同舟共济的海员素质。要求学生在训练中掌握主要荡桨口令及其意义，熟练掌握荡桨操作的基本技能，并能指挥荡桨艇通过狭窄水道，小范围旋回、前进、后退和避让。

三、实操训练条件

1. 荡桨实操训练所需要的水域。
2. 荡桨艇 2~3 艘(一般为 12 桨训练艇)。
3. 每艘荡桨艇配有桨 12 支、艇篙 1 支、舵柄及平板舵各 1 个。
4. 每艘荡桨艇配有足够数量的桨门或桨叉。
5. 每艘荡桨艇配备救生圈 1 个、艇首缆 1 根、艇尾缆 1 根。
6. 足够数量的救生衣。

四、实操训练组织

1. 教师安排

每班安排 2~3 名教师，每人负责 1 艘训练艇的教学活动的组织、训练和安全管理。

2. 学生分组

学生以不超过 40 人为单位进行组织安排，按人数分为 2~3 个小组，分别登上训练艇，每艘训练艇由 1 名任课教师负责完成教学活动。

五、实操训练具体内容和步骤

(一)登离艇顺序和注意事项

1. 学生集合后清点人数,学生必须清楚安全注意事项,特别是必须遵守海上实操课的组织纪律,学生上艇前必须正确穿着救生衣。

2. 根据上课人数进行人员分组,每组学生按任课教师的要求准备实操训练用的桨、舵柄和艇篙等。

3. 学生排好队,拿好器材设备,在任课教师的带领下,到码头边集合。

4. 学生要注意登离艇的次序,包括舷侧停靠和首尾停靠的不同登艇次序。当艇舷侧停靠码头时,应遵循"由远及近,由外至内"的原则登艇,即离登乘梯远的和在外舷侧的同学先登,离登乘梯近的和内舷侧同学后登;当艇首尾停靠码头时,离码头较远的同学应先登,离码头近的同学后登。

5. 学生按要求登上指定的训练艇,并将桨、舵柄和艇篙等器材设备按要求摆放好,整个过程要注意安全。

6. 学生面向艇尾坐好,任何时候不得将身体探出舷外,防止受伤或跌入水中。

7. 教师再次强调实操课的注意事项后,开始准备讲授。

(二)荡(划)桨训练步骤

1. 根据任课教师的安排,每位艇员(参与荡桨学生)要明确自己的座位排序,尤其是头桨、领桨和舵手。

2. 艇员反复报数确定每个人位置,头桨解缆并用艇篙撑开训练艇,离开码头,至宽阔水域。

3. 通过教师示范讲解,每位艇员要理解掌握预备桨、放桨、平桨、收桨、桨向前、一齐荡、桨向后、一齐退、桨挡水、顺桨、立桨、左(右)进右(左)退等荡桨口令的意义及动作要求。

4. 艇员反复训练荡桨动作,教师随时纠正,通过训练熟练掌握各个技术动作的要领。

5. 参与操艇训练的学生除了要达到荡桨整齐有力,能够进行主要荡桨口令的操作外,还应掌握一定的指挥能力,不仅可以操艇进行航行,而且能够熟练地进行回转和避让。

6. 训练结束,操艇回到泊位,系好首尾缆绳,收好桨,学员接受任课教师做教学总结。

7. 摘下舵柄和舵,清理艇内卫生,按要求离开训练艇回到岸上,集合后将需要入库存放的器材物品送至存放场所。

(三)荡(划)桨训练具体内容

1. 分组后,根据本组人员情况依次排序(如图 2-1-1),身体条件好、有力气的安排为领桨手,登艇后,面向艇尾依次坐好,右舷为单数,左舷为双数,头桨为 1、2 号,领桨为 11、12 号,依序排列。

图 2-1-1　荡桨艇艇员座次安排

2. 预备桨：如图 2-1-2 所示，桨手从领桨开始按顺序依次出桨，内舷手手掌向下握住桨柄端部，外舷手的肘部托住桨杆，内舷手下压，将桨托起，向舷外转动身体，将桨杆放至自己身侧第 2~3 个桨门(桨叉)间的艇缘上，桨叶成水平方向，桨与桨间距相等，目视自己的桨叶。取桨时应小心谨慎，前后照顾，互相协助，防止伤人。

图 2-1-2　预备桨

3. 放(平)桨：桨手用内舷手用力压桨柄，用外舷手的肘部把桨托起，将桨放入自己座板上方的桨门(桨叉)内，外舷手改握桨柄，两手正握，与肩同宽，手心朝下，两臂夹紧，桨叶与水面平行，桨杆与艇首尾线垂直，上体坐正、臀部坐在横座板的前 1/3 处，两脚踏在底花板上，两眼目视桨叶。

4. 桨向前：如图 2-1-3 所示，两脚改踏脚蹬板，双臂把桨柄推向艇尾方向，桨叶朝向艇首，上体尽量向前倾，两臂推直，两腿微曲，推桨的过程中转桨叶与水面成前倾(从桨手自身角度看)60°，桨叶距离水面高约 20 cm。

图 2-1-3　桨向前动作时的桨叶角度

5. 一齐荡：根据自身力量的大小，将桨叶的 1/2~2/3 插入水中，将桨叶角度转为和水面垂直，同时双腿发力，蹬紧脚蹬板，身体向后倒，带动双臂拉桨至最大限度时，两肘发力迅速屈臂收腹，手腕微转，桨叶自然转为后倾 60°出水，依靠水对桨叶的反作用力，通过两臂将身体拉回直起状态。当桨柄压在胸前，两肘夹紧时，开始推桨向前，做桨向前动作。

6. 桨向后：如图 2-1-4 所示，桨手听到口令后，外舷腿改踏底花板，两臂弯曲，立即把桨柄拉向胸前，同时上体后仰，两肘夹紧，外舷手握桨柄的同时，用小臂抵住桨杆，自然转桨使桨叶上缘倒向艇首方向与水面成 60°。

图 2-1-4　桨向后动作时的桨叶角度

7. 一齐退：将桨叶的 1/3 插入水中，将桨叶角度转为和水面垂直，依靠上体和两臂的力量将桨柄推向艇尾，直至两臂伸平，上体前倾，桨叶自然转为前倾 60°，压桨柄使桨叶出水。

8. 左进右退（左退右进）：听到此口令后，左右两舷桨手，按一齐荡或一齐退要领同时相反进行，以实现艇的原地转向。

9. 平桨：如图 2-1-5 所示，听到此口令后，划完一桨后，放平桨叶，上身保持正坐姿势，两手握住桨柄使桨杆垂直首尾线与艇缘同高，成放桨姿势。

图 2-1-5　平桨动作时的桨叶角度

10. 顺桨：如图 2-1-6 所示，当艇只通过狭窄水道并且上方有障碍物时，使用该动作，避免擦碰等事故。听到此口令后，桨手的上半身转向舷外，用外舷手握住桨柄，并把桨柄抬出身侧的桨门，外舷手的腕部抵在艇缘上，内舷手握撑座板，使桨叶垂直水面随艇前进而贴靠于艇舷。

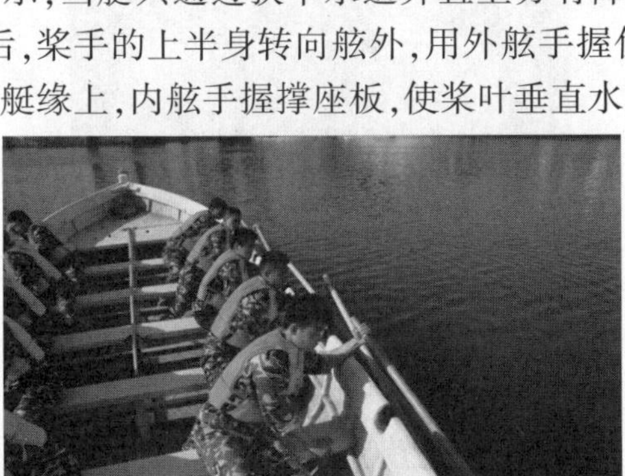

图 2-1-6　顺桨

11. 桨挡水：如图 2-1-7 所示，这个动作用于迅速降低艇速。听到此口令后，立即停止划桨，并将桨叶移到正横前位置。外舷腿退出蹬脚板，踏在座板下的底花板上，上体稍向前倾，桨柄顶在胸前，内舷肘向下，外舷臂顶住桨柄，并转动桨叶与水面成 45°，桨叶入水 1/3。为防止因水流对桨的作用力导致身体失去平衡而后仰倒下，上体和外舷手臂应用力抵住，臀部向前坐。随艇速减慢而逐渐转桨叶角度与水面成 90°，桨叶入水 2/3。

图 2-1-7　桨挡水

12. 立桨：如图 2-1-8 所示，听到口令后，双腿改踏艇底花板，内舷手手掌向下用力压握柄端部，外舷手肘部顺势托起桨杆，借桨叶向上的惯性使桨立直，桨柄放在两脚之间的脚踏板上。桨叶与首尾线平行，并向领桨看齐。内舷手握在桨杆上与腰同高，外舷手握在桨杆上与肩同高。

图 2-1-8　立桨

13. 收桨：听到口令后，从头桨开始按放桨要领反顺序进行。

14. 指挥训练：作为艇长，应熟练应用荡桨口令和舵令，指挥操艇前进、后退、减速、狭水道内进行避让和运用桨舵配合使艇快速旋转掉头。训练期间，应注意周围艇只的来往动态和距离，准确及时地下口令进行避让和回转，防止碰撞的发生，避免受伤。

(四)荡(划)桨训练的要求及注意事项

1. 各桨手一定要向领桨手看齐,以免动作不齐,桨叶相互碰撞。
2. 推桨时要注意身前桨手动作,避免桨柄撞击前面桨手的背部。
3. 荡桨时不论进或退,一定要随身体的移动转动桨柄,防止桨叶被水压在水中,即别桨。如发生别桨,可速将桨柄抬起,使桨杆离开桨叉或桨门,外舷手握住桨握柄转动桨叶使桨出水。
4. 注意尽量不要把手弄湿,以免手掌摩擦起泡。

六、评估标准

1. 优秀:操作正确、熟练。
2. 良好:操作正确、比较熟练。
3. 及格:操作正确、熟练程度一般,能完成操作。
4. 不及格:操作较差,只能完成部分操作。

实操训练项目二　机动艇艇机的起动及艇的操作

一、实操训练的内容

1. 机动艇艇机的起动。
2. 机动艇操舵训练。
3. 机动艇的航行操纵。

二、实操训练的目的和要求

为了使学生熟悉机动艇的机器性能,掌握机器起动操作的基本技术,便于学生在船舶生产中应急应变时能迅速起动机动艇,并能进行基本的运行操作,要求学生在训练中掌握机动艇机器起动前的检查,熟练掌握机器起动操作的步骤与注意事项,掌握机艇运行操作的要点,熟悉机动艇用舵保向、转向的操作。

三、实操训练条件

1. 机动救生艇 2 艘。
2. 救生圈 1 个、艇首缆 1 根。
3. 艇内设备配品齐全。
4. 艇用罗经 2 具(罗经直径不小于 50 mm)。
5. 救生衣不少于 40 件,按人数配备齐全。
6. 对发动机进行调整的工具。

四、实操训练组织

1. 教师安排

根据学生人数,每班安排 2~3 名教师,分别负责每条机动艇的教学活动的组织训练和安全管理。

2. 学生分组

每班学生分为 2~3 组,分别登上各自的机动艇,在任课教师的指导下完成实操训练的教学活动。每艘艇上,学生以 3~4 人为一操作小组,分别担任操舵、操作机器、指挥、瞭望等职务。

五、实操训练具体内容和步骤

(一)艇机的结构组成

救生艇的推进装置通常是由压燃式四冲程柴油机来为机动艇提供原动力的,柴油机转速约为 1 500 r/min,由燃油系统、冷却系统、进排气系统、滑油系统、起动系统组成,如图 2-2-1 所示。柴油机通过齿轮减速箱来控制艇的进车、停车和倒车,经过尾轴传递到螺旋桨,使其正反转,达到使艇前进、后退或减速。

图 2-2-1　救生艇艇机

(二)起动前的检查及准备工作

(1)检查燃油系统。检查燃油系统燃油是否充足,抽出油箱油尺,查看燃油油位,若不足请加油;打开燃油箱出口阀,保证燃油油路通畅。

(2)检查柴油机润滑油是否正常,抽出油尺,查看机油是否在上下刻度之间,并检查机油颜色和是否含有其他金属杂质。

(3)检查减速齿轮箱齿轮油是否正常,抽出油尺,检查其液位和状态。

(4)打开机器冷却水的海水阀。

(5)接通电起动按钮与蓄电池之间的线路。

(6)将离合器操纵手柄放置于停车位置,如图 2-2-2 所示。

(7)将调速器操纵手柄放在中速位置(视气温而定),以利于柴油机顺利起动,如图 2-2-3 所示。

（8）盘车，使艇机活动部件运转一下，检查是否有异常响声。

图 2-2-2　离合器及操纵手柄

图 2-2-3　调速器操纵手柄

（三）起动操作

（1）电起动：使减压阀处于减压位置，按起动按钮，当起动马达带动飞轮且有适当转速时，关闭减压阀，确认起动成功后松开起动按钮，此时艇机即已起动完毕，如图 2-2-4 所示。如果起动失败，则应该等待艇机完全处于静止状态后，再进行第二次起动操作，起动机每次工作时间不应超过 5 s，间隔时间不少于 20 s。如果连续三次起动失败，则应检查原因。

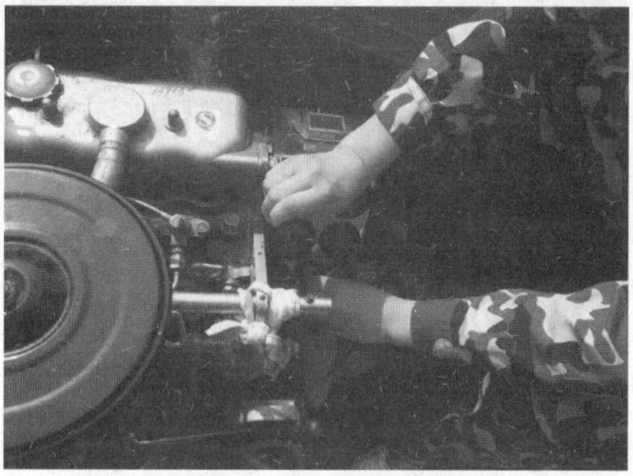

图 2-2-4　电起动艇机操作

（2）人力起动：若用人力手摇把起动时，应装上手摇柄，按下减压阀，由慢速到快速的转动机器，当机器转到适当的转速时，关闭减压阀，并继续快速转动机器，直到马达起动为止。待起动后手摇柄应顺势抽出，避免意外伤人，如图 2-2-5 所示。

图 2-2-5　人工起动装置

(四)艇机运行操作

(1)艇机起动后,一定要低速运转 5~10 min。对艇机机体加热,以减少机体各部件的热应力,避免发生机体内部的损坏,并且可以达到对艇机各运动部件逐渐润滑的作用。

(2)注意观察仪表盘各个仪表读数是否在正常区域,滑油压力表、滑油温度表以及冷却水温度表的读数是否符合说明书的规定位置,出现过高或过低异常时,应立即减速停车查找原因并及时排除,如图 2-2-6 所示。

图 2-2-6　仪表盘及电起动开关

(3)检查高压油泵、曲拐箱和离合器的滑油的变化量,发现异常,要及时处理。

(4)检查燃油系统、冷却水系统以及柴油机机体周围是否有跑、冒、滴、漏现象。

(5)检查冷却水排出量是否正常。

(6)检查救生艇周围尤其是螺旋桨附近是否有绳索和漂浮物,以免缠绕螺旋桨,如图2-2-7所示。

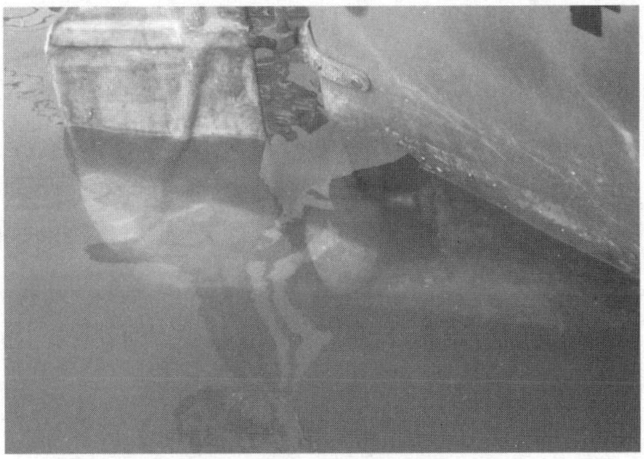

图2-2-7　螺旋桨附近清爽检查

(7)检查机器的排烟温度和颜色是否正常,若冒黑烟要适当减小油量,必要时应及时查找原因。

(8)经常手摸曲拐箱道门缸体的温度,若过热要及时处理解决。

(五)对艇机的指挥操作

(1)对艇机的指挥操作包括调速器、离合器和完车手柄的操作,如图2-2-8所示。

(2)由于艇机运行时噪音比较大,负责指挥人员应大声指挥,负责操作艇机人员也应全神贯注,听到并执行每一条指挥口令:

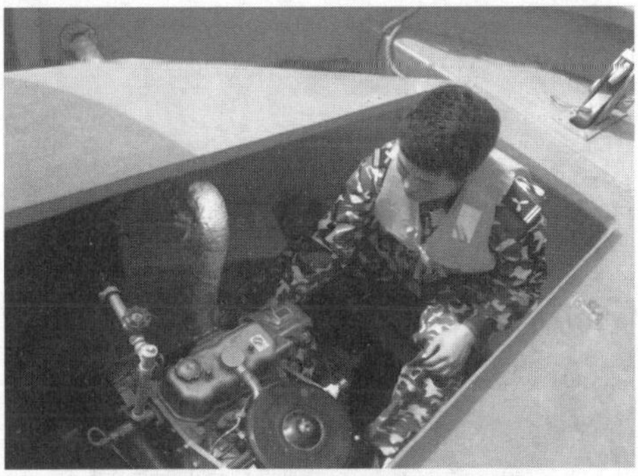

图2-2-8　艇机的操作训练

①前进(进车):操纵离合器,使螺旋桨顺时针转动,推动艇前进;

②停车:操纵离合器,使其和发动机处于脱开状态,螺旋桨停止转动;

③后退(倒车):操纵离合器,使螺旋桨逆时针转动,推动艇后退;

④加速:操纵调速器手柄,加大燃油供给量,使发动机转速加大;

⑤减速:操纵调速器手柄,减少燃油供给量,使发动机转速降低;

⑥完车(熄火):拉动完车装置手柄,直至发动机完全停止转动。

注意在执行加速命令时,每次应缓慢增加燃油供应,不可突然加大,避免对发动机造成伤害。

(3)对艇机的指挥操作,应根据艇机运行的不同时间和海面上的各种不同状况而下达正确的指挥口令。

(六)机动艇的航行指挥及操舵训练

(1)负责指挥操纵的人员应指挥正确,根据情况操纵机动艇进行航行。也可使用罗经进行航行,以更有利于操纵训练的效果。

(2)指挥人员可以下口令,使正常航行中机动艇进行变速变向和旋回操作。

(3)指挥人员可以下舵令给操舵人员,操舵人员应正确复述并执行舵令,确保无误。

(4)操舵训练主要的舵令包括正舵、左舵、右舵、左满舵、右满舵和把定,如图 2-2-9 所示。操舵训练时,学生应理解机动艇舵柄和舵叶的关系,以及舵叶位置与艇首偏转的关系,即当执行左舵或左满舵指令时,操舵人员向右舷推动舵柄,舵叶以舵柱为轴心,向左舷偏转,在水流压差作用下,艇尾向右偏转,导致艇艏向左偏转;当执行右舵或右满舵指令时,操舵人员向左舷推动舵柄,舵叶向右舷偏转,艇尾向左偏转,导致艇艏向右偏转。

(5)操舵人员在执行舵令时,一定不能操反舵,避免事故的发生。

图 2-2-9　操舵实操训练

(七)艇机完车

(1)完车前要调节调速器手柄逐渐减小油量,使转数缓慢地降下来。将离合器操作手柄板至“停车”位置。

(2)艇机低速运转 3~5 min,使艇机充分降温散热后,再使用完车手柄切断供油,实现完车,如图 2-2-10 所示。应注意持续操作完车手柄,以使艇机完全停止运转。

图 2-2-10　艇机的完车装置

(3)关闭燃油阀,然后切断电源(如图 2-2-11 所示),最后关闭冷却水海底阀门。

图 2-2-11　机动艇电源开关

(4)如果环境温度在 0 ℃或以下,停机后应在柴油机冷却水温度降至 30~40 ℃后打开放水开关,且冷却水要放净,避免因冷却水结冰而损坏机体。

六、评估标准

1. 优秀:操作正确、熟练。
2. 良好:操作正确、比较熟练。
3. 及格:操作正确、熟练程度一般,能完成操作。
4. 不及格:操作较差,只能完成部分操作。

实操训练项目三　全封闭救生艇的操纵

一、实操训练的内容

1. 救助落水人员;
2. 全封闭救生艇的离、靠操纵;
3. 拖带;
4. 运用罗经航行。

二、实操训练目的和要求

全封闭救生艇操纵训练是为了使学生掌握操纵全封闭救生艇的操纵技能,便于在海上求生与救生中运用全封闭救生艇进行自救和救助他人,增强学生求生、救生的信心,加强战胜困难的意志力,要求自学生经过训练掌握操纵全封闭救生艇救助落水人员的技术要领,熟悉全封闭救生艇旋回操纵的技术特点,熟练掌握操纵全封闭救生艇靠离泊位的技能,掌握使用全封闭艇进行拖带的技能,以便于更好地进行救生艇的操纵与管理。

三、实操训练条件

1. 满足全封闭救生艇操纵训练的宽阔水域。
2. 全封闭救生艇 2~4 艘。
3. 每艘救生艇配有艇篙 1 根、救生圈 1 个、艇首缆 2 根。
4. 艇内设备配品齐全。
5. 艇用罗经 2 具(罗经直径不小于 50 mm)。
6. 对讲机 2 部。

四、实操训练组织

1. 教师安排

每班安排 2~3 名教师,分别负责每全封闭救生艇的教学活动的组织、训练和安全管理。

2. 学生分组

根据实际人数,每班学生分为 2~3 组,由任课教师带领,分别登上各自的全封闭救生艇,在任课教师的指导下完成实操训练。

五、实操训练具体内容和步骤

(一)全封闭救生艇救助落水人员

1. 学生 5 人一小组,明确每人分工和职责(指挥、操舵、操机各 1 人,施行救助 2 人),进行实操训练。

2. 确定落水人员水中位置,艇长决定救生艇哪一舷侧靠近落水人员,并通知艇员做好相关准备工作。

3. 操纵救生艇接近落水人员,向落水人员一舷侧操满舵,减速、停车,在落水人员下流(风)处堵截落水人员,艇长始终注意保持艇与落水人员的距离,以方便救助为宜,绝不可以在上风流追踪接近落水人员。

4. 协助水中人员登艇要注意组织部分艇员集中落水人员一舷侧,降低干舷,拉拽水中人员腰带、救生衣的救助带、人员腋下等协助登艇。

5. 如果水中人员受伤要注意避免碰到伤口,增加伤员痛苦。

6. 如果落水人员失去知觉,穿着救生衣,可先将水中人员向下稍用力,借助浮力将落水人员拖拽到救生艇上。

7. 救起落水人后应强调被救者的姿态是头朝向艇尾,脚朝向艇首,且应给被救者穿上保温用具 TPA。

(二)全封闭救生艇靠离操纵

1. 在进行离靠操作前,应操纵全封闭式救生艇旋回,关键注意旋回直径的大小与艇速、舵角和水流(风)速之间的关系。

2. 在进行离靠操作前,应熟练掌握全封闭救生艇的车、舵操作。

3. 救生艇应顶流(风)靠泊。

4. 正常情况保持靠泊角度 30°~40°,遇强烈的吹开风或吹拢风时,需减小或增大靠泊角度

10°左右。

5. 控制艇速,尽量少用倒车。

6. 要注意全封闭救生艇在操舵时,艇首和艇尾方向和横移上的变化,避免发生碰撞。

(三)全封闭救生艇进行拖带操作

1. 全封闭救生艇进行拖带操作,可拖带一只或多只额定成员为 6~25 人的救生筏,也可拖带另外一艘救生艇,学生每三人一组,明确每人职责和分工(指挥、操舵、带缆)。

2. 在接近被拖带艇筏时,使用车舵进行艇位的控制,不能与被拖带的艇筏发生碰撞。

3. 拖缆的抛出、系解和收回动作要迅速准确,不能拖沓和发生错误。

4. 进行拖带操作时,应防止拖带拉索不受力绞入螺旋桨,造成险情,负责照看拖缆的人员要特别注意,不能溜号,更不能由此而造成安全隐患,如图 2-3-1 所示。

图 2-3-1　拖带操作时防止缆绳过松绞缠螺旋桨

5. 拖带初期,一定要用慢车,小舵角,使拖带拉索缓慢受力,保证拖带的顺利完成,如图 2-3-2 所示。

6. 负责拖带指挥的人员下命令应正确,声音洪亮;负责操作的人员,应操作到位,避免失误的发生。

图 2-3-2　全封闭艇拖带训练

（四）全封闭救生艇使用罗经航行

1. 能够正确识读罗经：在救生艇内，罗经一般固定在操舵位置，罗盘读数主要用“圆周法”（即000°~360°）表示，罗经基线和艇的首尾线保持一致，通过圆周刻度与罗经外罩标志的相对位置来确定艇的首向，如图2-3-3所示。

2. 可以根据罗经的读数，正确指挥操艇，不断地改变航向航行。

3. 指挥人员亦可根据当时的天气情况和海况，下命令使操纵人员按照罗经所指示的方向把定航向，进行全封闭艇的航行操纵训练。

图2-3-3 使用罗经航行

（五）实操训练注意事项

1. 全封闭救生艇操作要谨慎小心，仔细观察指导教师的示范操作，尤其是指导教师多次强调的关键之处。

2. 学生应仔细听讲，认真操作，熟练掌握全封闭式救生艇的各项操作方法。

3. 全封闭艇操纵时，如果航行水域复杂，海面漂浮杂物较多，则应加强料料瞭望，做好防范措施，避免和减少意外事故的发生。

4. 训练时，要控制好车、舵，尽可能减少碰撞等对全封闭艇的伤害。

5. 在进行全封闭救生艇旋回操作时，一定要选适宜操作的水域，便于学生的操作，且可以避免意外事故的发生。

六、评估标准

1. 优秀：操作正确、熟练。

2. 良好：操作正确、比较熟练。

3. 及格：操作正确、熟练程度一般，能完成操作。

4. 不及格：操作较差，只能完成部分操作。

实操训练项目四　降放与回收救生艇操作

一、实操训练内容

1. 全封闭式救生艇的降放和回收操作。
2. 自由降落救生艇的降放和回收操作。

二、实操训练目的和要求

救生艇的降放和回收操作，是模拟船舶发生海难时，船员利用船上所配备的救生艇，成功逃离遇险船舶，从而避免船舶沉没造成人员的伤亡的一项实操训练。该项实操完全模拟救生艇的降放和回收的全过程，针对性强，通过训练可使受训人员完全掌握降放和回收救生艇的所有技术环节及必须知道的安全注意事项。在掌握实操技能的同时，也避免由于人为过失造成的安全事故的发生。因此要求任课教师在讲解的过程中，层次清晰，突出重点，学生们在学习时，要注意力集中，教学相长，以便学以致用，达到该项实操训练的目的。

三、实操训练条件

1. 足够实操训练的场所包括全封闭救生艇及重力式吊艇架，如图 2-4-1 所示。
2. 足够实操训练的场所包括自由降落救生艇及施放装置。
3. 救生艇操纵所需的水域。
4. 救生衣，20 件。
5. 安全帽，20 顶。
6. 手套，20 副。
7. 对讲机，4 只。
8. 防坠落装置 FPD，2 只。
9. 撇缆，1 根。
10. 救生艇内属具备品齐全。

图 2-4-1　全封闭救生艇及重力式吊艇架

四、实操训练组织

1. 教师安排

每班安排 3 名教师，根据演习的各个阶段不同，承担全部或部分的教学组织活动和协调工作。

2. 学生分组

根据学生人数进行分组，参与演习的人数为 10~20 人一组，其他人员进行实操观摩，观看并学习全封闭救生艇及自由降落救生艇的降放和回收的全过程。

实操训练逐组完成，所有学生均应参与全封闭救生艇及自由降落救生艇的降放和回收。

五、实操训练具体内容和步骤

（一）全封闭救生艇的降放和回收

1. 上课前根据学生班级人数等情况，进行分组设定。

2. 对实操所用救生艇和降放装置进行名称和作用的讲解回顾，并结合训练场所设备、器材等实际情况，编制出弃船演习程序、人员安排和每个人所应承担的岗位职责。

3. 集合学生确认人数说明本次综合演习的安排，提出弃船综合演习的要求及注意事项，分配应变任务，对于需要绞升作业或其他涉及体力的任务角色，应安排体力较好的学生担任。学生除了要熟悉本人任务、位置、角色外，在演习期间应观察熟悉其他角色的任务和职责。

4. 警报鸣响七短一长声，全体人员按照弃船演习程序的分工携带物品、器材，做好弃船求生的准备，到指定场所集结，担任艇长职务的人员负责人数清点。

5. 艇长下令做好降放救生艇的准备工作，所有艇员各就各位，执行放艇准备工作。

6. 负责稳索系解的人员应该将稳索打开，使之不会妨碍救生艇的施放，如图 2-4-2 所示。

图 2-4-2　稳索及松紧螺丝

7. 稳索打开后，负责使用手摇柄吊升救生艇的人员，取出手摇柄将全封闭救生艇的重量转移至吊艇索，直至安全栓可以无阻碍打开为止，如图 2-4-3、图 2-4-4 所示。

图 2-4-3　安全栓及安全销装置

图 2-4-4　安全栓可以打开的状态

8. 负责吊艇钩检查的人员应确认吊艇钩处于锁住状态，无异常现象，并且为防止救生艇意外脱钩，应连接救生艇防坠落装置 FPD，如图 2-4-5 所示。

图 2-4-5　救生艇防坠落装置 FPD 连接状态

9. 进入救生艇内检查人员，应确保首缆脱开装置在位无异常，并且确认联动脱钩装置的保险开关处于 locked 位置，且施放手柄处于正常状态，图 2-4-6 所示。

图 2-4-6　联动脱钩装置

10. 艇长在得到弃船准备工作都已完成的报告后宣布全体人员登艇，人员有序进入救生艇，左右均匀分布，并系好安全带，如图 2-4-7 所示。

图 2-4-7　进艇后按标记做好应正确系牢安全带

11. 艇长最后登艇，系好安全带后，起动艇机。

12. 在确认救生艇无任何阻碍，可以进行降放后，艇长操控降放设备，将救生艇降放至水面，如图 2-4-8 所示。

图 2-4-8　救生艇施放操作

13. 打开前后舱门，让所有的学生，包括在教学码头上的学生，都能看到前后吊艇钩同时脱钩。艇内任课教师要负责讲解联动脱钩装置的正确使用方法，所有学生都应该清楚这一做法及安全注意事项，如图 2-4-9 所示。

图 2-4-9　吊艇钩处于脱开状态

14. 救生艇脱钩后，艇首尾人员可以将 FPD 摘下（任课教师应强调，真正弃船时，不能使用 FPD），操外舷舵使艇首偏离码头岸壁，使用首缆脱钩装置脱离首缆的束缚，操艇模拟离开难船的过程，在可航行的水域模拟全封闭救生艇的操纵。

15. 操纵全封闭救生艇靠泊在吊艇架的下方，艇首尾人员负责将吊艇钩复位，此项教学内容需由任课老师进行详细讲解，所有人员务必做到熟练掌握。

16. 首尾吊艇钩确认复位后，在岸上人员的帮助下，首缆重新固定在首缆脱钩装置上，为保障安全吊升，救生艇则应再次安装防坠落装置 FPD。

17. 除艇首尾负责吊钩的人员和吊艇钩复位人员外，所有艇内人员通过登乘梯登乘至教学码头后，回到自己的工作岗位。

18. 艇长操作吊艇机回收全封闭救生艇至水面　米时停止，由艇首尾负责吊钩操作的人员检查首尾吊钩是否存在安全隐患，且负责联动脱钩装置的人员检查该装置的保险开关是否离开 OPEN 位置回到 LOCKED 位置。如果不存在安全隐患，则艇长继续升艇直至限位开关动作，图 2-4-10 所示。

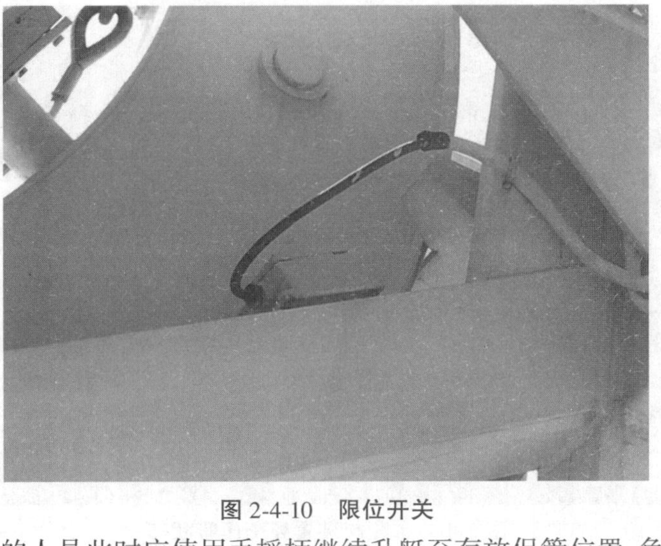

图 2-4-10　限位开关

19. 负责制动器的人员此时应使用手摇柄继续升艇至存放保管位置，负责安全栓复位的人员使安全栓复位后报告，则停止继续升艇，相关人员操作稳索复位。

20. 在登艇平台上的艇首人员负责首缆和一条中稳索的复位,艇尾人员负责另外一条中稳索的复位,艇首尾人员负责取下 FPD。

21. 在安全栓和稳索均已复位后,负责制动器的人员应将艇的重量转移到吊艇架上,使吊艇索不受力。

22. 艇长下令集合,清点人数,进行讲评。

23. 任课教师进行总结,并答疑,确保所有人员熟悉整个弃船演练的所有操作内容。

(二)自由降落救生艇的降放和回收

1. 上课前根据学生班级人数等情况,结合训练场所设备、器材等实际情况,编制出弃船演习程序、人员安排和每个人所应承担的岗位职责。

2. 集合学生确认人数说明本次综合演习的安排,提出弃船综合演习的要求及注意事项,分配应变任务,学生除了要熟悉本人任务、位置、角色外,在演习期间应观察熟悉其他角色的任务和职责。

3. 由于自由降落式救生艇与传统重力式救生艇,在施放过程中有很大不同,学生在演习过程中应注意以下要求及安全事项。

(1)由于艇内座位空间有限,进入救生艇内后,应将救生衣和安全帽脱掉,放在不干扰艇员登艇和工作的位置。

(2)艇内所有物品和属具应绑扎固定,防止在艇施放过程中碰伤艇员。

(3)确认所有艇员登艇完毕后,应将所有水密开口(门、窗)关闭锁紧。

(4)施放救生艇前,应确认施放水域清爽无障碍。

4. 警报鸣响七短一长声,全体人员按照弃船演习程序的分工携带物品、器材,做好弃船求生的准备,到指定场所集结,担任艇长职务的人员负责人数清点。

5. 艇长下令做好降放救生艇的准备工作,所有艇员各就各位,准备放艇。

6. 负责自由降落救生艇降放准备人员,应打开静水压力施放器的划扣,使压艇装置不处于压艇状态,如图 2-4-11,图 2-4-12 所示。

图 2-4-11 压艇装置处于压艇状态

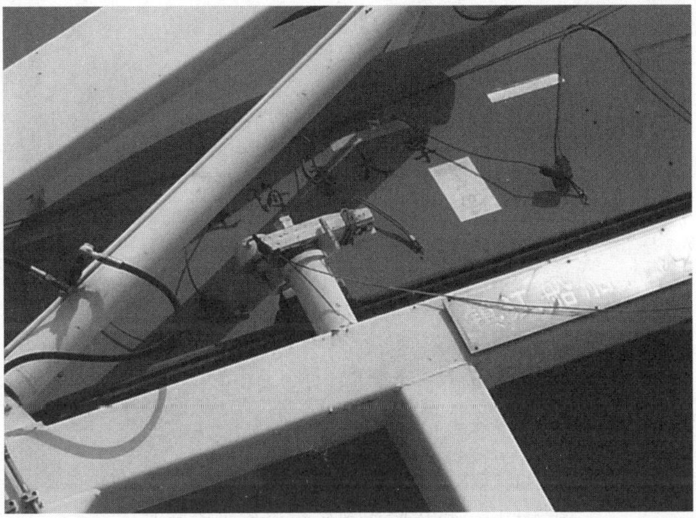

图 2-4-12　压艇装置处于打开状态

7. 负责自由降落救生艇降放准备人员,应放置好登艇平台的脚踏板,防止人员在登艇时踩空,造成伤害;同时打开艇尾栏杆上阻止人员进入的拉索的滑钩,为人员登乘做好准备。

8. 在所有降放准备工作做好后,艇长下令艇员登艇,人员依次进入艇内,均匀分布并坐下,系好安全带,艇长最后登艇,由艇尾负责人员关闭舱门。

9. 艇长询问所有人员都已系好安全带后,使用施放手柄进行自由降落救生艇的施放操作,救生艇施放,如图 2-4-13 所示。

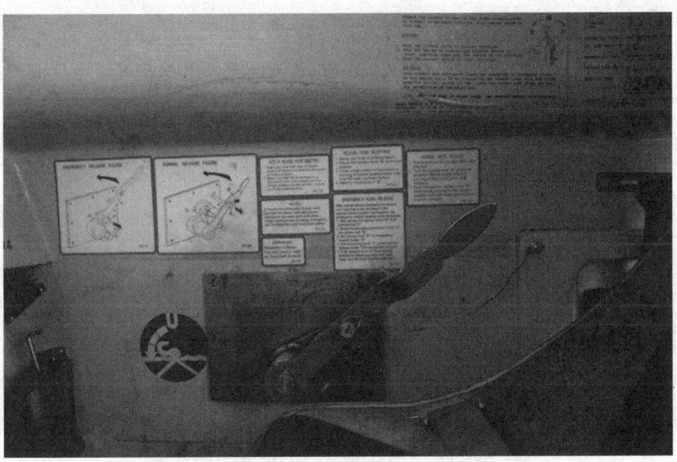

图 2-4-13　自由降落救生艇施放装置手柄

10. 岸上人员操作液压顶柱和吊艇索,使吊艇钩处于合理位置,图 2-4-14 所示。

图 2-4-14　自由降落救生艇吊放艇控制装置

11. 艇长操控救生艇，使之处于吊艇钩下，必要时可以使用艏缆，以便控制救生艇的位置。

12. 负责挂钩的人员将救生艇上的吊索与横担下的吊艇钩相连，完成挂钩操作。

13. 所有人员通过登乘梯登乘上岸后，准备收艇。

14. 再次操作吊艇索和液压顶柱，使救生艇复位，艇尾脱钩装置重新复位后，则送出吊艇索，使艇的重量重新回到艇尾的脱钩装置上，如图 2-4-15 所示。

图 2-4-15　自由降落救生艇回收过程

15. 摘除吊艇钩，收紧吊艇索使横担复位，完成救生艇的回收，图 2-4-16 所示。

16. 艇长下令集合，清点人数，进行讲评。

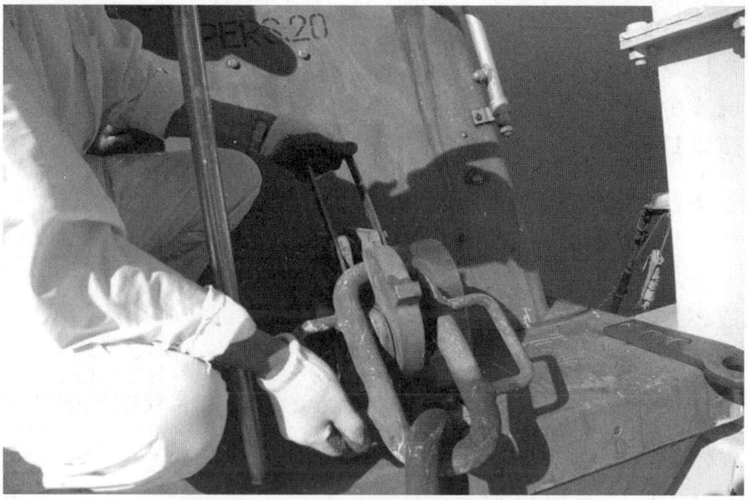

图 2-4-16　自由降落救生艇吊钩复位操作

六、评估标准

1. 优秀：操作正确、熟练。
2. 良好：操作正确、比较熟练。
3. 及格：操作正确、熟练程度一般，能完成操作。
4. 不及格：操作较差，只能完成部分操作。

实操训练项目五　应急无线电救生设备和视觉信号

一、实操训练的内容

1. EPIRB、SART 及甚高频双向无线电话的操作使用。
2. 视觉信号的操作使用。

二、实操训练的目的和要求

为了使受训学生了解救生信号的作用及要求以方便于广大船员在海上求生中正确的操纵使用，使其发挥最大作用，要求学生正确掌握各种遇险求救信号的使用方法，了解各类求救信号的基本性能，熟悉各种求救信号的使用时机。

三、实操训练条件

1. 应急无线电示位标（EPIRB）或模拟装置 1 只。
2. 搜救雷达应答器（SART）2 只。
3. 甚高频双向无线电话 3 只。
4. 红火箭降落伞信号 4 支。

5. 手持红火焰信号 6 支。

6. 飘浮的烟雾信号 4 个。

7. 日光信号镜 4 个。

8. 防水手电筒 4 只。

四、实操训练组织

1. 学生分组

根据班级人数，对学生进行分组，可以分 2~3 组，由任课教师组织授课。

2. 教师安排

每班安排 2~3 名指导教师，讲解无线电救生设备和视觉求救信号的应用、操作及使用注意事项。

五、实操训练具体内容和步骤

(一) 应急无线电示位标(EPIRB)的操作

1. EPIRB 的作用、存放及配备

应急无线电示位标在船舶遇难时，可以人工或者自动起动操作，发出包括本船识别码在内的遇险信息，且可以显示遇险船舶的位置，遇险信息经卫星转至相关搜救中心。

EPIRB 平时存放在驾驶台外侧的舷墙上或者栏杆上，紧急时由专人携带到救生艇筏上。

每艘船舶至少配备 1 台 EPIRB，如图 2-5-1 所示。

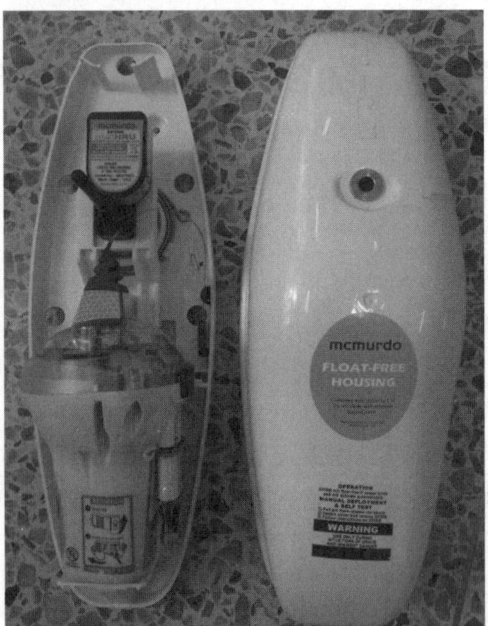

图 2-5-1 “MCMURDO E5” EPIRB

2. EPIRB 施放方式

(1) 自由漂浮施放

当 EPIRB 随船舶下沉至水面 4 m 以内时，EPIRB 内部安装的静水压力施放器会被触发工作，如图 2-5-2 所示，此时示位标靠弹簧弹力自动从机箱内施放出来，自由漂浮在水面上。由于接触海水，示位标的海水开关自动接通，开始发射遇险报警信号是 EPIRB 的自由漂浮施放方式。

图 2-5-2　EPIRB 的静水压力施放器

(2)人工施放

人员将 EPIRB 从存放架上取下，携带到救生艇筏内。解开绳带拉索，将拉索端部系在救生艇筏上，然后将示位标抛入水中使其漂浮在救生艇筏附近的海面上。因海水开关接通，示位标开始发射遇险报警信号。

也可以通过 EPIRB 上的起动按钮(旋钮)，人工手动起动示位标，此种方式不需要将示位标扔到海上，如图 2-5-3 所示。

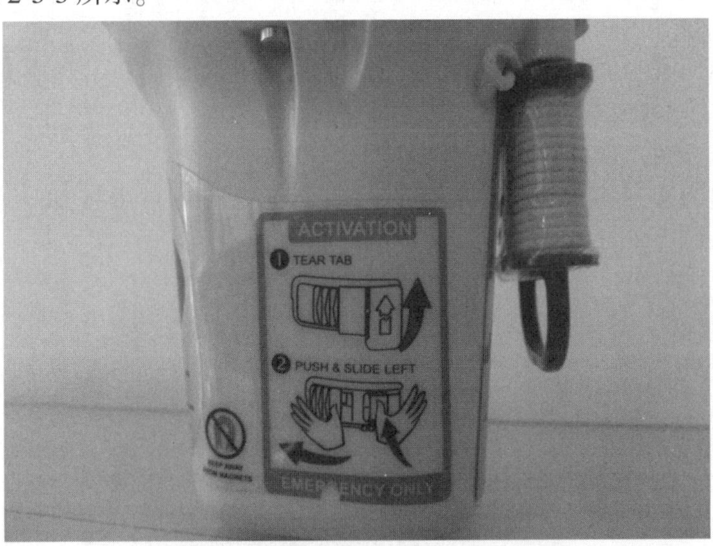

图 2-5-3　EPIRB 的人工手动施放说明

3. EPIRB 的测试、应用及正确操作

在 EPIRB 的顶端设有自检(TEST)按键，如图 2-5-4 所示。长按此按键可以运行内置的自检程序，检查设备的基本状况。长按自检按键，直至红灯亮起；然后红灯和白色频闪灯同时闪

烁数次，表明设备正常，如图 2-5-5 所示。可以通过闪烁的次数来判断电池剩余的电量，闪烁次数越多，代表剩余电量越充足。

图 2-5-4　EPIRB 手动测试按钮

图 2-5-5　EPIRB 测试成功的工作状态

当船舶遇险时，正确操作 EPIRB 的方法如下：

（1）从全封闭机箱内取出示位标：拔出安全销，移开箱盖，向外拉出示位标；

（2）去掉起动键外面的安全封条；

（3）右手按下“PRESS”键，左手向左滑动启动键，示位标频闪灯开始亮起，2 min 后开始发射遇险信号，如图 2-5-6 所示；

（4）取出拉索，将拉索端部系在救生艇筏上；

（5）如果通过海水开关起动示位标，可以省略上面（2）和（3）步骤，将示位标放到海中，其会自动发射遇险信号，如图 2-5-7 所示。

图 2-5-6　EPIRB 手动施放开关

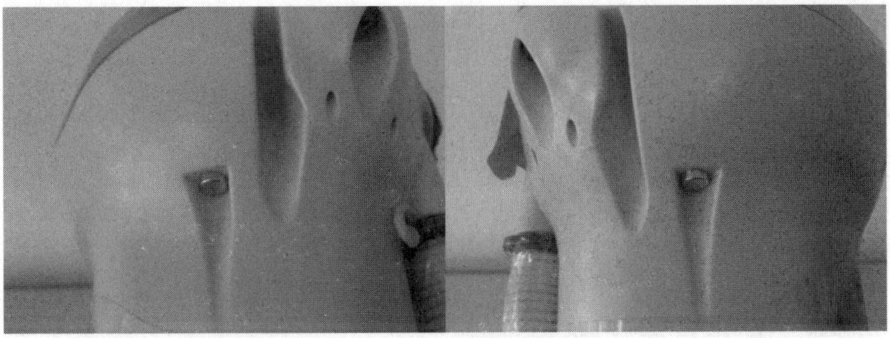

图 2-5-7　EPIRB 海水触发的触点

(二)搜救雷达应答器(SART)的操作

1. 搜救雷达应答器(SART)的存放及工作原理

SART 平时存放在驾驶台两侧的存放架上,应急时由专人携带到救生艇筏上使用。

在遇险时,SART 由人工起动,处于待命状态。当搜救船舶或飞机接近待命状态的 SART 时,SART 便会收到搜救船舶或飞机导航雷达发来的探测脉冲,触发 SART,使其立即产生并发射一组由 12 个脉冲组成的信号。这种信号以回波方式被导航雷达收到后,便会在其屏幕上显示出由 12 个径向亮点组成的亮线,其中离雷达屏幕中心最近的那个亮点便是 SART 所在的位置。在 SART 发出脉冲信号的同时,也会发出声光报警,以提示遇险人员有搜救船舶或飞机接近。

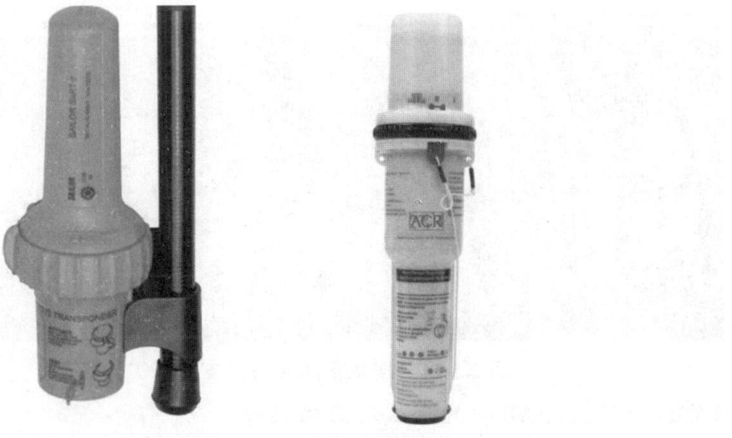

图 2-5-8　搜救雷达应答器

2. 搜救雷达应答器(SART)的拉杆的使用

(1)打开或者转动拉杆底座的橡胶盖,拉杆存放在圆柱筒内,如图 2-5-9 所示;

(2)竖直正立 SART 的拉杆,使拉杆自然向下脱出,如果因阻力较大不能自然脱出,甩动拉杆,使其脱出;

(3)使用双手,带力拉长转动每段拉杆,使相邻拉杆的接头能够紧固地结合在一起,如图 2-5-11 所示。

图 2-5-9　搜救雷达应答器存放支撑杆的打开装置

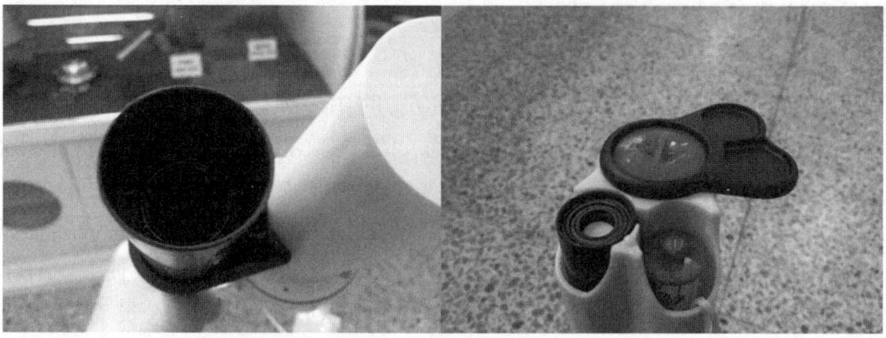

图 2-5-10　搜救雷达应答器支撑杆的存放装置

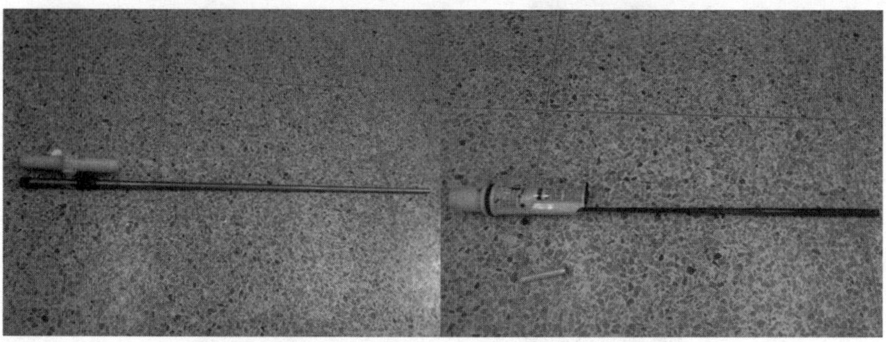

图 2-5-11　搜救雷达应答器支撑杆工作状态

3. 搜救雷达应答器(SART)的测试及正确操作

(1)松开夹片,从驾驶台舷墙支架上取出搜救雷达应答器。

(2)阅读搜救雷达应答器上面张贴的使用说明,根据说明进行测试及操作使用。

(3)取出(拉出)位于搜救雷达应答器中部的红色安全标签,旋转中部的环形开关,转到“TEST”位置,并保持不放松,进行搜救雷达应答器的自检测试。如果雷达应答器发出声光报警,说明搜救雷达应答器处于正常状态。然后旋回到“0”位置,复位红色安全标签,测试结束。

(4)对于搜救雷达应答器的操作使用,取出红色安全标签,此时环形开关借助内部弹簧力,会自动旋转到“1”的位置,此时搜救雷达应答器处于待命工作状态,如图 2-5-12 所示。

(5)按照上述步骤,伸展拉杆。

(6)将搜救雷达应答器竖直插入到救生艇或者救生筏的存放座内,并用绳索固定拉杆,如图 2-5-13 所示。

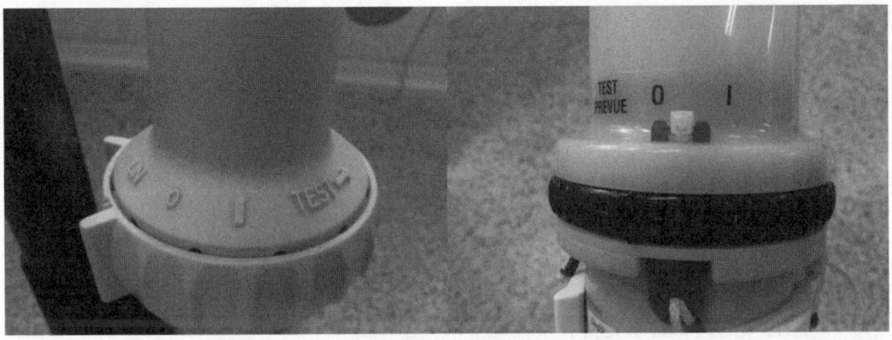

图 2-5-12　搜救雷达应答器使用和测试装置

图 2-5-13　搜救雷达应答器正常工作状态

(三)甚高频双向无线电话的操作

1. 甚高频双向无线电话的功能及存放

甚高频双向无线电话方便灵巧,使用简单便捷,通信距离较短,主要用于本船内通信。在应急时,用于救生艇筏及本船相互间的通信。在搜寻救助时,用于救助艇或搜救飞机与难船或救生艇筏之间的搜救现场通信。

平时以充电方式存放在驾驶台桌面上。

2. 甚高频双向无线电话的正确操作

(1)顺时针旋转音量控制旋钮(OFF/VOL),接通电源,如图 2-5-14 所示。

图 2-5-14　甚高频双向无线电话

(2)根据需要,选择调整至目标频道。

(3)逆时针旋转静噪控制旋钮至最大。

(4)用音量控制旋钮调节音量至适宜水平。

(5)按住 PTT 键,开始讲话并发射信息。

(6)讲话完毕,松开 PTT 键,开始接收信息。

(四)火箭降落伞信号的操作

1. 撕掉外包装塑料袋,注意外壳上朝上的指示箭头,不要拿颠倒了,垂直握好。

2. 按照外壳上的说明和图解进行操作。

3. 将上盖外围水密胶布撕掉打开上盖。

4. 将下盖外围水密胶布撕掉打开下盖,露出底部触发器(拉环式或压杆式)。

5. 一手握住火箭发射筒垂直高举过头,有风时可略偏上风,另一只手向下拉拽拉环或手掌向上推压杆。

6. 双手迅速握紧火箭发射筒,火箭很快发射升空。

7. 大约升高 300 m,爆炸,发出明亮的红色火焰,亮度不小于 30 000 cd,以不大于 5 m/s 的速度下降。

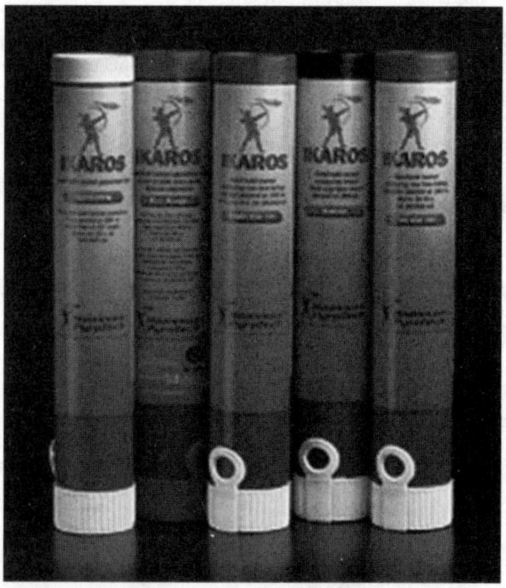

图 2-5-15　火箭降落伞信号

(五)手持红光火焰信号的操作

1. 手持红光火焰信号(图 2-5-16)操作与红火箭降落伞信号操作方法相似,其筒状外壳上也标示操作说明和图解,按照其操作步骤进行就可以安全点燃。

2. 撕去外包装塑料袋,撕开上下端的水密胶布,并脱去封盖。

3. 抽出内筒并拧开其底部的擦火塞。

4. 将外筒顶部的螺柱拧入内筒底部的螺孔。

5. 用擦火塞在药柱顶端擦划即可发火燃烧。

6. 信号点燃后将其伸向下风,使用时持在手上,能发生明亮均匀的红火焰光强不小于 15 000 cd,持续时间不少于 1 min。

7. 有的红火焰信号不分内外筒，分上下筒，下筒是空的，以便于手握。

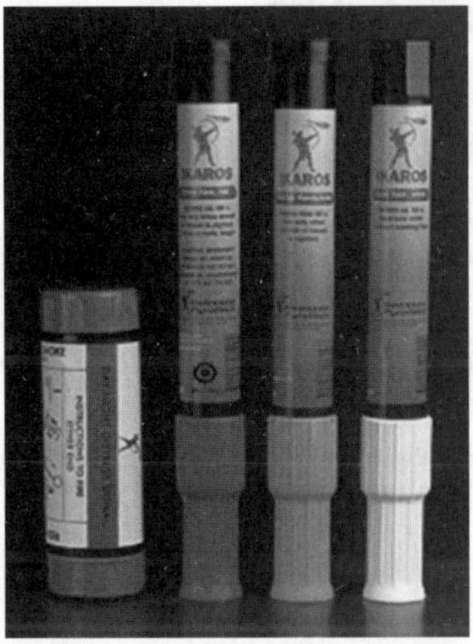

图 2-5-16　手持红光火焰信号

(六) 飘浮的烟雾信号操作

外壳为一金属或塑料圆罐，上面有一封盖，装在塑料封袋中。圆罐上标示着操作说明和图示，按其说明进行操作，如图 2-5-17 所示。

1. 撕去上盖水密封胶，揭去盖子，露出拉环。
2. 拉掉拉环，开始引燃发烟。
3. 将信号罐投入下风舷艇外水中，让其漂浮发烟。

图 2-5-17　飘浮的烟雾信号

(七) 日光信号镜使用操作

在白天，若没有视觉求救信号，可借助镜面反光来发出求救信号，如图 2-5-18 所示。

1. 操作使用时左手拿镜，光亮面对着船舶或飞机。
2. 镜面上观测孔放在眼前，右手拿着瞄准环，通过观测孔穿过瞄准环的孔看目标。
3. 使观测孔周围的十字线和同心圆的阴影正落在瞄准孔的四周，日光即可反射到目标上。
4. 在强烈日光和良好的能见度下，可被 10 n mile 外的目标发现。

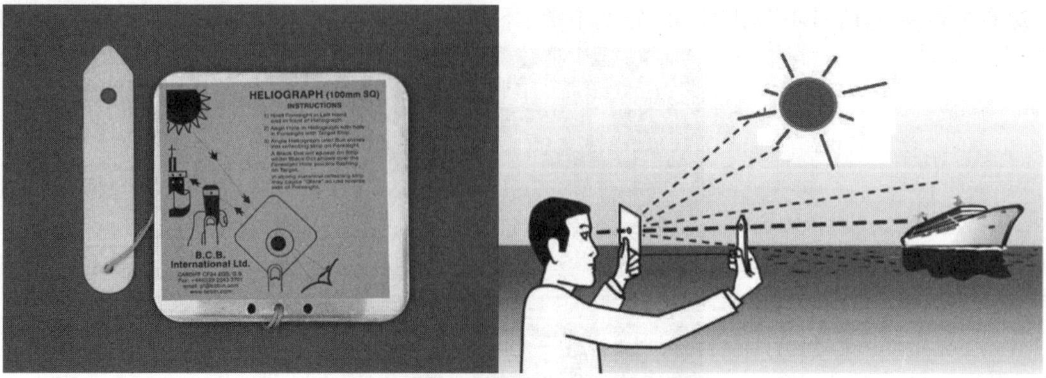

图 2-5-18　日光信号镜及使用示意图

六、评估标准

1. 优秀:操作正确、熟练。
2. 良好:操作正确、比较熟练。
3. 及格:操作正确、熟练程度一般,能完成操作。
4. 不及格:操作较差,只能完成部分操作。

实操训练项目六　海锚的施放与回收

一、实操训练内容

1. 施放海锚操作。
2. 回收海锚操作。

二、实操训练目的和要求

为了使受训学生掌握在救生艇筏中漂流待救时,减缓救生艇筏随风流漂移的速度,保持救生艇筏位置以及在大风浪中控制救生艇筏顶风、顶浪,防止正横受风以保护救生艇筏安全所采取的操作技能,加强学生航海技能素质,提高学生对救生艇筏操作的安全,要求学生正确掌握施放与回收海锚操作的基本要求。

三、实操训练条件

1. 适于进行施放和回收海锚操作训练的水域。
2. 全封闭救生艇 2~3 艘。
3. 标准的海锚及属具 2~3 套。
4. 每艘全封闭救生艇备用救生圈 1 个,艇篙 1 只。
5. 手套 20 副。

四、实操训练组织

1. 教师安排

每班安排 2~3 名任课教师，分别带领 1 组学生在各自的全封闭救生艇（或气胀式救生筏）上进行讲解、演示海锚的施放和回收操作。

2. 学生分组

每班学生分 2~3 组，分别由教师带到各个全封闭救生艇上进行授课，学生操作时，每 2 人一小组，协调操作。

五、实操训练具体内容和步骤

（一）海锚的基本构造

海锚是配备在救生艇筏中的一个专用设备，是用于救生艇筏在漂流待救时，控制救生艇筏位置的特殊设施。

救生艇的海锚主要是由细纹帆布制成，一头设有一个大口，另一头设有一个小口，形状似漏斗状。在大小口上各系一根专用绳索，系在大口的绳索习惯称为海锚索（施放索），其绳索的长度一般是 3~4 倍艇长。系在小口的绳索称为收回索（回收索），其长度要求比海锚索长一些，如图 2-6-1 所示。

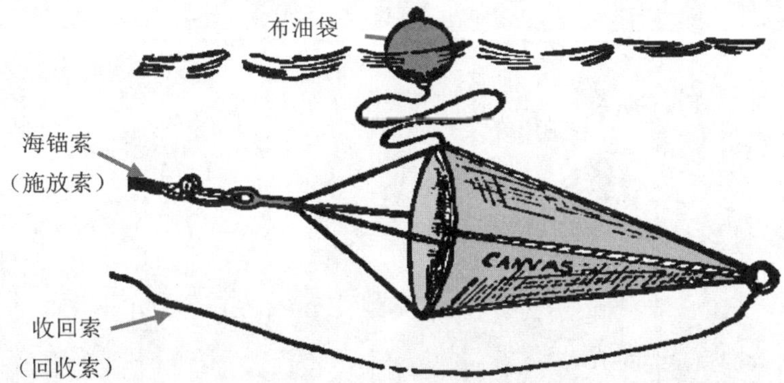

图 2-6-1 海锚结构示意图

（二）施放与回收操作

1. 操纵救生艇，保持艇首处于顶流（风浪）的状态。

2. 将海锚系固在艇首缆桩上，或系固在艇首合适的位置上并使海锚索从艇首导缆钳引出。

3. 将海锚从艇首抛出艇外水面，艇在流（浪、风）的作用下后退（如浪、风等作用不明显，可以用倒车代替），海锚索慢慢拉紧，当松至 3~4 倍艇长时固定好收回索，如图 2-6-2 所示。

图 2-6-2　施放海锚操作训练

4. 施放海锚时,收回索不能吃力,始终处于可松弛状态,如图 2-6-3 所示。

图 2-6-3　海锚索受力,收回索不受力

5. 当海锚显示出减缓艇的漂移速度,以及控制艇首顶流(浪、风)的作用效果后,停止操作。

6. 进行海锚的回收,回收海锚时,海锚索保持松弛状态,而收紧收回索,从海锚的小口端回收海锚,以减少阻力。

7. 在回收的同时,应整理盘放索具。

(三)镇浪油的使用

当海面上海浪较大时,施放海锚同时配合撒镇浪油,可以减轻波浪对救生艇的影响。镇浪油一般为动植物油或者润滑油,操作步骤如下:

1. 在施放海锚前，将镇浪油装入布油袋内，灌满后将袋口的专用木塞旋紧系牢；

2. 将布油袋用绳索牢固地系结到海锚上；

3. 将布油袋连同海锚一起放到海中，镇浪油就会不断地从袋口木塞的孔眼中渗流出来，因风流作用会逐渐地分布在救生艇四周的海面。

六、评估标准

1. 优秀：操作正确、熟练。

2. 良好：操作正确、比较熟练。

3. 及格：操作正确、熟练程度一般，能完成操作。

4. 不及格：操作较差，只能完成部分操作。

第三篇　船舶高级消防

实操训练项目一　测爆仪和测氧仪的使用

一、实操训练内容

测爆仪和测氧仪的组成、操作方法等。

二、实操训练目的和要求

熟悉 BW 复合式气体检测仪和氧气检测仪的基本组成、主要功能、适用范围和特点。熟练掌握 BW 复合式气体检测仪和氧气检测仪的操作方法和注意事项等。每位学生都能够规范地进行实际操作,确保实操教学质量。

三、实操训练条件

具备数量充足的 BW 复合式气体检测仪和氧气检测仪、操作平台、BW 复合式气体检测仪和氧气检测仪的操作说明等。

四、实操训练组织

教师现场进行实操教学组织,明确实操科目、内容和要求等。教师授课过程包括讲解、示范、答疑和指导等教学环节,学习过程包括学生们的倾听、观看、提问和实操等环节。先集中讲解示范,后分组实操训练。先进行分步训练、熟练之后,再进行系统实操训练。实操结束后,整理设备和器材并复位。

五、实操训练具体内容和步骤

(一)BW 复合式气体检测仪

1. 气体检测仪的组成

传感器、液晶显示器、操作按钮、视觉警报指示灯、声音警报器、吸气泵、吸气泵过滤器、测试软管和电池等组成,如图 3-1-1 所示。

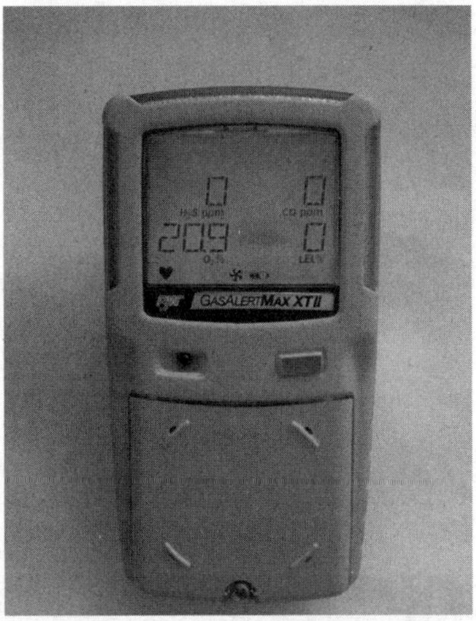

图 3-1-1　BW 复合式气体检测仪

2. 使用操作方法与程序

(1)首先将检测仪和测试软管进行连接并锁紧。

(2)打开电源开关,按电源键直到检测仪启动为止。检测仪启动后会短暂显示所有的项目和设备型号并伴有鸣响和报警闪光。

(3)当屏幕显示 BLOCK INLET(堵塞入口)时,检测仪进入吸泵测试,这时用手指封堵吸气软管端部,直到显示屏上显示 INBLOCK INLET(整体堵塞入口)为止。若测试正常,则显示 PUMP OK;若不正常,则显示 PUMP FAILURE。

(4)当屏幕显示默认设定的时间加权平均值报警值(TWA)、短期暴露极限报警值(STEL)、低限报警值(LOW)和高限报警值(HIGH)后,开始进行自测(SELF TESTING),并进行自动校准和归零。

①当一切正常时,会显示 SELF TEST OK。

②若电量不足,会显示 LOW BAT。

③当传感器出现故障时,会显示 ERROR。

同时,显示下次校验的时间 CAL DUE。

(5)进入正常的使用模式(屏幕上方闪烁绿色的灯光)。

(6)将检测仪的测试软管逐渐接近被检测部位。

(7)当检测仪检测到被测试气体时,读取屏幕上显示的读数。(此数值即为测试气体中所含可燃气体爆炸下限的百分比。)

(8)关闭检测仪,按住电源键 3 s。

3. 使用要求

(1)使用仪器时,要让仪器的测试管缓慢接近被测试气体,使其在下限报警。如果被测气体浓度过高,会使检测仪的传感器元件受到损坏。

(2)检测仪与吸气软管要连接牢固(软管插上之后,要顺时针扭紧)。

(3)实际测爆时,应做好时间、地点、人员、舱位和气温等记录。

(4)需要进行热工作业的舱室内,至少应在 3 个深度上(即上、中、下三层)测试,每个深度的水平测试点至少为 2 个。不同点的测量数据，应选最大值为该舱的测量结果。

(5) 不可盲目下舱测量，在舱内工作的时间不宜太长。检测时应有人监护，以防意外。

(6) 检测可燃气体时，读数表示可燃气体爆炸下限的百分比。

4. 维护保养

(1) 每次使用完之后，要对检测仪进行充电，充电时间 6 h。

(2) 定期对检测仪进行开机测试，避免因长时间不使用而造成仪器电池损坏。

(3) 半年应进行一次校验。

(二) BW 氧气检测仪

1. BW 氧气检测仪的组成

传感器、液晶显示器、操作按钮、视觉警报指示灯、声音警报器、吸气管和电池等组成，如图 3-1-2 所示。

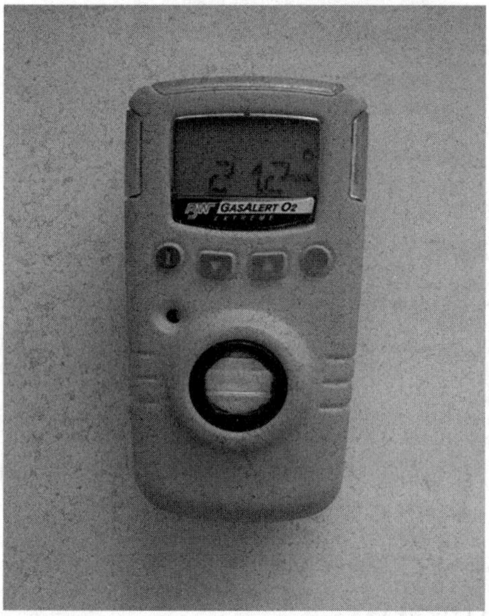

图 3-1-2　BW 氧气检测仪

2. 使用操作方法与程序

(1) 首先将检测仪和测试软管进行连接并锁紧。

(2) 启动检测仪，按◎按钮。检测仪通过自检后，开始正常操作。

(3) 携带检测仪缓慢地接近被检测部位。

(4) 读取屏幕上显示的读数。(显示的读数即为空气中的含氧量。)

(5) 关闭检测仪，按住◎ 5 s。

3. 使用要求

(1) 不可将检测仪置于氧气浓度过高的处所，以免损坏仪器的传感器。

(2) 一旦检测仪发出电池电量不足的警报，应立即更换电池。更换电池之前，必须关闭检测仪。

(3) 请勿将检测仪浸入液体中。

(4) 某些容易损坏的部件在进行修理或更换后，应对其进行重新校验。合格后方可再用。

4. 维护保养

(1)每次使用完之后,要对检测仪电量进行检查,如果电量不足,应及时更换电池。

(2)要定期对检测仪进行开机测试,避免因长时间不使用而造成仪器电池损坏。

(3)检查外围部件是否完好无损。

(4)应定期用标准气样予以校核,以确保测爆仪的准确性。

六、评估标准

1. 评估要素

(1)口述测氧仪、测爆仪的组成、用途。

(2)口述或操作测氧仪、测爆仪的使用方法。

(3)口述测氧仪、测爆仪的维护保养方法。

2. 评估标准

(1)优秀:回答问题正确,操作正确、熟练。

(2)良好:回答问题比较正确,操作正确、比较熟练。

(3)及格:回答问题基本正确,操作基本正确、不熟练。

(4)不及格:回答问题不正确,操作不正确、不熟练。

实操训练项目二　二氧化碳灭火系统的操作与维护

一、实操训练内容

二氧化碳灭火系统的组成、操作、检查和保养。

二、实操训练目的和要求

熟悉二氧化碳灭火系统基本组成、主要功能和适用范围等。熟练掌握二氧化碳灭火系统的操作方法、注意事项和检查保养等。每位学生都能够规范地进行实际操作,确保完成本科目的实操教学内容。

三、实操训练条件

具备完整的二氧化碳灭火系统及操作说明等。具有多媒体教室、课件、视频资料等。

四、实操训练组织

教师现场进行实操教学组织,将学生分组,明确实操科目、内容和要求等。教师授课过程包括讲解、示范、答疑和指导等教学环节,学习过程包括学生们的倾听、观看、提问和实操等环节。先集中讲解示范,后分组实操训练。先进行分步训练、熟练之后,再进行系统实操训练。

五、实操训练具体内容和步骤

1. 固定 CO_2 灭火系统的组成

固定 CO_2 灭火系统主要由二氧化碳钢瓶组、瓶头阀、止回阀、集合管、施放连接管、泄放管、泄放连接管、施放控制箱(箱体、启动气瓶、电磁瓶头阀、行程开关)、气控施放阀(选择阀)、压力表、压力信号发送器、三通转换阀、分配阀箱、管路、声光报警器及喷嘴等组成,如图 3-2-1 所示,适用于机舱和货舱等封闭舱室。

(a) CO_2 站

(b)施放控制箱

(c)启动气瓶

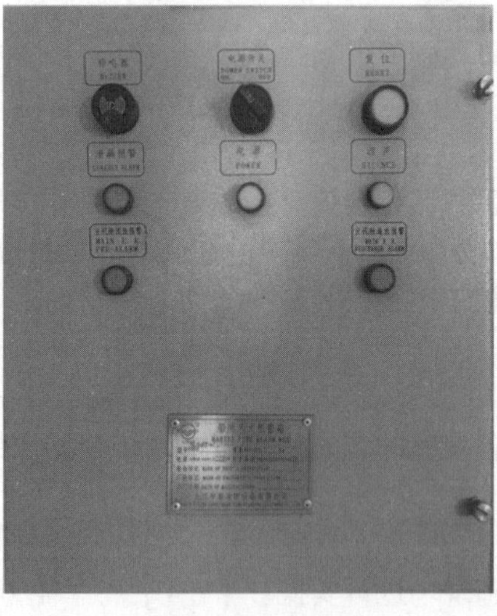

(d)操作控制箱

(e)声光报警器

(f)喷嘴

图 3-2-1　CO_2 灭火系统组成

2. CO_2 灭火系统的使用操作说明

(1)在二氧化碳站内向机舱施放

①报警并确保人员撤离机舱。

②关闭通往货舱的二氧化碳管路阀,开启通往机舱总阀。

③施放之前将所有通往机舱的门、烟囱挡板、通风筒挡板关严,关闭通风。

④打开两个启动气瓶施放全部二氧化碳进入机舱。

(2)在二氧化碳站内向货舱施放

①关闭货舱通风、道门、舱盖。

②关闭通往机舱的二氧化碳管路阀。

③开启通往货舱阀。

④打开两个启动气瓶。

⑤将所需的二氧化碳施放到失火货舱。

(3)利用控制箱施放(只能向机舱施放)

①用锤敲碎遥控施放站箱门上钥匙盒的玻璃取出钥匙,打开箱门,即发出二氧化碳施放警报,并关闭风机、油泵、燃油柜出口阀等。

②确保所有工作人员均已撤离机舱。

③将所有通往机舱的门、天窗、烟囱挡板、通风筒挡板关闭。

④按下启动按钮,打开施放阀的启动气瓶,即刻打开施放阀,时间继电器经 30 s 延时(可调)打开 CO_2 瓶组的启动气瓶,开启 CO_2 瓶组的瓶头阀,施放 CO_2 灭火剂灭火。

⑤当需紧急灭火时,在确认保护区无人后,拔出两个气瓶上的保险销,压下手轮,分别开启施放阀和 CO_2 瓶组的瓶头阀,施放 CO_2 灭火剂灭火。

(4)应急手动施放(当电气线路出现故障或启动气瓶内无氮气时使用)

①关闭风机、油泵、燃油柜出口阀等。

②确认失火舱里所有工作人员均已撤离。

③关闭失火舱里所有风口及出入口。

④首先手动打开失火舱室相应的施放阀,再用瓶头阀上开启手柄手动开启相应失火舱室的 CO_2 瓶组的瓶头阀,直至所需的 CO_2 气瓶全部打开,施放 CO_2 灭火剂进行灭火。

(5)二氧化碳灭火系统的注意事项

①实施灭火前,必须确保被保护区内无人。

②操作人员应确认失火区域,然后按照对应失火区域的操作说明进行操作。

③货舱封舱灭火后,不可过早地开启货舱检查,否则新鲜空气进入,有可能导致未彻底扑灭的火重新复燃。

④灭火后,人员进入现场前应进行彻底通风,并经检查、测试合格后方可进入。

⑤使用 CO_2 灭火时,不能同时用水灭火,否则会降低其灭火性能。

3. 二氧化碳灭火系统的维护保养

(1)高压二氧化碳系统检验周期

①所有钢瓶每两年进行液位测量/称重检查,空瓶应拆下充灌。单瓶净重减少达到10%时应充灌,但总减少量小于最大被保护舱室需要量的5%时可不充灌。

②所有二氧化碳钢瓶充灌前应进行液压试验。

③管路每两年进行空气畅通试验,当二氧化碳管系兼做抽烟探测系统管路时,可用抽烟试验代替。

④二氧化碳管系每10年进行液压试验,二氧化碳钢瓶每10年进行液压试验,国内航行船舶每5年进行管路气密试验。

⑤高压二氧化碳系统试验压力如表3-2-1所示。

表3-2-1 各部分试验压力

组成构件	试验类型	压力要求
钢瓶	液压试验	24.5 MPa
瓶头阀	液压试验	24.5 MPa
安全膜片	10%爆破试验	18.6 ±0.1 MPa
管路及阀件	液压试验	分配阀箱前11.8 MPa,分配阀箱后1.0 MPa
管路	畅通试验	0.5 MPa
施放机构	功能试验	2.47 MPa
钢瓶与瓶头阀连接	气密试验	钢瓶设计压力(15 MPa)
管路	气密试验	0.69 MPa

(2)日常检查项目

① CO_2 储存室有否明显标志且出入门是否向外开启,以及站室内有无存放杂物。

② CO_2 储存室是否能有效通风、主照明、应急照明的安装情况。

③ CO_2 总管上是否装有量程为0~24.5 MPa的压力表。

④将气体输送至被保护处所的管路上是否装有控制阀及标明所保护舱室的名称,尤其注

意各阀门是否灵活,必要时应现场操作。

⑤有无张贴固定灭火系统的布置图、系统操纵说明书,及各舱适用瓶组及各瓶组数量说明。

⑥检查站室外壁信号孔的红色盘(红色盘不存在时须立即检查室内 CO_2 瓶,查明漏泄的钢瓶)。

⑦接通 CO_2 系统自动报警装置后,是否能产生声光报警。

⑧检查 CO_2 钢瓶站与驾驶台的通信是否畅通、可靠。

⑨结合船舶消防演习,询问有关人员有无区分二氧化碳介质警报能力,并由主要操作者按操作程序进行模拟操作演示,检查其对操作注意事项及操作程序的熟练程度。

(3)固定式二氧化碳灭火系统检查表

表 3-2-2　技术资料表

No.	Contents 内容	Description 描述
1	Manufacturer 生产厂家	
2	Number of main cylinders 主气瓶数量	
3	Main cylinders capacity (each)主气瓶容量(每个)	
4	Number of pilot cylinders 引导气瓶数量	
5	Pilot cylinder capacity (each)引导气瓶容量(每个)	
6	Number of distribution lines 支线管路(歧管)数量	
7	Pressure test date of cylinders 气瓶压力测试日期	
8	Protected space(s)受保护的处所(若干处)	
9	Flexible hoses fitted/renewed date 软管的安装/更新日期	

表 3-2-3　检查/测试情况登记表

No. 序号	Contents 内容	Carried out 已完成	Not carried out 未完成
1	Release controls and distribution valves secured to prevent accidental discharge 施放控制装置和分配阀稳固,以防意外		
2	Contents in main cylinders checked by weighing 主气瓶经过称重检查		
3	Contents in main cylinders checked by liquid level indicator 主气瓶容量已经过液面指示器的检查		
4	Contents of pilot cylinders checked 引导气瓶容量已经过检查		
5	All cylinder valves visually inspected 所有气瓶阀经过目视检查		

续表

No. 序号	Contents 内容	Carried out 已完成	Not carried out 未完成
6	All cylinder clamps & connections checked for tightness 所有气瓶的固定和连接装置经过紧固检查		
7	Manifold visually inspected 分支连通管(歧管)经过目视检查		
8	Manifold tested for leakage, by applying dry working air 歧管通过干燥空气进行了泄漏测试		
9	Main valve & distribution valves visually inspected 主阀和分配阀经过目视检查		
10	Main valve and distribution valves tested for operation 主阀和分配阀经过操作试验		
11	Time delay devices tested for correct setting * 设置准确时间,对延时设备进行测试 *		
12	Remote release system visually inspected 对远程施放控制系统进行目视检查		
13	Remote release system tested 远程施放控制系统测试		
14	Servo tubing/pilot lines pressure tested at maximum working pressure and checked for leakages and blockage 对伺服管路和试验管路进行最大工作负荷的压力测试,以检查泄漏和堵塞		
15	Manual pull cables, pulleys, gang releases tested, serviced and tightened/adjusted as necessary 对手动拉索、滑轮、分组施放装置进行测试、维修和紧固,或做必要的调整		
16	Release stations visually inspected 对所有施放站进行目视检查		
17	Warning alarms (audible/visual) tested 对声光报警装置进行测试		
18	Fan stop tested * 风扇停止测试 *		
19	10% of cylinders and pilot cylinders pressure tested every 10 years 每 10 年测试 10%的气瓶和试验气瓶		

续表

No. 序号	Contents 内容	Carried out 已完成	Not carried out 未完成
20	Distribution lines and nozzles blown through, by applying dry working air 用干燥的作业空气对支管和喷嘴进行吹通		
21	All doors, hinges and locks inspected 检查所有的门、铰链和锁		
22	All instruction and warning signs on installation inspected 检查所有设施的操作和警告标识		
23	All flexible hoses renewed & check valves in manifold visually inspected every 10 years 每 10 年换新所有的软管，以及目视检查歧管上的单向阀		
24	Release controls and distribution valves reconnected & system put back in service 施放控制器和分配阀重新连接，将系统恢复到正常状态		
25	Inspection date tags attached 附有检查日期的标签		

六、评估标准

1. 评估要素

(1)口述 CO_2 灭火系统的组成、用途。

(2)口述或操作 CO_2 的施放程序。

(3)口述 CO_2 灭火系统的维护保养内容，并能正确填写设备检查表。

2. 评估标准

(1)优秀：回答问题正确，操作、填表正确、熟练。

(2)良好：回答问题比较正确，操作、填表正确、比较熟练。

(3)及格：回答问题基本正确，操作、填表基本正确、不熟练。

(4)不及格：回答问题不正确，操作、填表不正确、不熟练。

实操训练项目三　泡沫灭火系统的操作与维护

一、实操训练内容

泡沫灭火系统的组成、操作、检查和保养等。

二、实操训练目的和要求

熟悉泡沫灭火系统基本组成、主要功能和适用范围等。熟练掌握泡沫灭火系统的操作方法、注意事项和检查保养等。每位学生都能够规范地进行实际操作,确保完成本科目的实操教学内容。

三、实操训练条件

具备完整的泡沫灭火系统及操作说明等。具有多媒体教室、课件、视频资料等。

四、实操训练组织

教师现场进行实操教学组织,明确实操科目、内容和要求等。教师授课过程包括讲解、示范、答疑和指导等教学环节,学习过程包括学生们的倾听、观看、提问和实操等环节。先集中讲解示范,后分组实操训练。先进行分步训练、熟练之后,再进行系统实操训练。

五、实操训练具体内容和步骤

(一)高倍数泡沫灭火系统

1. 高倍数泡沫灭火系统的组成及工作原理

高倍数泡沫灭火系统主要由消防泵组、泡沫液储存罐、隔膜式空气泡沫比例混合装置、高倍数泡沫灭火剂(3%)、管路和高倍数泡沫产生器等组成,如图 3-3-1、图 3-3-2 所示,适用于机舱、货油舱和货油泵舱等舱室。

图 3-3-1 泡沫液储存罐和隔膜式　　图 3-3-2 高倍数泡沫产生器

空气泡沫比例混合装置

2. 工作原理

火情发生时,由泡沫液泵将储存在常压容器内的泡沫液注入平衡阀,经平衡阀的调节作用,泡沫液与比例混合器主管路压力水混合成一定比例的泡沫混合液,如图 3-3-3 所示。泡沫混合液被输送至泡沫产生器、泡沫枪、泡沫炮或其他泡沫设备,产生空气泡沫,扑救甲、乙、丙类火灾。

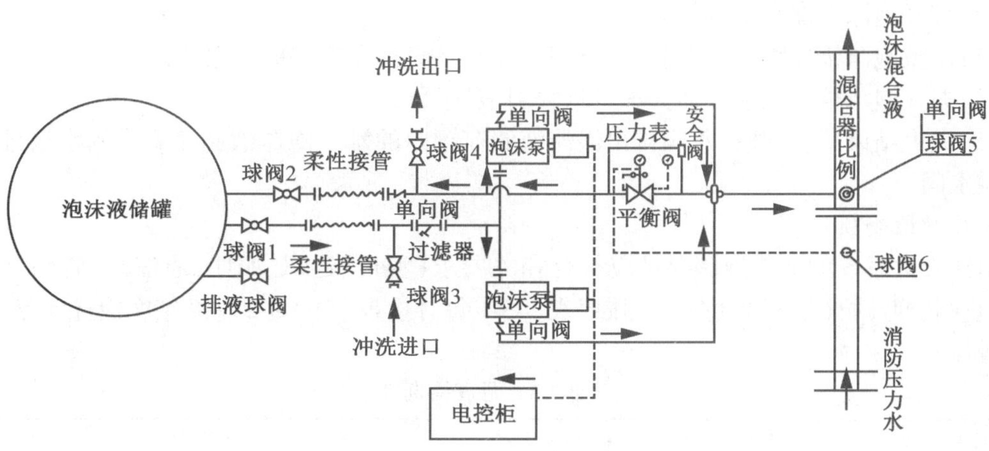

图 3-3-3 电驱动平衡式泡沫比例混合装置流程图

3. 高倍数泡沫灭火系统的使用操作说明

(1)启动消防泵;使用压力范围应在 0.6~1.2 MPa。

(2)打开通向泡沫液储存罐的控制阀门。

(3)打开通向高倍数泡沫产生器的控制阀门。

(4)灭火结束后,打开排水阀排出泡沫液储存罐内的水。泡沫液储存罐内的水被排净后,关闭排水阀。

(二)低倍泡沫灭火系统

1. 低倍泡沫灭火系统的组成

低倍泡沫灭火系统主要由消防泵组、泡沫液储存罐、隔膜式空气泡沫比例混合装置、低倍泡沫产生器、泡沫挡板、泡沫栓箱、手提式电动加液泵、低倍泡沫灭火剂(6%)和泡沫枪或炮等组成,如图 3-3-4、图 3-3-5 所示,适用于甲板区域、货油舱和货油泵舱等舱室。

图 3-3-4 低倍泡沫液储存罐

图 3-3-5 低倍泡沫炮

2. 低倍数泡沫灭火系统的使用操作说明

(1)启动消防泵;使用压力范围 0.6~1.2 MPa。

(2)打开泡沫液储存罐的控制阀门。

(3)调整泡沫枪或炮的方向和角度使其对准火源,打开泡沫枪或炮开关。

(4)握住泡沫枪或炮连续向失火区域喷射泡沫灭火。

(5)灭火结束后,打开排水阀排出泡沫液储存罐内的水。泡沫液储存罐内的水被排净后,关闭排水阀。

3. 维护检查项目

泡沫灭火系统的泡沫液储存是应符合相关要求(温度、通风、照明、通信)。管路、泡沫液泵、截止阀、泡沫枪(炮)的检查保养按照表 3-3-1 每月检查、表 3-3-2 季度年度检查保养办法进行检查保养。

表 3-3-1 月度检查表

序号	设备名称	检查方法	检查须知
1	泡沫液	外观检查	数量符合要求,处于良好状态
2	管路	外观检查	与消防管路连接是否正常,无锈蚀
3	泡沫液泵	试验检查	启动正常,压力,流量正常
4	截止阀	试验检查	开关灵活,无泄漏
5	泡沫枪(炮)	外观检查	外观良好,转动正常

表 3-3-2　季度年度检查表

序号	设备名称	维护周期	维护保养方法	维护保养须知
1	泡沫液	36/12	试验检查	取得化验报告。并对防冻设施进行维护
2	管路	12	外观检查	除锈,油漆
3	泡沫液泵	12	试验检查	压力、流量检查

六、评估标准

1. 评估要素

(1) 口述泡沫灭火系统的组成、用途。

(2) 口述或操作泡沫灭火系统的施放程序。

(3) 口述泡沫灭火系统的维护保养内容。

2. 评估标准

(1) 优秀:回答问题正确,操作正确、熟练。

(2) 良好:回答问题比较正确,操作正确、比较熟练。

(3) 及格:回答问题基本正确,操作基本正确、不熟练。

(4) 不及格:回答问题不正确,操作不正确、不熟练。

实操训练项目四　干粉灭火系统的操作与维护

一、实操训练内容

干粉灭火系统的组成、操作、检查和保养等。

二、实操训练目的和要求

熟悉干粉灭火系统基本组成、主要功能和适用范围等。熟练掌握干粉灭火系统的操作方法、注意事项和检查保养等。每位学生都能够规范地进行实际操作,确保完成本科目的实操教学内容。

三、实操训练条件

具备干粉灭火系统及操作说明等。具有多媒体教室、课件、视频资料等。

四、实操训练组织

教师现场进行实操教学组织,明确实操科目、内容和要求等。教师授课过程包括讲解、示范、答疑和指导等教学环节,学习过程包括学生们的倾听、观看、提问和实操等环节。先集中讲解示范，后分组实操训练。先进行分步训练、熟练之后，再进行系统实操训练。

五、实操训练具体内容和步骤

1. FHQ-200 型干粉灭火系统的组成

FHQ-200 型干粉灭火系统主要由氮气瓶组、瓶头阀、减压阀、安全阀、干粉储存罐、干粉枪、手动阀门、高压球阀、施放控制箱和管系等零部件组成，如图 3-4-1 所示，适用于液化气罐或液化气货舱。

(a)干粉储存罐

(b)驱动氮气瓶组

(c)启动气瓶

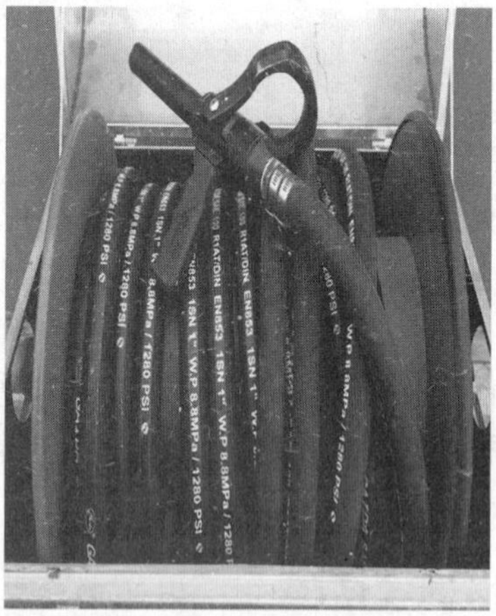

(d)干粉枪与卷盘

图 3-4-1　干粉灭火系统的组成

2. 正确操作

(1)启动瓶的操作

①气动启动

打开启动气瓶上的瓶头阀即可，然后打开干粉枪向火场喷射干粉灭火剂实施灭火。

②应急手动启动(前种启动方式失败时使用)

打开驱动氮气瓶组的瓶头阀即可，然后打开干粉枪向火场喷射干粉灭火剂实施灭火。

(2)干粉炮的操作

①打开干粉炮上的俯仰、回转限制器。

②将炮口对准着火区域，取下堵塞炮口的防潮胶塞。

③将炮的启动气瓶手动阀打开(导向阀、氮气瓶瓶头阀、储粉罐预调压力阀、储粉罐出口总阀)。

④当启动气瓶不能实施现场启动时，则进行以下操作：

a. 到储粉罐站打开通往着火区的导向阀；

b. 压下氮气瓶针阀筒上的按钮。

⑤将喷出的干粉射向着火区。

⑥由储粉间内的控制总阀实施停止喷粉。

(3)手持干粉枪的操作

①将盘绕在软管架上的干粉软管全部拉出。

②打开该枪的启动气瓶手动阀。

③当启动气瓶不能实施现场启动时，则：

a. 到储粉罐站打开通往着火区的导向阀；

b. 压下氮气瓶针阀筒上的按钮。

④将手持干粉枪上的手动柄拉至开启位置。

⑤左右摆动干粉枪，使干粉喷射到着火区域。

⑥干粉枪上的手动柄可控制停止喷粉。

3. 固定式干粉灭火系统维护和检查

固定式干粉灭火系统是液化气体船舶必须配备的灭火系统。对该系统的检查保养可以参考表3-4-1干粉系统的月度检查表、表3-4-2干粉系统的季度、年度检查表。

表3-4-1　干粉系统的月度检查表

序号	设备名称	检查方法	检查须知
1	启动气瓶	外观检查	外观良好，压力正常
2	驱动气瓶	外观检查	外观良好，压力正常
3	减压阀	试验检查	开关灵活，无泄漏
4	贮粉罐	外观检查	外观良好，无腐蚀
5	施放装置	试验检查	操纵正常

表 3-4-2　干粉系统的年度检查表

序号	设备名称	维护周期(月)	维护保养方法	维护保养须知
1	干粉	24	试验检查	干粉重量、质量、吸湿性检查,并取得报告
2	管路	24	吹通检查	有船厂或船检认可的有效证书
3	遥控施放箱	12	试验检查	正确张贴施放说明,无妨碍操作的杂物,设备表面清洁,各阀箱完好,标识清楚

六、评估标准

1. 评估要素

(1)口述干粉灭火系统的组成、用途。

(2)口述或操作干粉灭火系统的施放程序。

(3)口述干粉灭火系统的维护保养内容。

2. 评估标准

(1)优秀:回答问题正确,操作正确、熟练。

(2)良好:回答问题比较正确,操作正确、比较熟练。

(3)及格:回答问题基本正确,操作基本正确、不熟练。

(4)不及格:回答问题不正确,操作不正确、不熟练。

实操训练项目五　细水雾灭火系统的操作与维护

一、实操训练内容

固定压力式水雾灭火系统的组成操作、检查和保养等。

二、实操训练目的和要求

熟悉高压细水雾灭火系统基本组成、主要功能和适用范围等。熟练掌握高压细水雾灭火系统的操作方法、注意事项和检查保养等。每位学生都能够规范地进行实际操作,确保完成本科目的实操教学内容。

三、实操训练条件

具备高压细水雾灭火系统及操作说明等。具有多媒体教室、课件、视频资料等。

四、实操训练组织

教师现场进行实操教学组织,明确实操科目、内容和要求等。教师授课过程包括讲解、示范、答疑和指导等教学环节，学习过程包括学生们的倾听、观看、提问和实操等环节。先集中讲解示范，后分组实操训练。先进行分步训练、熟练之后，再进行系统实操训练。

五、实操训练具体内容和步骤

1. 高压细水雾灭火系统的组成

高压细水雾灭火系统由消防水泵组、细水雾泵组控制柜、Y 型过滤器、球阀、安全阀、截止阀、截止止回阀、细水雾及火灾报警控制器、细水雾显示器、细水雾现场控制盒、火焰探测器、感烟探测器、细水雾集中控制箱、声光警报器、模块箱、压力表、电磁阀、压力水柜、连接管道和细水雾喷头等组成。适用于机舱内的主机、副机、分油机间、锅炉、焚烧炉等处所，如图 3-5-1、图 3-5-2、图 3-5-3、图 3-5-4、图 3-5-5、图 3-5-6、图 3-5-7 所示。

图 3-5-1　细水雾泵组控制柜

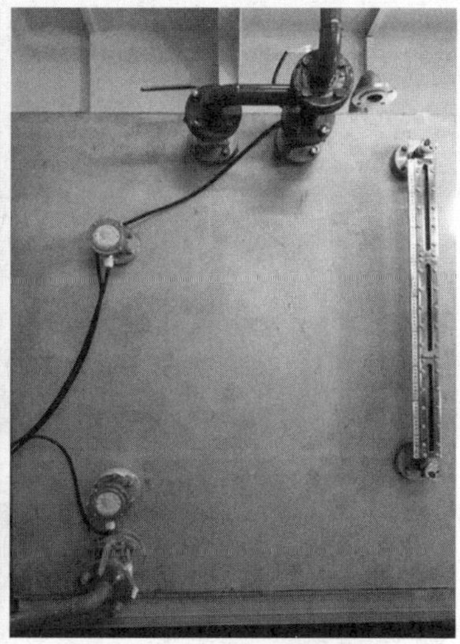

图 3-5-2　压力水柜

图 3-5-3　火灾报警控制器

图 3-5-4　感温、感烟和感光探测器

图 3-5-5　手动施放按钮

图 3-5-6　细水雾喷嘴

图 3-5-7　细水雾喷嘴喷出的细水雾

2. 高压细水雾灭火系统的操作

(1)发生火灾时,有三种方式启动本系统进行灭火

①自动启动(平时把本系统设置为"自动启动"状态)

水泵控制箱上的转换开关处于"自动启动"位置。

②电气手动启动(有 3 种方法手动启动本系统进行灭火)

a. 发现失火后,按下集中控制箱上相应分区的按钮,启动本系统进行灭火。

b. 发现失火后，按下相应分区的手动报警按钮，启动本系统进行灭火。

c. 发现失火后，并且自动启动功能失效后，把“自动启动”转到“手动启动”位置，然后手动按下相应分区的选择阀和水泵的启动按钮，启动本系统进行灭火。

③应急手动启动

自动启动和电气手动启动均失效后，进行应急手动启动相应分区的选择阀和水泵，启动本系统进行灭火。

(2)高压细水雾灭火系统喷出的细水雾时间不少于 20 min。

(3)灭火后系统清理

①检查所有部件是否损坏，如有损坏应更换。

②清洗系统管路及喷头。

③给淡水舱加满水。

(4)系统重新调试正常处于备用状态。

3. 系统的检查维护

(1)分区阀、压力开关进行操作检查，进行日常活络。

(2)对该系统的高压泵组进行启动检查。

(3)高压泵组、过滤器、喷头进行清洁保养。

六、评估标准

1. 评估要素

(1)口述细水雾灭火系统的组成、用途。

(2)口述或操作细水雾灭火系统的施放程序。

(3)口述细水雾灭火系统的维护保养内容。

2. 评估标准

(1)优秀：回答问题正确，操作正确、熟练。

(2)良好：回答问题比较正确，操作正确、比较熟练。

(3)及格：回答问题基本正确，操作基本正确、不熟练。

(4)不及格：回答问题不正确，操作不正确、不熟练。

实操训练项目六 应急消防水泵的操作与维护

一、实操训练内容

应急消防水泵的组成、操作、检查和保养等。

二、实操训练目的和要求

熟悉应急消防泵基本组成、主要功能和适用范围等。熟练掌握应急消防泵的操作方法、注意事项和检查保养等。每位学生都能够规范地进行实际操作，确保完成本科目的实操教学内容。

三、实操训练条件

具备应急消防泵设施及操作说明等。具有多媒体教室、课件、视频资料等。

四、实操训练组织

教师现场进行实操教学组织，明确实操科目、内容和要求等。教师授课过程包括讲解、示范、答疑和指导等教学环节，学习过程包括学生们的倾听、观看、提问和实操等环节。先集中讲解示范，后分组实操训练。先进行分步训练、熟练之后，再进行系统实操训练。

五、实操训练具体内容和步骤

1. 应急消防泵的组成

应急消防泵间以及其海水入口、吸水以及送水管和隔离阀应位于机器处所的外部。应急消防泵由电机、消防管系、进出水阀、压力表、控制开关等组成，如图 3-6-1、图 3-6-2 所示。

图 3-6-1　结构图

图 3-6-2　控制开关

2. 消防泵操作程序

(1)启动

①启动前先盘动泵轴，确信转子无卡住及摩擦现象。

②打开进口阀。

③打开出口阀或出口弯管上的测压孔。

④第一次启动或长期停用重新启动应旋开泵体顶部的螺丝，将泵体内灌满水，严禁未灌满水启动，以防烧坏密封件。

⑤点触电机,检查电机转向是否与泵体转向标志一致。

⑥消防泵启动后,在额定转速下,4 min 内未出水应停机检查。

(2)运转中注意事项

①泵在开始排污后,逐渐调节出口阀至达到规定压力为止。

②泵应在铭牌所规定的流量范围内运转。

③注意轴承温度,轴承外温度不应超过 75 ℃。

④运转中应注意泵是否有异常震动及噪音。

⑤停泵后应关闭出口阀。泵在运转过程中如遇停电,应切断电源后再关闭出口阀。

⑥长期停用应打开放水阀螺丝将泵内积水放尽。

3. 应急消防泵的检查维护

(1)日常检查要点

①检查应急消防泵间与机舱防火分隔是否完整,同时检查两扇门气密性,是否形成气锁。

②是否张贴有操作说明,操作说明是否使用船上工作语言,且易于阅读。

③应急消防泵间是否干净,是否有有效照明,是否有有效通风。

④检查运动部件的防护情况。

⑤应急消防泵位置是否在防火控制图中进行了标识。

⑥应急消防泵间是否有明显的标识,是否易于进入。

(2)应急消防泵的操作性检查

①启动应急消防泵后,慢慢关闭吸口阀,查看出口压力表读数会不会降低。

②观察进口压力表读数是不是为正压力值。

③运转一段时间后可以触摸泵壳和出口管,看是否发热。

六、评估标准

1. 评估要素

(1)口述应急消防泵的组成、用途。

(2)口述或操作应急消防泵的施放程序。

(3)口述应急消防泵的维护保养内容。

2. 评估标准

(1)优秀:回答问题正确,操作正确、熟练。

(2)良好:回答问题比较正确,操作正确、比较熟练。

(3)及格:回答问题基本正确,操作基本正确、不熟练。

(4)不及格:回答问题不正确,操作不正确、不熟练。

实操训练项目七　船舶消防综合演练

一、实操训练内容

1. 正确使用救助设备、生命支持设备、人员保护设备,对伤员进行合适的管理与控制。
2. 船舶通风与控制(包括排烟)的方法。
3. 水灭火对船舶稳性的影响和预防措施。
4. 通信设备正确使用,及灭火中船舶通信与协调。
5. 船舶各部位不同火灾扑救的战略、战术和指挥方法。
6. 船舶各部位不同火灾的应急程序和计划,船舶消防的组织分工。
7. 消防组织、战术、指挥以及船舶在海上和港内不同情况下的消防程序。

二、实操训练目的和要求

每位学生都能够规范地进行实际操作,确保实操教学的质量,使其消防应急响应能力得到真正的提高。

1. 掌握救助设备、生命支持设备、人员保护设备的正确使用,并熟悉人员受伤时对伤员的管理与控制。
2. 掌握船舶通风与控制(包括排烟)。
3. 了解水灭火对船舶稳性的影响和预防。
4. 掌握船舶通信设备正确使用,能掌握灭火中船舶通信与协调。
5. 掌握船舶各部位不同火灾扑救的战略、战术和指挥方法。
6. 熟悉应变部署表,熟悉船舶各部位不同火灾的应急程序和计划,了解船舶消防的组织分工。
7. 能重点突出消防组织、战术、指挥以及船舶在海上和港内不同情况下的消防程序。

三、实操训练条件

1. 具有多媒体教室、课件、视频资料等。
2. 开阔的室外实操场地。
3. 消防模拟舱、火灾自动探测与报警装置、手动报警装置、有线电话;CO_2 灭火系统、固定式水灭火系统;烟雾发生器、应变部署表(消防)、应变部署卡、防火控制图;数量充足的消防员装备、对讲机、消防服、消防头盔、担架、急救药箱、消防斧、灭火器等。
4. 模拟船舶各部位失火的情景。

四、实操训练组织

教师现场进行实操教学组织,明确实操科目、内容和要求等。先在多媒体教室将本实操内容的各分项部分进行集中讲解,后分组实操训练。

室外的综合演习可分为20人一组，全体学员穿消防服，模拟机舱失火情景（机舱一号发电机失火），学员确认各自的编号、职责和任务等。程序熟练之后，进行系统演习训练。演习完成整理设备和器材并复位。

五、实操训练具体内容和步骤

（一）对受伤人员的管理

火场急救是避免病人及伤者死亡或健康进一步恶化而采取的治疗措施。需要选择最佳地点进行急救。

（1）现场施救的基本要求

①火灾现场不可施救。

②空气中含有潜在危险气体时不可现场施救。

③事发现场有其他风险时不可现场施救。

（2）除非怀疑脊椎外伤，否则应等病人被移送到船上医务室后，才开始处理其他损伤。

（3）如果有多名伤者，实施分类救治。首先救治昏迷人员，再救治神志清醒的病人。

（4）移动人员之前检查脊椎外伤、长骨骨折等情况。

（5）不要给病人任何食物或饮品（尤其是酒）。

（6）转移会导致延误，危险时不必转移。

（二）船舶通风控制

船舶一旦失火时，四通八达的通风导管就可能成为导热、导烟甚至直接传播火焰的途径。通风控制在火灾的控制及灭火过程当中就显得尤为重要。

所有通风机应能在其服务处所的外面予以停止。通风系统的主要进口和出口都应能从被通风处所的外部予以关闭。机器处所的天窗、烟囱上正常排气口、挡火闸、通风机等应有控制装置。图3-7-1为主要部位的通风形式及控制。

（a）机舱天窗

（b）烟囱上的通风口

(c)机舱的通风口(一)

(d)机舱的通风口(二)

(e)厨房的通风口

(f)货舱的通风口

(g)菌帽形通风口

(h)通风控制紧急停止按钮

图 3-7-1　主要部位的通风形式及控制

船舶着火后,需要将着火处所及附近的所有通风进行关闭。通风的控制在整个灭火过程中都是非常重要的。如果需要进入火场灭火或援救受困人员,需根据具体情况采取适当的通风方式。

(三)水灭火对船舶稳性的影响和预防措施

稳性是船舶受倾侧力矩作用偏离其初始平衡位置,当倾侧力矩消除后,能自行恢复初始平衡位置的能力。当船舶稳性不足时,船舶受倾侧力矩的作用大于稳性所提供的恢复力矩时,就可能导致船舶的倾覆。使用水灭火对船舶稳性的影响主要表现在以下两个方面:

首先,大量使用水灭火会形成自由液面,当船上存在自由液面时,如果船舶发生横倾,则液体的重心将发生纵移和横移,不但使船舶的初稳性高度降低,而且在重力的作用下也产生了相当大的倾侧力矩,船舶就有倾覆的危险;再者,大量使用水来灭火,会造成船舶重心发生变化。对于大型船舶,大量用水还可能对船舶的纵向强度产生影响。

作为船舶的灭火指挥,在灭火的指挥过程中,应充分意识到这一特殊的风险,并根据火情和船舶的实际稳性情况,采取正确的灭火战术,以保证船舶的安全。为保证船舶安全,可采用以下措施避免大量用水使船舶倾覆的危险:

(1)减少盲目射水:在扑救过程中,消防人员应尽量抵近燃烧区域灭火,将水流准确地射到火源上,以提高灭火效能;并尽量不向死角处或向船舱内无法排水处大量射水,避免舱内积水过多。

(2)及时进行排水:启动船上的舱底水泵向舷外排水。若是机舱失火,排水泵无法使用时,应调用其他排水设备进行排水。

(3)往压载舱灌水:船体发生倾斜时,应向相反方向一侧的压载舱内泵水,以使船体恢复平衡或减少倾斜角度。使用此法时,应注意船舶的浮性。

(4)加固笨重物体:船舶甲板上、货舱内载有重量很大的物体时,应采用硬物加以塞垫、绳索捆绑拴牢的方法,防止这些重物的滑动。

(四)灭火中船舶通信与协调

1. 对船外通信

可用于对外通信设备有卫星电话、GMDSS组合电台、VHF、应急示位标等。

在船舶发生火灾和在救火过程出现其他险情时,及时利用船舶通信设备将紧急情况通知有关各方:管理公司、船东、租船人、代理;船东互保协会(P&I);搜救中心(RCC)或者区域性船舶搜救系统(AMVER),附近船舶情况,以及当地海事局、搜救中心、当地消防队等。通信内容有如下几方面:

(1)船舶火灾状况:包括起火原因、时间(UTC/LT)、火灾位置、船首尾的吃水,预计火灾危险发展情况。

(2)船舶动力系统状况:包括"四机一炉"状况以及消防水和其他管系情况。

(3)船位和天气海况等:包括距浅滩的距离、流速与流向、预计船舶漂至浅滩的时间;天气和海况;天气预报。

(4)船舶采取的行动。

(5)消防设备的情况。

(6)需要的援助:包括船员救助、医疗救援、救助设备、拖带作业等。

2. 对船内通信

在火灾应急中,指挥员之间和各应急组的通话,主要使用船上电话和无线对讲机及全船广播等。

(五)火灾扑救的战略、战术及指挥方法

对于一场火灾,我们希望在最短时间内,以最快的速度,最少的消耗迅速扑灭它,并能做到最大限度地减少火灾的损失。战术的原则是:先控制,后消灭;先探明火情,后采取行动。

船舶灭火的基本战术主要有如下几种,这些基本战术可以单独使用,而在部分情况下则需综合运用才能达到灭火的目的。

(1)封堵火势

这一战术在船舶灭火过程中应用十分广泛,封堵火势既是对火灾的初期控制,有时也是一种具体的灭火方法。其原理就是通过封闭所有通风孔,断绝燃烧所需要的氧气,使火灾窒息消灭。

(2)防护周围

防护周围就是防止火从起源处蔓延出去。如果能达到此目的,火灾通常就能够加以控制,并且能减少损失。防护周围,首先必须将火势从六个方面有效地围住,用消防水对所有可能引起火灾蔓延的通风口和开口以及舱壁进行周围冷却,特别是对存有危险货物和重点保护区域的地点,要重点防护。

(3)直接扑救

直接扑救是指灭火人员接近火区,将灭火剂直接喷射到着火点上,使火熄灭的扑救方式。运用时机是在火灾已被控制住,且对火情已调查清楚,有充足的人员和装备时,在灭火中应尽可能地采用这种方式,因直接扑救法能达到最快地扑灭火势和使火灾损失降低至最小限度的效果。在火场面积大、温度高或浓烟不散的情况下,直接扑救需要消防队员穿戴空气呼吸器、消防员装备、采取通风排烟措施和水枪掩护等情况下展开。

(4)间接扑救

间接扑救大多用于舱室或封闭空间内发生的严重火情,在这类舱室内火势猛烈,火浪灼炽,毒烟弥漫,使灭火人员无法进入和接近;或者当着火舱室内存在气瓶、油桶即将爆炸的危险时,可采用间接扑救方式灭火。

在这种情况下,要严密封闭门、舱口和通风系统,切断空气进入的通道及火灾可能蔓延的途径,然后启动固定二氧化碳灭火系统施放 CO_2 进入火场。在施行间接扑救的同时,应组织力量用水枪对着火舱室外壁喷水冷却,避免灼热舱壁烤燃邻室和发生二次火灾。

也可从火区较远的合适地点打开一个或几个小口,插入喷雾水枪喷嘴,尽量将水雾连续向着火面覆盖,火焰及火区的高温将把水雾转变成蒸汽,使其产生冷却和窒息作用。这种灭火方法在火被严密封闭,水蒸气能够起到减少火区空间氧气浓度的条件下,才能达到预期的灭火效果。但在舱容大,可燃物多,火势已极为猛烈且舱壁强度相对较薄弱的情况下,采用上述扑救方法应十分谨慎,防止大量水蒸气的高压导致着火舱室爆炸的恶性事故的发生。

(5)疏灭结合

在扑救货舱火灾过程中,由于起火点隐藏在货舱深处,舱面和开口只是出现大量浓烟,难以发现火源,在积极采取灭火行动的同时,为减少货物的水渍损失和方便灭火,组织人力疏散货物(卸出货物),将舱面的货物转移到安全的地方,逐渐使起火点显露出来,对火点展开扑救。

实践证明,在港口内采用疏灭结合战术效果明显,特别是对客滚船和集装箱船的货舱效果好,火灾造成损失少。

(6)先易后难,先外后内

在火灾扑救中,先将容易位置的火灾扑灭和船舶甲板上的火灾扑灭,将外部火灾尽快扑灭,防止火灾扩散到其他区域,能及时控制火势。

(7)确立重点突破,逐片消灭

当火场上的火势猛烈,烟雾弥漫,进攻的危险性较大时,由于灭火战斗需要又必须去完成某些艰巨任务(营救生命、排除险情、保护要害、打开通路),或者为了扭转战局,而必须从火场上的关键部位、关键时机,强行打开突破口,强攻火点。这种选准突破点,强行攻击的战术突破方法,称之为重点突破。重点突破,必须组织精干力量,选用精良有效的装备器材和灭火剂,配备安全防护装具,选准突破口,选准时机,坚决果断强行纵深突破,完成预定的目标。

(8)灭火阵地转移,变不利为有利

船舶火灾既能发生在港口区域,也能发生在远离港口的海区。在航行中发生火灾,有的部位火灾可以依靠船员的力量,进行扑救,如居住区、物料间等,但对于货舱火灾等由于起火点不明,燃烧物的性质不明,考虑到人员安全和船舶安全问题,货物损失等问题,船舶采取"保守"措施,采用间接灭火战术,封闭舱室,注入二氧化碳,用水冷却周围,但在海上不可贸然采取开舱察看,以免新鲜空气进入,火势难于控制。

船舶采取积极控制火情同时,改变航线驶往就近港口,请求水上消防队救援,由专业消防队员扑救。

另外,火场指挥需要兼顾全局,把握重点,集中指挥。及时下定决心,迅速、周密组织战斗,并实施坚定、灵活、不间断指挥。

(六)消防演习(机舱失火)程序

1. 报警

值班轮机员发现失火后,立即用电话等通信设备向驾驶台报警。

值班轮机员:"报告驾驶台,机舱一号发电机失火,火势向上蔓延"。

驾驶员:"明白,机舱一号发电机失火;立即备车,启动应急消防泵,关闭机舱的通风系统,关闭一号发电机的燃油系统。"

轮机员:明白!

船长上驾驶台。立即发出全船火灾警报(连续短声持续 1 min 后再四长声)。随后,通过广播系统播报失火情况:"所有船员注意,机舱一号发电机失火;请全体人员立即到主甲板集合。"

2. 集合

现场人员携带器材集合,消防队(探火员在消防队里)、隔离队、救护队站成三排,队长在前,报数后,各队队长向现场指挥轮机长报告,某某队人员已到齐。轮机长回答:收到,待命。

轮机长:报告船长,人员已到齐,请指示。

船长:请立即按应变部署表进行灭火。

轮机长:明白。

3. 探火

轮机长:隔离队清理火场周围,关闭机舱烟囱左面百叶窗及烟囱门,关闭机舱天窗和右面百叶窗,隔离易燃,易爆物品,轮机员切断所有风机,关闭速闭阀,切断电路和油路。

隔离队:收到。

轮机长:探火员探火,消防队掩护,皮龙组接好两根皮龙,机舱左右各一根,冷却四周。

消防队:收到。

然后各队分别采取行动。

轮机长:“报告船长,应急消防泵已启动,两根皮龙已出水;现场已隔离;速闭阀已关闭;风油已切断;探火员已在现场就位。请求进场探火”。油路速闭阀如图 3-7-2 所示。

船长:请立即组织探火员进入机舱探火。

轮机长:明白,立即组织探火员进入机舱探火。

A. 探火员进场前,大副检查气瓶压力并记录读数和进场时间;

B. 消防员用的耐火绳最末端要生根,在使用过程中要适当收紧;

C. 消防员开门和进入姿势要正确,进入后,一前一后,低姿势摸索前进。发现着火点后互相传递信号,取手提灭火器或皮龙灭火,后面的消防员同时控制防火绳和提供照明;

D. 协助开门人员的开门姿势要正确,消防员进入后,三副负责将门关闭到适当位置;

E. 皮龙组用皮龙水雾掩护的姿势和冷却四周的姿势要正确。

探火员:报告轮机长,下甲板辅机旁油管破裂产生火情,火势较大。

轮机长:收到。

消防队:报告轮机长,消防队一人被困火场。

图 3-7-2　油路速闭阀

4. 救人灭火

轮机长:报告船长,消防队一人被困火场。

船长:搜救被困人员。

轮机长:消防队立即进入火场搜救被困人员。

轮机长:报告船长,下甲板辅机旁油管破裂产生火情,火势较大。

船长:使用灭火器材灭火,机舱启动细水雾灭火系统。

轮机长:使用灭火器材进行灭火。机舱施放细水雾灭火系统。

消防队:收到,立即使用灭火器材进行灭火。

轮机员:收到,施放细水雾灭火系统。

探火员再次进入将被困火场的人员救出,消防队用水带外围冷却,内部使用手提式灭火器,推车式灭火装置进行灭火。轮机员施放细水雾灭火系统。

探火员:报告轮机长,受困人员已被救出。

轮机长:报告船长,伤员已救出,处于昏迷状态。

船长:马上进行急救。

轮机长:救护队立即对伤员进行急救。

救护队:收到。救护队进行急救。

待伤者苏醒,向轮机长报告:报告轮机长,经抢救,伤者已苏醒,状况正常。

轮机长:报告船长,经抢救,伤者已苏醒,状况正常。

船长:收到。

消防队:报告轮机长,火势已经向上蔓延,大火无法扑灭。

轮机长:报告船长,机舱火势已经向上蔓延,大火无法扑灭。

船长:所有人员撤离机舱,清点人员,准备施放 CO_2 灭火系统,继续对机舱外围冷却。三副到 CO_2 间做施放 CO_2 的准备工作,大副组织甲板部人员做好放艇准备。

5. 施放 CO_2 封舱灭火

轮机长:所有人员撤离机舱,清点人员,准备施放 CO_2 灭火系统,继续对机舱外围冷却。

各队报数,队长向轮机长报告人员已到齐。

隔离队关闭检查所有门窗、通风口。三副到 CO_2 间作施放 CO_2 的准备工作;大副组织甲板部人员做好放艇准备工作。各组人员完成任务后,各队长应向轮机长报告。

轮机长:报告船长,施放准备工作情况正常,机舱已封闭,风机、电路和油路已切断,三副在 CO_2 间待命,施放准备工作已完成,大副放艇工作已准备完毕,请指示。

船长:按操作规程向机舱施放 CO_2。

轮机长:明白,向机舱施放 CO_2。

轮机长:报告船长,向机舱施放 CO_2 完毕,请指示。

船长:轮机长,安排人员对机舱四周进行检查是否有 CO_2 泄漏,同时测量和记录温度。

轮机长:隔离队对机舱四周进行检查是否有 CO_2 泄漏,同时测量和记录温度。

隔离队:报告轮机长,封舱情况完好,无泄漏现象,机舱温度已下降。

轮机长:报告船长,经查未发现 CO_2 泄漏,温度已下降,请指示。

6. 监测灭火效果

船长:监测火场温度。

轮机长:收到,隔离队监测火场温度。

隔离队:收到。

监测后。

隔离队:报告轮机长,火场温度过高。

轮机长:继续监测。

隔离队:报告,火场温度已下降。

轮机长:收到。报告船长,火场温度已下降。

船长:探火员进入火场探火,检查火灾是否被扑灭。消防队其他人员掩护。

轮机长:探火员进入火场探火,检查火灾是否被扑灭。消防队其他人员掩护。

消防队:收到。

消防队:轮机长,经探火检查,火灾已被完全扑灭,没有复燃可能。

轮机长:报告船长,经探火检查,火灾已被完全扑灭,没有复燃可能。

7. 火场通风及清理火场

船长:打开机舱所有通风。检测机舱内易燃易爆气体及氧气的浓度。

轮机长:隔离队打开机舱所有通风。消防队检查机舱内易燃易爆气体及氧气的浓度。

隔离队、消防队收到。

隔离队:报告,机舱所有通风已打开。

消防队:报告轮机长,机舱内无易燃易爆气体,氧气浓度恢复到21%。

轮机长:报告船长机舱所有通风已打开。机舱内无易燃易爆气体,氧气含量恢复到21%。

船长:进入机舱,检查火灾损失情况。

轮机长:隔离队进入机舱,检查火灾损失情况。

隔离队:收到。

隔离队:报告轮机长,经检查机舱1号辅机部分被烧毁,2号辅机完好。

轮机长:报告船长,机舱1号辅机部分被烧毁,2号辅机完好。

船长:安排机舱人员清理现场,检查所有机器设备,恢复船舶动力,开启机械通风。

轮机长:轮机员清理现场,检查所有机器设备,恢复船舶动力,开启机械通风。

轮机长:报告船长,现场清理完毕,动力已恢复,机械通风已开启。

船长:集合所有人员,进行讲评,驾驶员解除警报!

船长进行讲评。宣布本次演习结束,全体参加演练的人员应对演练设备器材等进行整理并归位。

8. 现场整理演练结束

鸣放一长声演习结束信号,图3-7-3为演习图片节选。

(a)听到警报后,人员集合　　(b)各队人员整队报告

(c)探火员探火

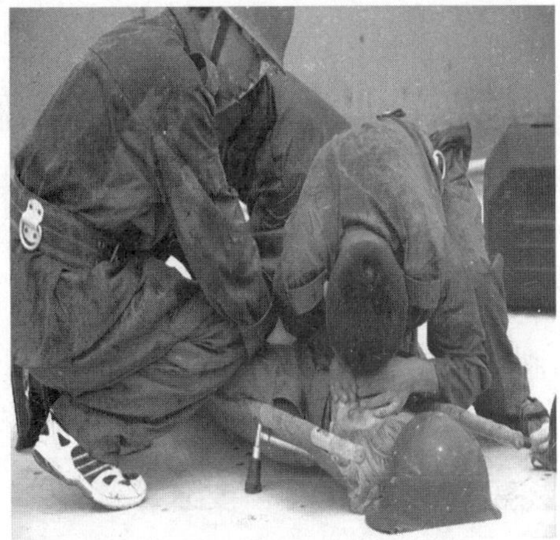

(d)救助伤员

(e)冷却防护周围

(f)完成任务后报告

图 3-7-3　消防演习图片

六、评估标准

1. 评估要素

(1)对受伤人员的管理,船舶通风控制,水灭火对船舶稳性的影响和预防措施,灭火中船舶通信与协调,火灾扑救的战略、战术及指挥方法。

(2)消防演练过程中严肃认真,积极主动。

(3)正确使用通信设备,报告时声音洪亮。

(4)各个分项操作动作到位,准确。

(5)整体配合流畅,各职位人员熟悉演习的程序。

2. 评估标准

(1)优秀:回答问题正确,演习程序非常流畅,设备操作正确、熟练。

(2)良好:回答问题比较正确,演习程序比较流畅,设备操作正确、比较熟练。

(3)及格:回答问题基本正确,演习程序还算流畅,设备操作基本正确、不熟练。

(4)不及格:回答问题不正确,演习程序不流畅,设备操作不正确、不熟练。

实操训练项目八　船舶火灾事故报告与案例分析

一、实操训练内容

1. 按要求编写船舶火灾事故报告。
2. 根据船舶火灾典型案例进行分析与讨论。

二、实操教学目的和要求

熟悉船舶火灾事故报告、船舶火灾案例的格式、内容、要求和特点等。根据提供的火灾案例,熟练掌握编写船舶火灾事故报告的方法和注意事项等;通过对典型火灾案例研究与分析,找到发生火灾事故的原因和整改措施,并从中吸取经验教训等。每位学生都能够根据附件 1 写出一份事故报告,根据附件 2 写出火灾案例分析。

三、实操教学条件

1. 多媒体教室、课件。
2. 具有数量充足的船舶火灾事故报告空白表格和案例分析表格、各种船舶火灾案例等。

四、实操教学方案

教师现场进行实操教学组织,明确实操科目、内容和要求等。授课过程包括讲解、示范、答疑和指导等教学环节,学习过程包括倾听、观看、提问和实操等环节。

五、实操教学过程

(一)船舶火灾事故报告

1. 船舶火灾事故报告主要内容

船舶发生火灾事故后,船长如实将火灾情况记录形成一个书面报告,报给海事部门及其相关机构,并接受海事部门的调查与处理。

主要内容有六个部分:船舶概况、火灾事故经过、事故的原因与分析、损失情况、责任与教训、结尾(签字)。如还有需要说明的,可以通过附录说明,这包括文字说明、语音录音、照片以及录像等资料。

2. 船舶火灾事故报告的格式

船舶火灾事故报告的格式如表 3-8-1 所示。

表 3-8-1　船舶火灾事故报告格式

<table>
<tr><td rowspan="5">船舶概况</td><td>船名：</td><td>船籍港：</td></tr>
<tr><td>呼号：</td><td>IMO 号码：</td></tr>
<tr><td>船型：</td><td>总长：</td></tr>
<tr><td>总吨位：</td><td>净吨位：</td></tr>
<tr><td>船东：
地址及联系方式：</td><td>船舶管理公司：
地址及联系方式：</td></tr>
<tr><td>火灾事故经过</td><td colspan="2">按照时间顺序叙述下列内容：
发现火灾的过程；发出火灾警报的时间；警报的启动；向船长报告的时间；火灾的位置和性质；到达现场的第一人；灭火的初始措施；使用的消防员装备；使用的消防器材；使用的人力；熄灭的时间与人员伤亡情况；引起的全部损失；由灭火剂引起的损失；火灾后的防火值班；船舶损失的程度</td></tr>
<tr><td>事故的原因与分析</td><td colspan="2">火灾原因与分析应包括下列内容：
1 按照火灾过程时间；
2 按照船员采取措施的时间；
3 有关火灾的事实；
4 灭火器材的状况；
5 实际参加灭火的人员；
6 使用的消防员装备和压缩空气呼吸装置</td></tr>
<tr><td>损失情况</td><td colspan="2">包含内容：火灾损失；灭火剂造成的损失；船舶损失的程度</td></tr>
<tr><td>责任与教训</td><td colspan="2">事故有关责任人：

教训：</td></tr>
<tr><td>签字</td><td colspan="2">船长签字：
日期：</td></tr>
</table>

3. 阅读提供的火灾案例

见附件 1：“××”轮机舱火灾事故报告。

4. 填写船舶火灾事故报告

根据所提供的船舶火灾事故案例中的相关内容和船舶火灾事故报告的要求进行填写。

(二)船舶火灾案例分析

1. 阅读火灾案例。见附件 2:滚装客船“××”轮火灾经过。本火灾案例只是作为参考,进行船舶火灾案例分析时,学生可以自行搜集各种船舶火灾案例,以便学生能够更加全面地了解船舶火灾事故。

2. 了解火灾过程及事实。

3. 根据火灾案例,通过科学细致的分析和判断找到火灾原因。

4. 铭记火灾事故教训。

5. 简述整改措施。

6. 评估标准

(1)评估要素

①填写一份火灾事故报告。

②填写一份火灾案例分析。

(2)评估标准

①优秀:事故报告、案例分析填写格式正确,内容完整,各项分析准确。

②)良好:事故报告、案例分析填写格式比较正确,内容比较完整,各项分析比较准确。

③及格:事故报告、案例分析填写格式基本正确,内容基本完整,各项分析基本准确。

④不及格:事故报告、案例分析填写格式不正确,内容不完整,各项分析不准确。

附件 1　“××”轮机舱火灾事故报告

一、船舶概况

船名	××	呼号	××××	IMO No.	×××××
船旗国	中国	船籍港	××	船舶登记号	×××××
船舶种类	散装自卸船	船型	尾机型	船级社	CCS
建造厂	××	安放龙骨	1994 年 11 月 30 日	建造完工	1995 年 6 月 9 日
船舶所有人	××	船舶经营人	××公司	船员属地	××
接管日期	××	管理公司	××		

(一)主尺度

总长:186.58 m

两柱间长:178.80 m

型宽:29.00 m

型深:15.20 m

(二)吨位

总吨:24 964 t

净吨:10 568 t

空船重量:9 382 t

空载排水量:9 382 t

满载排水量:46 914 t

(三)主、副机

主机型号	Man/Bw6L-50mc	主机台数	1
主机缸径(mm):	500 mm	主机冲程(mm)	1 620 mm
主机出厂年月	1995		
主机制造厂	DIESELMOTORENWERK VULKAN Werk Bremen		
副机	型号:瓦锡兰 VASA 6R22/26	台数	3
副机功率(kW)	1 065		
发电机型号	ALPC500D6	台数	3
功率:1 263 kVA		频率:50 Hz	
电压:400 V		相制:3	
电制:三相绝缘系统		制造厂/出厂编号: ABB/106179/106180/106181	

(四)应急发电机/应急电源

柴油机型号:3306B/161 kW		
发电机型号:MWOX　200-4	发电机功率:	发电机频率:50 Hz
制造厂:CATERPILLAR	起动方式:电动	
应急电源(蓄电池)	24 V	119 Ah

二、事故经过

“××”轮2011年第35航次,××航线,11月2日1800时抵达秦皇岛锚地候泊受载。3日22时06分左右,集控室值班机工发现2号副机燃油漏油报警,随即告知正在2号副机现场监控的值班机工(由于2号副机刚完成自修,尚在磨合试车过程中,轮机长安排双岗值班)。两人合作移开2号发电机高压油泵顶部保护罩板,检查发现3缸高压油泵进油管的法兰处泄漏燃油,漏出的燃油喷洒到缸头气阀的外壳上。在未盖妥高压油泵顶部保护罩的情况下,一名机工回到集控室电话告知二管轮和电机员;另一名机工立即在副机旁起动3号发电机。

22点12分左右,电机员下机舱集控室解列2号电机,并遥控停止2号发电机组。

二管轮奔到2号副机旁关停电动燃油增压泵(此泵仅能在机旁起停,油泵压力0.7 MPa),就在二管轮已关闭燃油阀的进口阀,正在关闭燃油回油阀的同时,旁边的机工发现2号副机3、4缸缸头与排烟管之间的部位突然起火(22点12分左右),该机工迅速用干粉灭火器进行扑救,明火被扑灭。少顷,该部位再次复燃,该机工和二管轮再次用灭火器进行灭火,但此时火势猛烈并迅速扩散,蔓延至2号辅机顶部天花板和电缆线排。二管轮到集控室用电话报警;与此同时,火警探头也触发警报,全船响起火警警报。

船长和政委首先到达现场,用灭火器进行施救。其他船员也纷纷赶到机舱用灭火器扑救火灾,火势得到控制。但由于副机舱室空间狭小,烟雾浓重呛人,周围临近油舱和分油机房,管线纵横,近距离施救困难。

船长果断下达使用消防水灭火的指令,三根皮龙对着火源和油舱舱壁以及分油机房分隔舱壁板,前后夹击,进行灭火降温。

电机员迅速拉动风油切断装置,停止3号副机;5~10 s后,应急发电机自动启动供电;三管轮立即启动应急消防泵,水泵蓄压备用。

22点35分左右,火势被彻底扑灭。船长于22点40分通过电话告知公司总值班室。即刻,公司启动应急程序,组织成立事故应急处理和事故调查小组。

三、损失情况

1. 无人员伤亡,船舶锚泊安全。

2. 三台副机及副机间的控制和照明电缆及灯具部分被烧损。

3. 1号和2号副机增压器表面过火,调速器调速马达烧损,1号和2号副机仪表盘部分烧损,1号和2号副机滑油预润滑泵和燃油增压泵部分马达损坏,1、2号副机安保系统部分烧损,各种报警装置部分烧损。

4. 1号副机和2号副机增压器消音器烧损,转速探头烧损。

5. 2 号和 3 号发电机在施救过程中不同程度被消防水喷到，内部进水，绝缘测量，3 号机为零，2 号机小于 2 Ω。

四、火灾事故原因分析

1. 主要原因是由于高压油泵进油管法兰固定螺栓松动，造成高压轻柴油泄漏、喷射。

2. 直接原因是移开高压油泵顶部的保护罩板后，未能及时盖妥保护罩，或未对泄漏源进行堵漏的应急处理。2 号副机 3 缸高压油泵喷出的轻柴油被直接喷洒到缸头排气机构外壳（轻柴油流至排烟管护罩缝隙至排烟管），或直接喷到排温表表杆空隙所裸露的排烟弯管处，轻柴油则被高温点燃。

失火后，火源迅速引燃漏泄在高压油泵和缸体表面附近的轻柴油，助长火势，火焰又上窜引燃敷设在 2 号副机上方的电缆和天花板表面油漆等助燃物，在风筒吹出的风力助推下，过火到 1 号副机顶部，造成 1 号副机表面着火。

3. 间接原因包括：

（1）船员日常检查保养不到位。查二管轮检修记录，2011 年 8 月 13 日，2 号副机 3、4、5 三个高压油泵被拆检，至事发时，已运行 526 小时。在燃油发生轻微漏泄时，值班人员未能及时发现，错过了避免事故的最佳机会，给事故的发生埋下了隐患。

（2）发现漏油后后续处置失当。值班人员发现高压油泵进油处泄漏后，在移开高压油泵罩壳进行检查并发现高压油泵法兰漏油的情况后，应该及时将保护罩板盖回原处，或采取一定的堵漏应急措施，这样可以有效防止燃油的喷溅，避免引发火灾。

（3）风险意识不强。在发现漏油报警时，船员对相关的设备进行检查是必要的。由于对防范火灾风险意识不强，未采取先盖回保护罩。如果先盖回保护罩再去启动备用副机等最有效的方法，这样就可以避免发生火灾。

（4）管理不到位。在副机磨合的过程中更多考虑的是技术方面的要求，忽视了使用轻柴油存在更高火灾风险的提示和要求，管理人员的风险意识和对船舶的管理标准及要求都有待提高。

五、经验教训和措施

规范操作流程。进一步推进船舶设备操作风险的评估工作，修改、完善单船设备操作流程。在发生漏油警报后，不可盲目揭开保护罩板，更不可移除。及时转换电机，排放集油槽内的积油后，再做进一步处理。

发电机使用轻柴油时，在换油前，认真检查发动机高压油泵与进回油管状况，发现状况不良时及时进行检修，更换密封件，消除漏泄；运行中重点监控燃油系统，加强对其巡检的频率和质量。

加强日常维修保养工作的落实和检查，提高管理力度，保持缸头平台清洁，油槽通畅，漏油报警功能完好。特别是主副机的缸头、油泵、各种燃油、滑油滤器周围、油柜底部的集油槽和舱底等重要部位，消除漏泄，不留残油，保持洁净。

加强船员和管理人员的风险意识培训和教育，职能部门做好风险源评估，编入管理体系，并将此事故通报所管船舶，举一反三，进一步开展排查隐患、开展安全风险教育，提高岸基管理人员和船员的风险意识。图 3-8-1 为火灾事故的现场照片。

(a)高压油泵组带保护罩状态

(b)高压油泵组移除保护罩状态

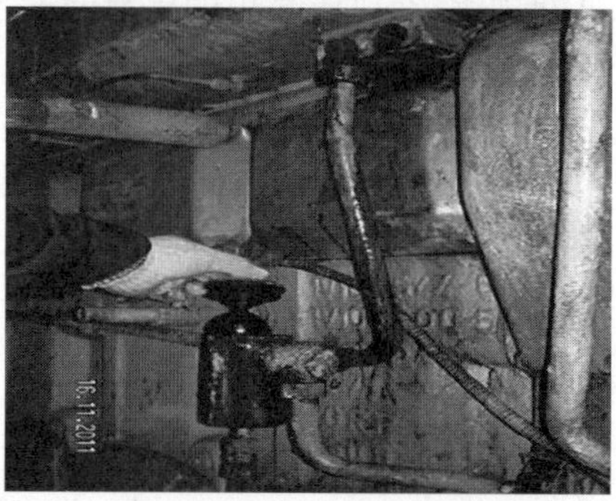

(c)漏油报警装置

(d)高压油泵进口漏油法兰

(e)排烟温度表位置

(f)拆除缸头排烟弯管

图 3-8-1　火灾现场照片

附件 2　滚装客船“××”轮火灾经过

2004 年 11 月 16 日 1330 时，×××有限责任公司所属滚装客船“××”轮在大连港三山岛附近海域突发火灾，在各有关单位的大力支持和配合下，成功救起了遇险的全部 291 名旅客和 49 名船员，并将失火船及时拖离港口主航道至安全水域，确保难船不爆不沉，也未造成海域污染，使事故造成的损失减少到最低程度。

“××”轮本事故航次的出发（装货）港为烟台打捞局码头，该港客运站在进港门口设立了“三品”“三超”车辆检查站，并设有地磅秤，每天由 1 名处长和客运站站长值班，每班有四名人员负责 24 小时轮流职守，对进港车辆进行登记、检查，其中 2 人负责货物申报登记、检查，1 人负责对车辆称重，另 1 人负责对车辆所载货物、油箱是否有漏、货物绑扎是否牢固等进行检查。每辆车只有持“三品检查单”和“衡重单”方可购买登船车票。

客运码头按半挂车、单车、小车等分类停放，并设有消防通道，场地按要求安装了 11 个电子监控摄像头，24 小时有专人值班。

上船关口，每班均有港口公安分局码头派出所和客运值班调度负责最后的登船车辆检查。

“××”轮共有船员 49 人，其中船长、轮机长、大副、二副、三副、大管轮、二管轮、三管轮各一名，船舶按照最低配员要求配备了合格的船员。

该轮的各种船舶证书均齐备有效，配员达到规定标准，积载情况符合要求，经烟台海事局办理出港签证后驶往目的港大连港。

一、事故经过及事故发生时的天气及海况

2004 年 11 月 16 日约 0805 时，“××”轮载客 291 人，载车 79 辆，离烟台港驶往大连，船载车辆均系固绑扎，船员 49 人。

驾驶台由二副和一名水手、机舱由二管轮和一名机工值航行班。巡舱人员间歇地实施全船巡查。

约 1227 时，“××”轮过 12 n mile 报告线，并向大连交管中心（VTS 中心）报告，航速为 15.8 kn。

约 1315 时，该轮驶入大连港大三山水道通航分道，北向航行。

约 1325 时，该轮左舷平 H0#浮，并向 VTS 中心报告，同时通知机舱换油备车，航速约 15.4 kn。

约 1330 时，在甲板散步的部分旅客发现 C 层车辆舱的左舷有烟冒出，并及时通知值班乘警。此时，客舱部值班乘警也发现车辆舱 C 层甲板的左前部有大量浓烟冒出，立即报告驾驶台，并按下手动火警报警按钮。驾驶台获知火警后，船长立即令二副拉响全船火警警报，同时启动驾驶台消防泵和喷淋泵，但没有成功。与此同时，船长令减速，由双进四逐档减至双进一，左满舵，驶离航道，进入锚地。令三副立即去水雾喷淋控制间开启喷淋开关；令大副下车辆舱组织灭火，同时令抛左锚二节甲板，停车。

1333 时，二副称，用 VHF 向 VTS 中心和其公司呼叫，但未能建立联系。

火警警报之后，轮机长立即赶到机舱，值班二管轮先后开启水雾喷淋泵的进水阀及甲板出水阀，并起动另一辅机。当时可见集控室指示灯显示泵工作，但即瞬间停止。

三副接到命令后，立即赶至处于右舷的水雾喷淋系统控制间，打开所有的喷淋开关，喷淋系统刚开始工作，即瞬间停止。三副又和其他船员赶到车辆舱左舷入口门，打开门发现车辆舱内有大量浓烟，无法进入，随即用手提式灭火器灭火，但毫无作用。

大副接到船长命令后，立即组织船员打开首甲板的车辆舱入口门，发现舱内有大量浓烟，无法进入，立即用皮龙灭火，但皮龙不出水。

1335 时，“辽渔拖 2”轮向 VTS 中心报告：“××”轮失火。随后 VTS 中心值班员连续 3 次呼叫“××”轮，但未有回答。

1338 时，VTS 中心叫通了“××”轮，并得到火灾确认。“××”轮的高频电话恢复正常后，又立即将火灾情况报告公司。

1340 时，二副报告驾驶台断电，除 VHF 应急电源尚可使用外，雷达等助航仪及各控制设备全部停止工作，与机舱亦失去联系。报务员用 VHF 与 VTS 中心保持通信联系，接收或转接指令。

船员根据船长命令将右舷所有救生筏（共 15 个）及两部气胀式降滑梯施放入水。

此时，火势异常迅速蔓延，几乎遍及全船，无法控制。船员无法到达应急消防泵控制间（尾部舵机间），旅客无法到达逃生梯处。大副等组织、疏导所有旅客到首甲板，紧急撤离至前来营救的救助船和渔船上，并安全送抵上岸。在所有旅客离船后，船员最后离船，部分船员并随即参与灭火救助行动。

1540 时，机舱内的最后 2 名船员（二管轮和机匠）被救助船舶救起，2 名船员表示机舱情况正常，辅机仍在工作。

事故发生时渤海、渤海海峡西风偏北，风力 4~5 级，海面轻浪，视程良好，气温约 11 ℃。

二、事故救助过程

11 月 16 日 1335 时，辽宁省海上搜救中心值班室接到报告，三山岛附近的滚装客船“××”轮有失火迹象。值班员立即通过中央电视监控系统进行观察，并通过 VHF 与“××”轮联系，1338 时，确认该轮起火。

险情确认后，海上搜救中心立即启动水上险情应急反应程序，立即分别向中国海上搜救中心和辽宁省大连市政府报告险情；并调动现场附近船舶立即赶往现场进行救助，同时协调各有关部门和有船单位派船前往救助，并命令辽宁海事局所有 7 艘巡逻船立即赶赴现场，对进出大连港的船舶实施紧急交通管制。

当时，现场救助船只达 50 余艘，北海救助局的专业救助船舶及救助直升机也抵达现场。在搜救中心指定的现场指挥船的统一协调指挥下，救助船舶分工明确，接救遇险人员下难船、接送遇险人员上岸，现场外围搜寻、监护，消防船舶进行灭火作业，整个救助行动有条不紊，迅速有效。

1500 时，难船右倾 10 余度，当时海面西南风 4~5 级。

1510 时始，获救人员被陆续相继安全地运送到码头，并得以妥善安置。

1720 时，确认获救人员 340 人，其中旅客 291 人（包括 16 名伤病人员，均无生命危险），船员 49 人，未发现人员死亡或失踪，海上人命搜救行动结束。

三、事故造成的损失情况

此次火灾事故致使“××”轮C层甲板以上结构及配置全部焚毁,该甲板所承载的全部车辆及货物完全焚毁,D层甲板的部分车辆及货物亦遭受不同程度的损毁。与C层甲板相邻的船舶处所局部焚毁。

船舶修理费:2 549万元人民币,车辆损失价值:567.5万元人民币,货物损失价值:1 295.8万元人民币,旅客损失赔偿:30万元人民币,船员损失赔偿:5万元人民币,事故救助费用:60万元人民币,此次火灾事故总损失共计:4 500.7万元人民币。

第四篇　船舶精通急救

实操训练项目一　正确搬运伤员

一、实操训练的内容

1. 徒手搬运伤员的适用范围和方法。
2. 担架搬运伤员的适用范围和方法。

二、实操训练的目的和要求

伤员经过初步处理后,需从现场送到医院进一步检查和治疗。正确的搬运可减少伤员痛苦,避免继发损伤,是创伤救护中的重要环节。

学员应了解徒手搬运伤员的适用范围和方法,掌握担架搬运伤员的适用范围和方法以及脊柱损伤伤员搬运的注意事项。

三、实操训练的条件

所需物品:帆布担架和硬板担架各一个,颈托一个,沙袋(或叠卷的衣物)、绷带(或宽布带)若干。

四、实操训练组织

1. 教师讲解具体步骤并演示操作。
2. 学员 2 人一组或 3~4 人一组,明确职责分工。
3. 进行操作训练。
4. 教师进行动作纠正及归纳总结。

五、实操训练的步骤

搬运前要迅速检查伤员的生命体征和受伤部位判断伤情,做好伤员的现场救护。首先要保持伤员呼吸道的通畅,如有外伤应先止血、包扎、固定后再搬运,不要无目的地移动伤员。搬运动作要轻巧、迅速、避免不必要的振动。

(一)徒手搬运伤员

1. 单人搬运法

(1)扶行法

扶行法适用于伤情较轻、清醒、无骨折、能站立行走的伤员。

救护者站立于伤员的一侧,使伤员靠近救护者,伤员的一臂揽着救护者的肩颈部,救护者用外侧手牵住伤员的手腕,另一手伸过伤员背部,扶持伤员腰部行走(图 4-1-1)。

(2)抱持法

抱持法是短距离搬运的最佳方法,适用于体重较轻的伤员。

救护者站于伤员的一侧,一手托其背部,一手托其大腿,将伤员抱起,对于清醒的伤员可让其一手抱着救护者颈项部(图 4-1-2)。

(3)背负法

背负法适用于体重较轻、神志清醒的伤员。

对能站立的伤员,救护者蹲在伤员前面,面向同一方向,微屈膝弯背,将伤员背起,双手交叉握住伤员的双手(图 4-1-3)。如伤员卧于地上,不能站立,则救护者躺在伤员一侧,一手紧握伤员的肩部,另一手抱起伤员的腿用力翻身,使其负于救护者背上,慢慢站起(图 4-1-4)。

图 4-1-1　扶行法

图 4-1-2　抱持法

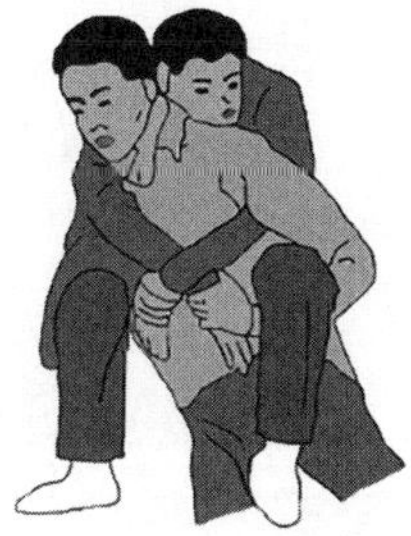

图 4-1-3　背负法

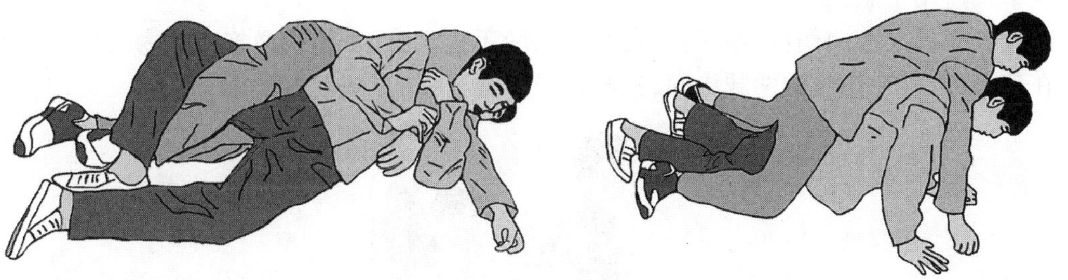

图 4-1-4　卧式背负法

2. 双人搬运法

(1)椅托式

椅托式适用于神志清醒的伤员。

两救护者在伤员两侧相对站立,两个人的一只手互相握住对方的前臂,另一手互搭在对方的肩上,伤员坐在救护者互握的手上,背部支持于救护者的另一手臂上,伤员的两手分别搭于两名救护者的肩上(图 4-1-5)。

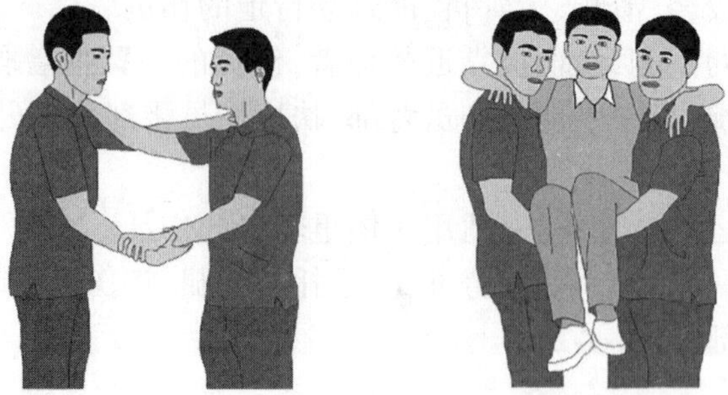

图 4-1-5　双人椅托式

(2)轿扛式

轿扛式适用于神志清醒、能合作的伤员。

两救护者四只手交叉紧握形似井字形,伤员坐于其上,伤员的两手分别搭于两名救护者的肩上(图 4-1-6)。

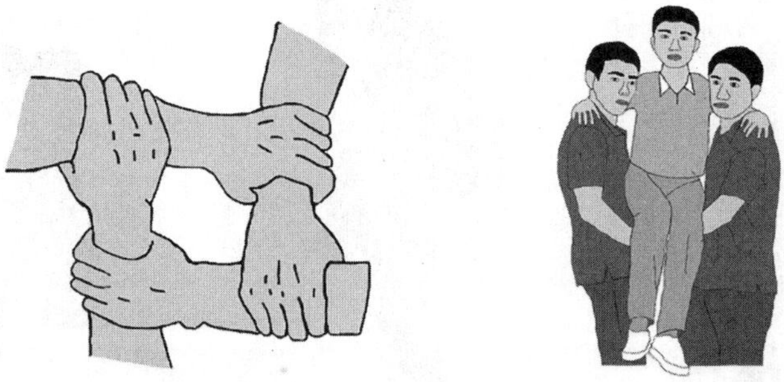

图 4-1-6　双人轿扛式

(3)拉车式

拉车式适用于意识不清的伤员。

两救护者一人面向伤员,站于伤员的头部,两手插到腋下,将伤员抱入怀内;另一人背向伤员站在其脚部,蹲在伤员的两腿中间,托起伤员双腿,将伤员抬起(图 4-1-7)。

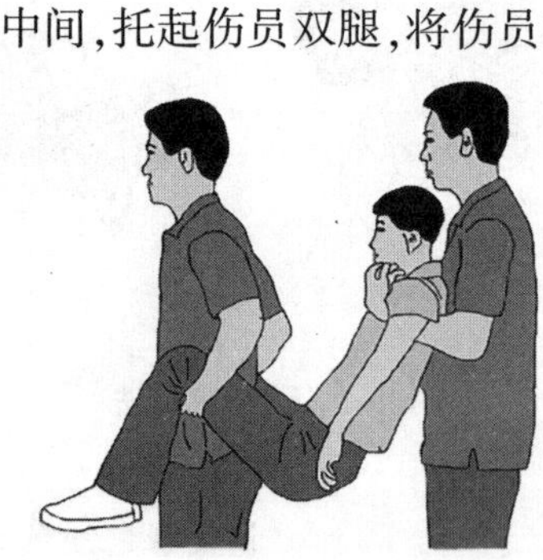

图 4-1-7　双人拉车式

(二)担架搬运伤员

担架搬运伤员用于脊柱、下肢骨折伤员,危急重症病人和较远路程的转运。

1. 一般伤员的搬运方法

两名救护人员并排单膝跪在伤员身体的一侧,分别把一只手臂伸入伤员肩部、腰部、膝踝部,另一只手环抱伤员,同时将伤员抱上担架 (图 4-1-8)。

然后将伤员固定在担架上,头部在后,足部在前,以便救护者观察伤员病情变化,病情如有变化,应立即停下抢救,需先放脚,后放头(图 4-1-9)。

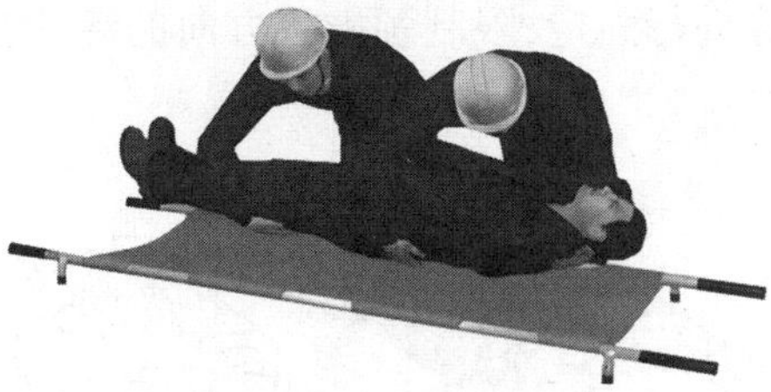

图 4-1-8　将伤员抱上担架

图 4-1-9　一般伤员的担架搬运

2. 脊柱损伤伤员的搬运

脊柱损伤伤情严重、复杂,易导致脊髓损伤,可造成伤员截瘫甚至死亡。因此对确诊脊柱损伤或怀疑有脊柱损伤的伤员都要采用脊柱损伤的搬运方法。

(1)救护者三人一组并排单腿跪在伤员身体一侧,先将伤员的双下肢伸直,两手相握放在胸前。

(2)救护者三人同时把手臂分别伸入伤员的肩背部、腰臀部、双下肢的下面,然后同时起立,始终使伤员的身体保持水平位置,不得使身体扭曲。严禁采用一人抱上身,一人抱下肢的方式搬运(图 4-1-10、图 4-1-11)。

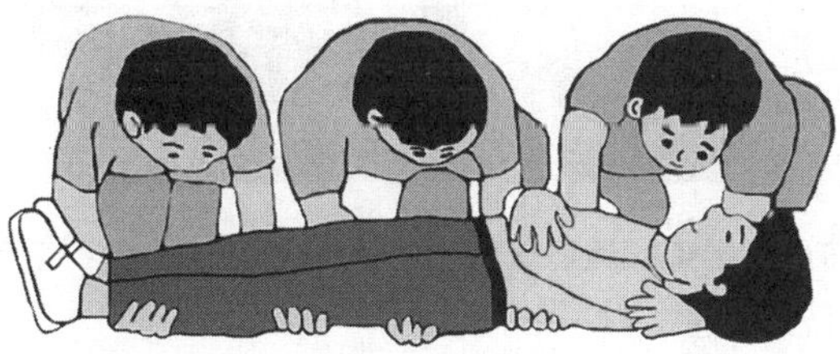

图 4-1-10　脊柱损伤伤员的搬运

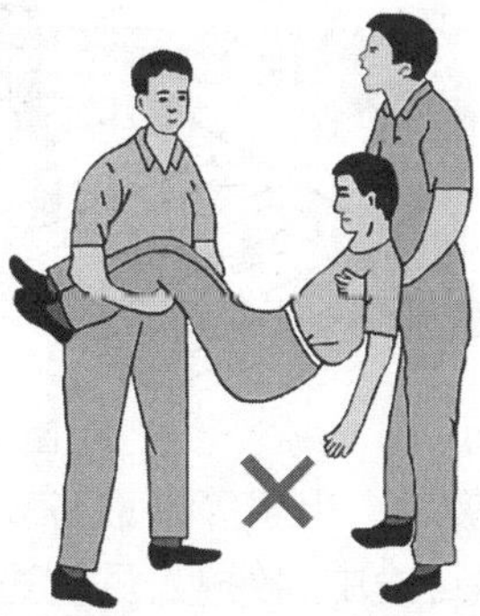

图 4-1-11　脊柱损伤伤员错误的搬运方式

(3)三人同时迈步,并同时将伤员放在硬板担架上。用沙袋放在伤员的躯体两侧,或者用多道。

宽布带将伤员的胸部、髋部、双下肢与担架捆绑在一起(图 4-1-12)。

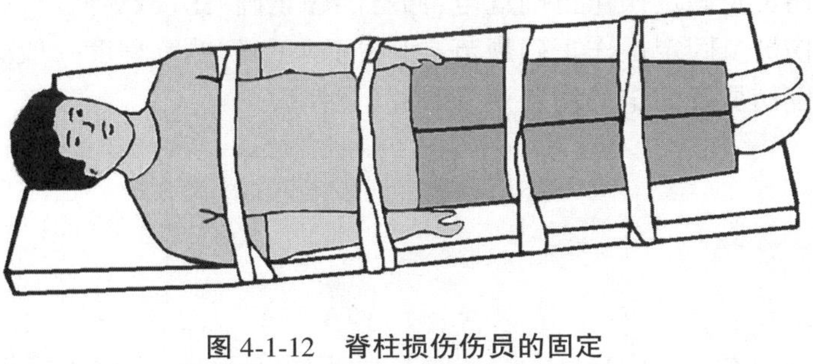

图 4-1-12　脊柱损伤伤员的固定

(4)发生或怀疑颈椎损伤者应再有一人专门负责牵引、固定头颈部,不得使伤员头颈部前屈后伸、左右摇摆或旋转。四人动作必须一致,同时平托起伤员,再同时放在硬板担架上

(图 4-1-13)。

(5)放在硬板担架上以后,必须将其身体与担架一起固定牢固,尤其颈椎损伤者,头颈部两侧必须用颈托固定或放置沙袋、枕头、衣物等进行固定,限制颈椎各方向的活动,严禁强行搬动头部(图 4-1-14)。

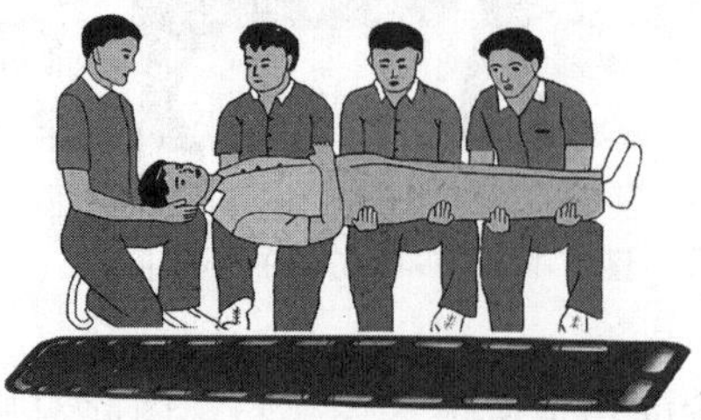

图 4-1-13　颈椎损伤伤员的搬运

图 4-1-14　颈椎损伤固定

(6)搬运过程中,要由 1 人发出指令,统一动作,抬担架人员脚步要一致,平稳行进,上下坡或楼梯时尽量保持担架水平。担架向高处抬时(如上台阶),前面的人放低,后面的人要抬高;担架向低处抬时(如下台阶)则相反(图 4-1-15)。

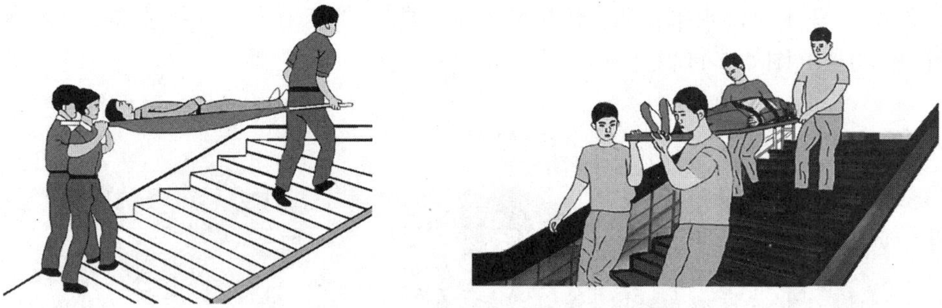

图 4-1-15　伤员的担架搬运应保持水平

(7)在人员、担架等未准备妥当时,切忌搬运。

(8)搬运途中,救护人员应边走边观察伤员生命体征(如神志、呼吸、脉搏等),如有病情变化,应立即停下抢救。还要防止搬运途中发生坠落、摔伤等意外。

六、实操训练评估标准

1. 优秀:搬运伤员及固定操作正确规范,回答问题正确、熟练。
2. 良好:搬运伤员及固定操作正确规范,回答问题正确、比较熟练。
3. 及格:搬运伤员及固定操作正确规范,回答问题正确、熟练程度一般。
4. 不及格:搬运伤员及固定操作错误,回答问题错误。

实操训练项目二　骨折固定术

一、实操训练的内容

上臂、前臂、大腿、小腿骨折后夹板固定术。

二、实操训练的目的和要求

船上以创伤性骨折多见。为了挽救生命,保护伤肢,减少痛苦,便于迅速转运,要求学员熟悉四肢骨折的判断,掌握四肢骨折的夹板固定术。

三、实操训练的条件

所需物品:长、宽适当有垫夹板、三角巾、绷带、衬垫若干。

四、实操训练组织

1. 教师讲解具体步骤。
2. 学员两人一组。
3. 在对方肢体上进行操作训练并互换。
4. 教师进行动作纠正及归纳总结。

五、实操训练的步骤

(一)骨折的判断和小夹板固定的术前准备

1. 骨折的判断

(1)有外伤史。

(2)受伤肢体可有局部疼痛与压痛、出现肿胀、功能障碍等临床表现,需考虑有骨折可能。

(3)检查时如发现受伤的部位有畸形、异常活动、骨擦音或骨擦感,三者之一即可诊断骨折(图 4-2-1)。

(4)如没有上述特有体征仍怀疑骨折(如裂缝骨折)而无法确诊,须先按骨折处理以待明确诊断后再进一步治疗(图 4-2-2)。

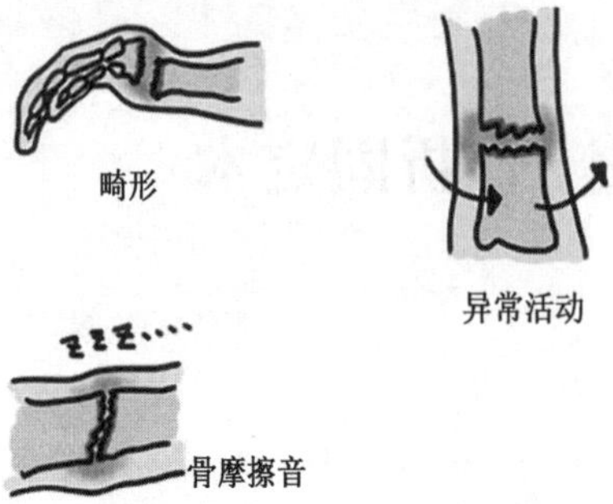

图 4-2-1　骨折的特有体征

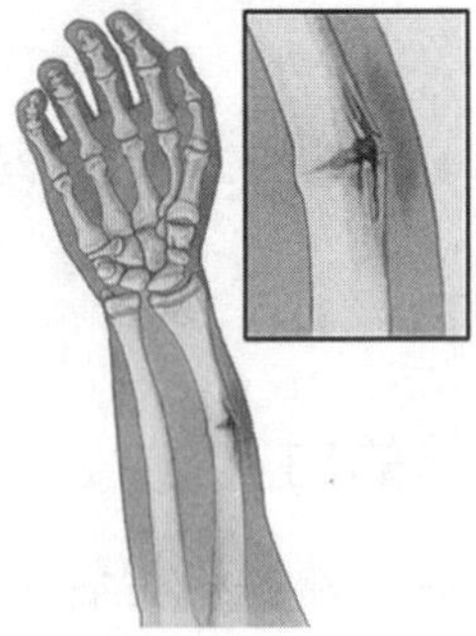

图 4-2-2　裂缝骨折

2. 小夹板固定的术前准备

(1)骨折固定前应注意伤员的全身情况,首先要抢救伤员的生命,如伤员处于昏迷状态,保持其呼吸道通畅;遇有呼吸、心跳停止者先行复苏;开放性骨折伤口出血者先止血,对局部伤口进行包扎等处理(图 4-2-3)。

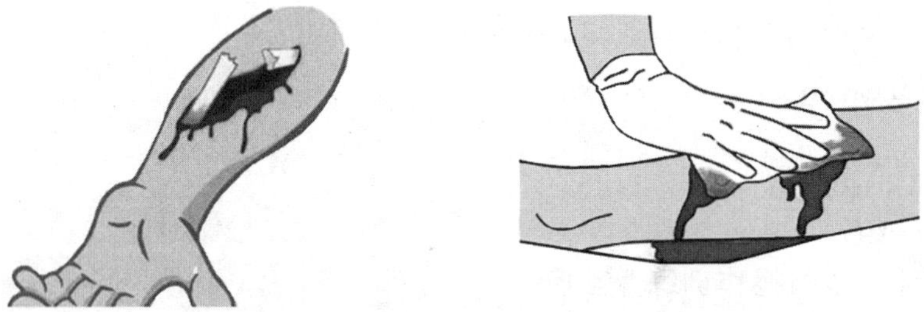

图 4-2-3　开放性骨折应先止血、包扎

(2)小夹板固定的术前准备:去除患肢部位的衣物。如难以脱去,可用剪刀剪去。选择大小、长度与肢体外形相仿的夹板备用。

3. 小夹板固定的具体要求

(1)对骨折后造成的畸形一般不予现场整复,若骨折端压迫血管造成远端肢体血液循环障碍时,要先牵引,解除压迫后再固定。

(2)对开放性骨折在未清创前,不能把骨折断端送回伤口内以免引起严重感染,可用消毒纱布或干净手绢覆盖伤处,临时包扎,只要适当固定即可。

(3)固定可以用特制的夹板(图 4-2-4),或就地取材选用树棍、木板、竹竿、硬纸板、硬塑料片等代替。

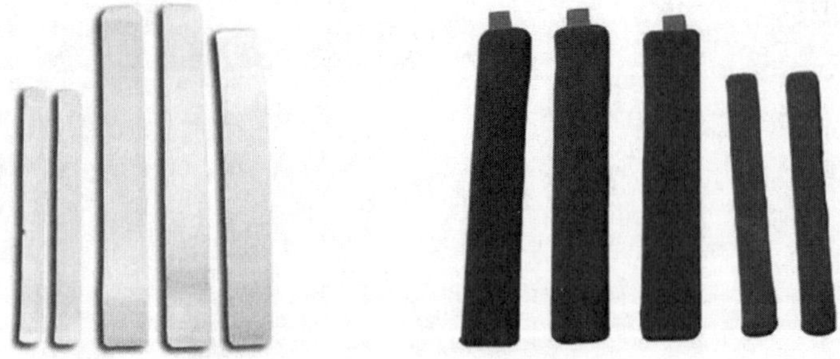

图 4-2-4　骨折固定夹板

（4）固定用的夹板长度，除固定骨折部位的上下两端外，还必须能固定骨折相邻的上、下两个关节，松紧适宜，以捆扎夹板的布带可上下各移动 1 cm 为度。过松失去固定的作用，过紧会影响肢体的血液循环。并要求露出指（趾）端以便观察血液循环变化，如发现指（趾）端苍白、麻木、青紫、剧烈疼痛应松开重新固定。

（5）固定材料不能与皮肤直接接触，必须用绷带、棉花、毛巾、衣物等包住才能使用。在皮肤与夹板之间，尤其在夹板两端、骨突起和空隙部位要用棉花或其他代替品垫好，防止皮肤受压，组织坏死。

（二）四肢骨折夹板固定方法

1. 上臂骨折夹板固定法

（1）用三角巾、绷带或其他物品（如软衣物、布）作为衬垫包裹骨折处皮肤。

（2）取两块夹板，一块放在上臂外侧，另一块放在内侧。如只有一块夹板则放在外侧。外侧夹板的长度应分别超过肘关节和肩关节。

（3）用布带或绷带将夹板捆绑后打结固定，先固定骨折的上下端，再固定肩、肘两关节处，避开伤口捆扎，打结在肢体外侧。

（4）固定好后，用绷带或三角巾托起前臂，手略高于肘，肘关节屈曲角度略小于 90°，将伤肢悬吊于胸前；再用三角巾横向把上臂固定在胸壁上（图 4-2-5）。

（5）暴露手指，观察患肢有无疼痛、麻木感，皮肤有无青紫、水泡、肿胀等表现，如有上述情况需松开绑扎重新固定。

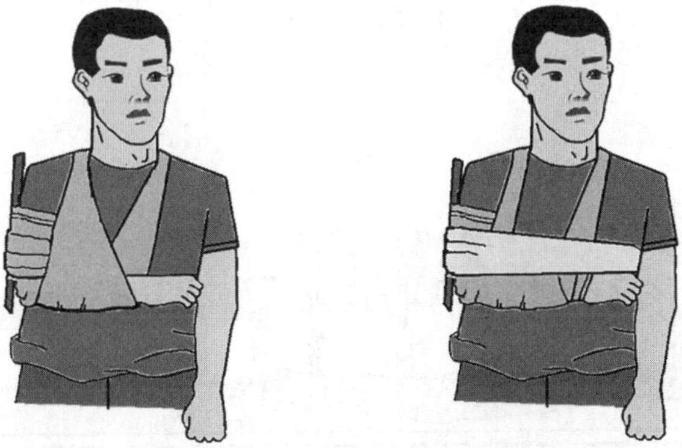

图 4-2-5　上臂骨折夹板固定

2. 前臂骨折夹板固定法

（1）用三角巾、绷带或其他物品（如软衣物、布）作为衬垫包裹骨折处皮肤。

（2）用两块夹板固定伤处，分别放在前臂的掌侧和背侧，如只有一块夹板则放在背侧。掌侧的夹板长度应超过腕关节，背侧夹板的长度应分别超过腕关节和肘关节。

（3）用布带或绷带将夹板捆绑后打结固定，先固定伤口上下端，再固定肘、腕两个关节处，避开伤口捆扎，打结在肢体外侧。

（4）固定好后，用绷带或三角巾托起前臂，手略高于肘，肘关节屈曲角度略小于 90°，将伤肢悬吊于胸前（图 4-2-6）。

（5）暴露手指，观察患肢有无疼痛、麻木感，皮肤有无青紫、水泡、肿胀等表现，如有上述情况需松开绑扎重新固定。

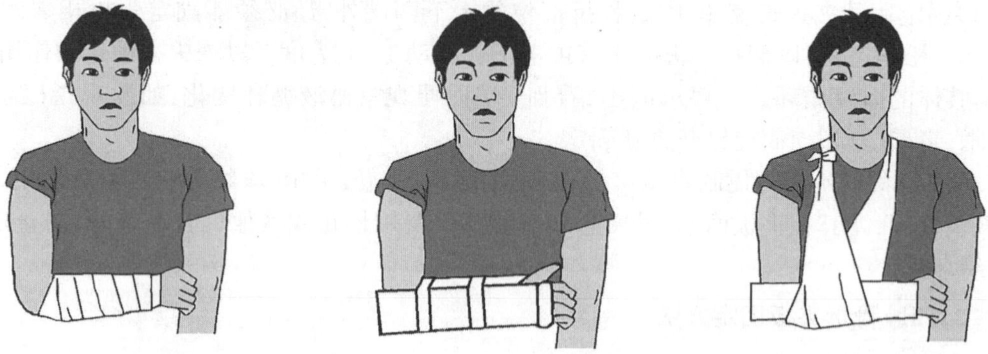

图 4-2-6　前臂骨折夹板固定

3. 大腿骨折夹板固定法

(1)将伤肢伸直,用三角巾、绷带或其他物品(如软衣物、布)作为衬垫包裹骨折处皮肤,并在伤肢的骨突部位如脚踝内外侧、膝关节内外侧、髋关节髂前上棘部、患侧的腋下等处用加厚软垫包扎垫好。

(2)取两块夹板,分别置于大腿内外侧,外侧夹板长度上至腋窝,下至足跟,内侧夹板长度上至腹股沟,下至足跟。

(3)用布带或绷带将夹板捆绑后打结固定(图 4-2-7)。

(4)如无夹板,可在两腿骨突间塞入棉花或衣物,利用对侧的健肢进行固定(图 4-2-8)。

(5)暴露脚趾,观察患肢有无疼痛、麻木感,皮肤有无青紫、水泡、肿胀等表现,如有上述情况需松开绑扎重新固定。

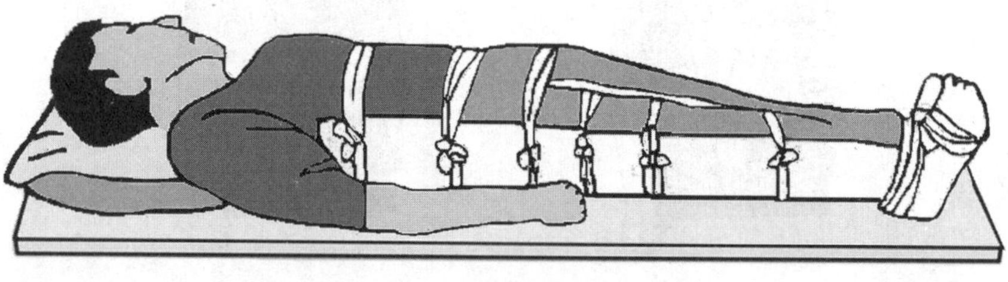

图 4-2-7　大腿骨折夹板固定

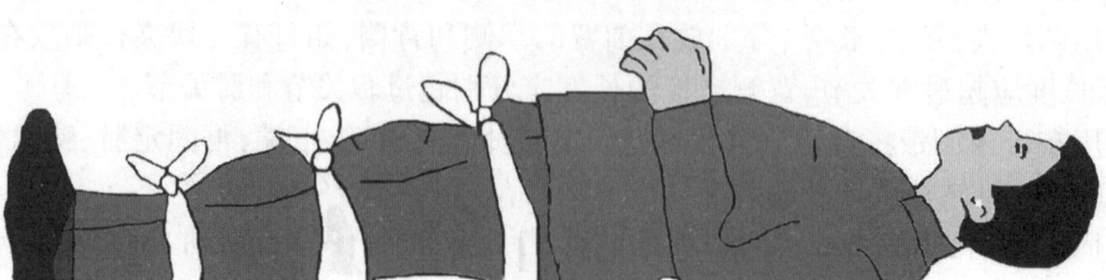

图 4-2-8　大腿骨折健肢固定

4. 小腿骨折夹板固定法

(1)将伤肢伸直,用三角巾、绷带或其他物品(如软衣物、布)作为衬垫包裹骨折处皮肤,并在伤肢的骨突部位如脚踝内外侧、膝关节内外侧等处用加厚软垫包扎垫好。

(2)取两块夹板,分别置于小腿内外侧,夹板长度上过膝关节,下至足跟;如只有一块夹板,可放在小腿后面托住骨折处作固定(图 4-2-9、图 4-2-10)。

(3)用布带或绷带将夹板捆绑后打结固定。

(4)如无夹板,可在两腿骨突间塞入棉花或衣物,利用对侧的健肢进行固定(图 4-2-11)。

(5)暴露脚趾,观察患肢有无疼痛、麻木感,皮肤有无青紫、水泡、肿胀等表现,如有上述情况需松开绑扎重新固定。

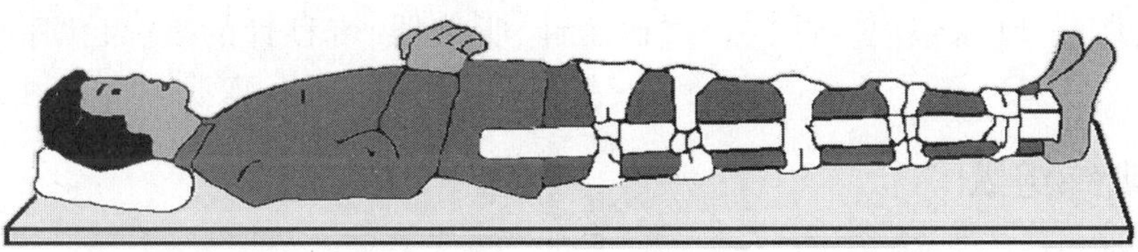

图 4-2-9　小腿骨折夹板固定

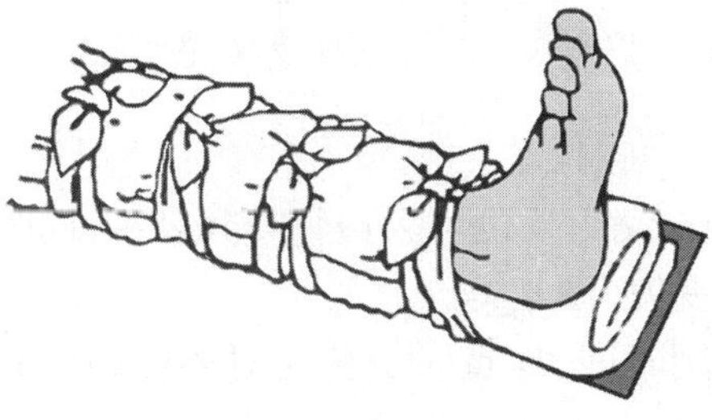

图 4-2-10　小腿骨折只有一块夹板固定

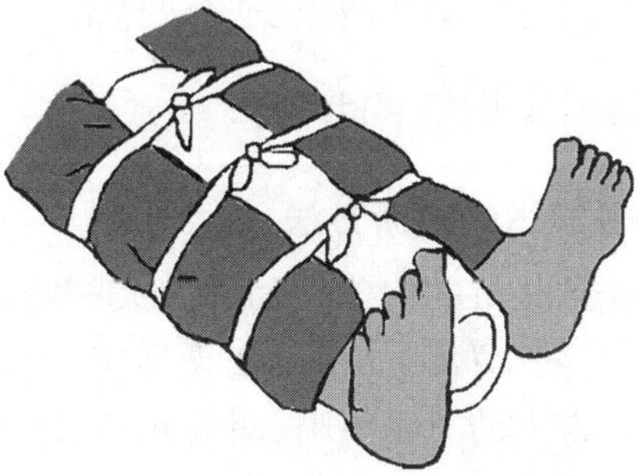

图 4-2-11　小腿骨折健肢固定

六、实操训练评估标准

1. 优秀:骨折临时固定操作正确规范,回答问题正确、熟练。
2. 良好:骨折临时固定操作正确规范,回答问题正确、比较熟练。
3. 及格:骨折临时固定操作正确规范,回答问题正确、熟练程度一般。
4. 不及格:骨折临时固定操作错误,回答问题错误。

实操训练项目三　生命体征检查

一、实操训练的内容

生命体征检查,包括意识、体温、脉搏、呼吸、血压、瞳孔的检查。

二、实操训练的目的和要求

生命体征表明身体主要机能的运转情况，它也是及时了解伤员病情变化的重要指标。因此要求学员：

1. 熟悉伤员意识的判断。
2. 熟悉体温、脉搏、呼吸的检查方法、正常值范围及正确记录测量数值。
3. 掌握水银血压计的使用方法、正常值范围及正确记录血压的测量数值。
4. 掌握测量瞳孔直径的方法，瞳孔的直接对光反射和间接对光反射检查方法。

三、实操训练的条件

准备物品：体温计（水银温度计）、台式血压计、听诊器、带秒针的表、聚焦手电筒、瞳孔测量尺若干。

四、实操训练组织

1. 教师讲解具体步骤并演示操作。
2. 学员两人一组互测并记录结果。
3. 教师进行动作纠正及归纳总结。

五、实操训练的步骤

（一）意识的判断方法

1. 轻拍伤员的肩部或面部并大声叫喊："喂，你怎么了？"，也可大声呼唤其名字，同时拍打或用力摇晃其肩部，如伤员毫无反应，说明伤员意识丧失（图 4-3-1）。

2. 正常人的意识清晰，对答正确，能够正确地识别时间、地点、人物，能对环境的刺激做出相应的反应。

3. 当伤员突然发病时，最先观察的是意识，通过观察伤员的意识状态，可以判断病情的严重程度。

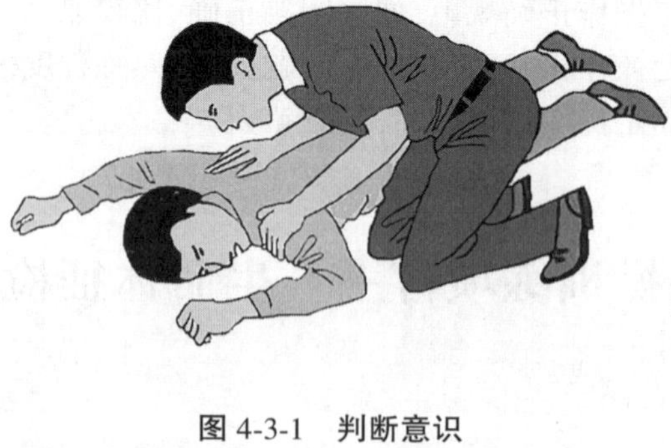

图 4-3-1　判断意识

（二）体温（腋温）的测量

1. 检查体温计是否完好，测量前应将水银柱甩至 35 ℃以下，否则测量结果高于实际体温

(图 4-3-2)。

2. 被测量者取坐位或仰卧位，擦干腋下汗液，将体温计水银端放于被测者腋窝深处，贴紧皮肤，夹紧体温计防止脱落。

3. 测量 10 min 后取出，读取体温数并记录(如体温 36.3 ℃)。

4. 腋测法的正常值范围是 36~37 ℃。

(三)脉搏的测量

1. 被测者取坐位或卧位。

2. 检查者用食指、中指及无名指的指端按压被测者桡动脉，力度适中，以能清楚地触摸到搏动为宜(图 4-3-3)。

3. 通常测 30 s 再乘以 2 即为每分钟的脉搏次数；心脏病或异常脉搏者应测 1 min，并记录结果(如脉搏 72 次/分)。

4. 正常成人在安静状态下脉率为 60~100 次/分。

5. 检查时要注意脉搏频率、节律、强弱以及呼吸等对它的影响。

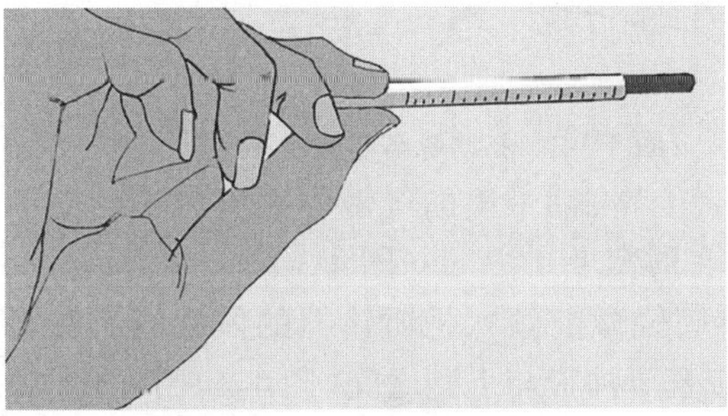

图 4-3-2　测体温

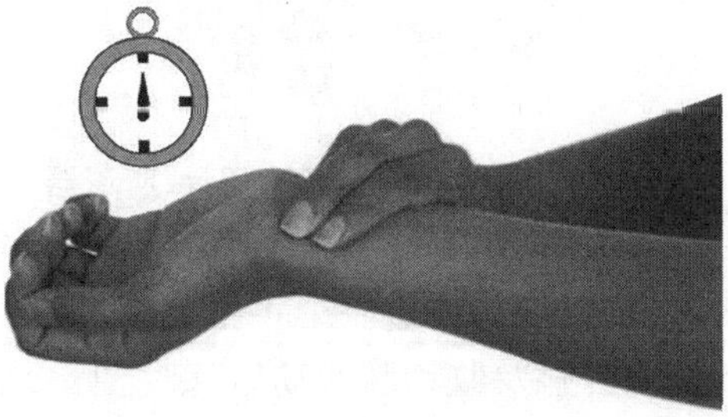

图 4-3-3　测脉搏

(四)呼吸的测量

1. 被测者取坐位或卧位。

2. 检查者测量脉搏后，手仍保持诊脉姿势，观察被测者胸部或腹部起伏(图 4-3-4)。

3. 一起一伏为 1 次，通常测 30 s 再乘以 2，即为呼吸频率，并记录(如呼吸 16 次/分)。

4. 如被测者呼吸微弱不易观察时，用少许棉丝置于其鼻孔前，观察棉丝被吹动次数，计数 1 min(图 4-3-5)。

5. 正常成人在安静状态下呼吸为 12~20 次/分。

6. 观察时，注意被测者呼吸的深浅和节律、呼吸是否困难。

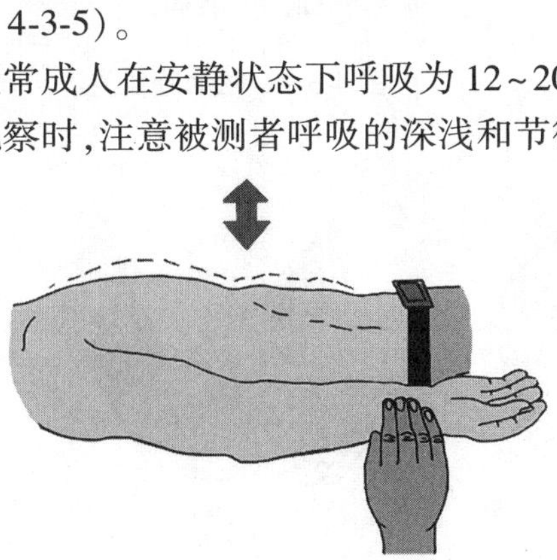

图 4-3-4　测呼吸

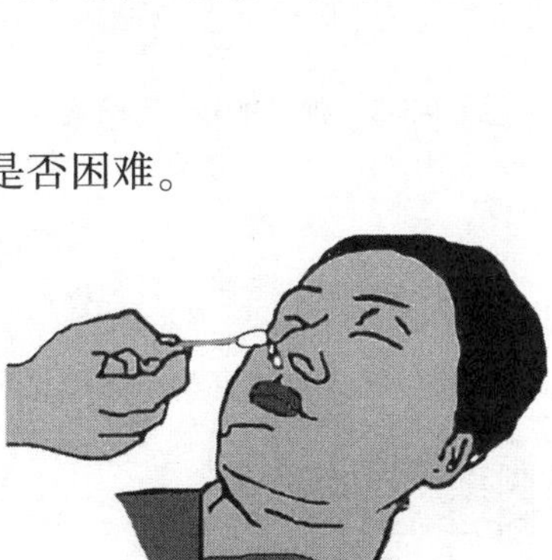

图 4-3-5　危重病人呼吸观察

(五)血压的测量

1. 检查血压计、听诊器,叮嘱被测者至少安静休息 5 min,若有运动、抽烟、情绪激动等应休息 30 min 后再测量(图 4-3-6)。

2. 被测量者取坐位或仰卧位,暴露其手臂,手掌向上,肘部伸直。第一次测量血压时,应测量双上肢的血压,当两侧数值不一样时,选择血压较高的一侧上肢,作为日后测量的固定手臂。一般推荐测量右手手臂。

3. 检查者将血压计汞柱开关打开,汞柱凸面水平应在零位。保持血压计“0”点、被测人员的肱动脉与心脏处于同一水平(图 4-3-7)。

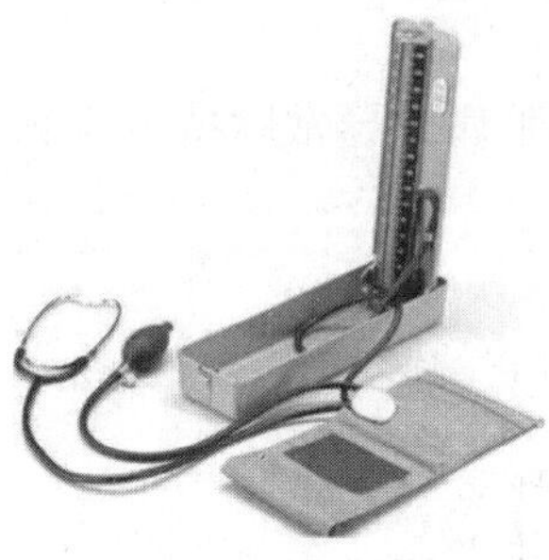

图 4-3-6　台式血压计、听诊器

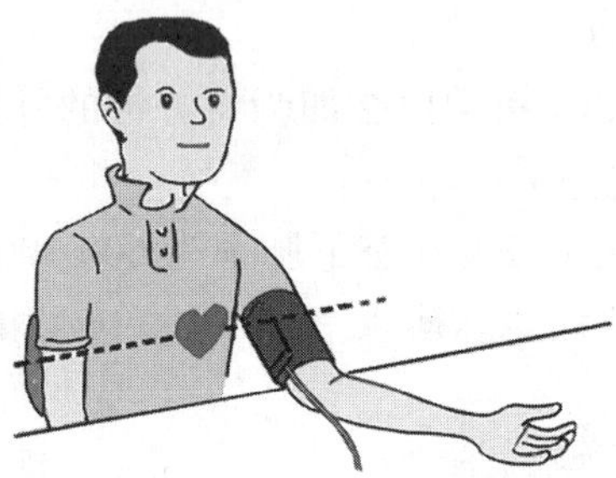

图 4-3-7　肱动脉与心脏水平

4. 排尽袖带内空气,将血压计袖带缚于被测者上臂,袖带里的气囊中央应位于肱动脉上方,袖带松紧以恰能放进一个手指为宜,袖带下缘在肘窝上 2~3 cm(图 4-3-8)。

5. 检查者触及肱动脉搏动后,戴上听诊器(听筒轻微前倾),把听诊器的体件放于肱动脉搏动处上,轻轻加压,用手固定,听诊器的体件不应塞于袖带与上臂之间(图 4-3-9、图 4-3-10)。

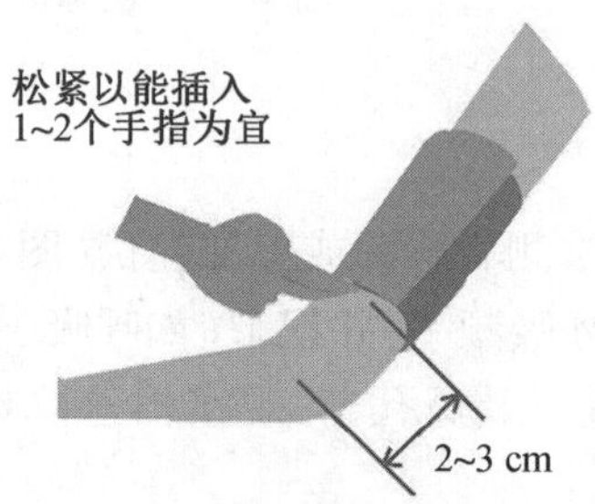

图 4-3-8　袖带的位置、松紧

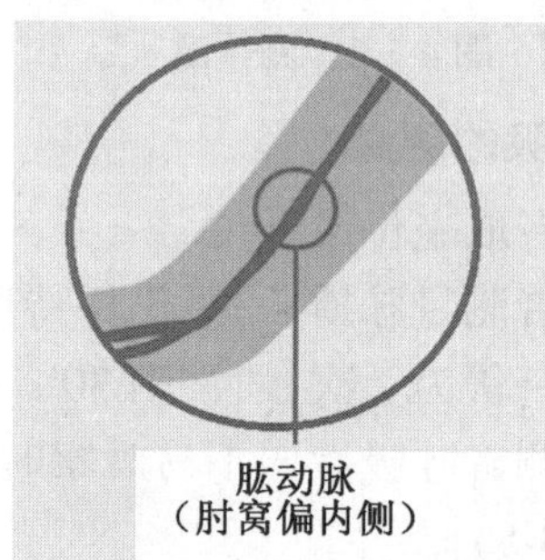

图 4-3-9　肱动脉位置

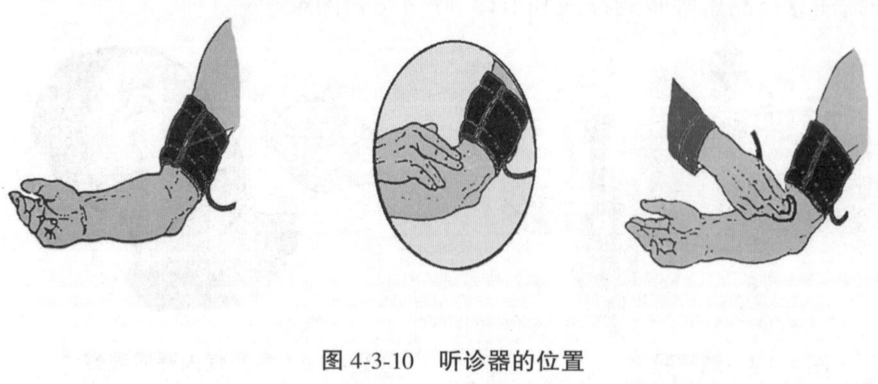

图 4-3-10　听诊器的位置

6. 关上气球小开关，向袖带内充气，边充气边听诊，待肱动脉搏动音消失后使水银柱再升高 20~30 mm（图 4-3-11）。

7. 缓慢放气，让压力缓慢下降（不快于 2~6 mmHg/s），在放气过程中仔细倾听，观察第一音和消失音水银柱凸面的垂直高度。根据听诊结果读出血压值。收缩压读数取第一音，舒张压读数取消失音（图 4-3-12）。

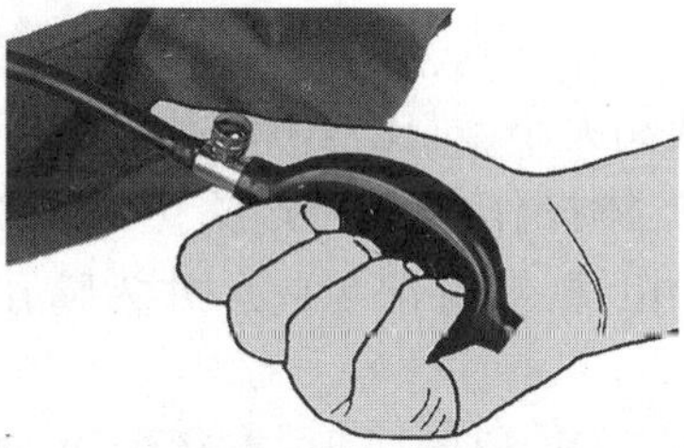

图 4-3-11　关闭开关，打气

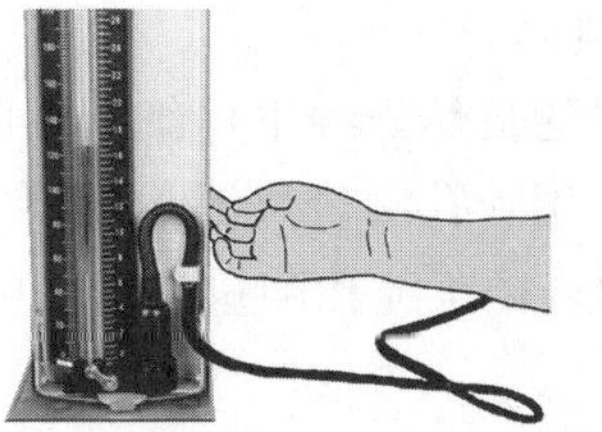

图 4-3-12　看水银凸面读数

8. 血压至少应测 2 次，间隔 1~2 min，1 次测量后应将气囊完全放空再测，取 2 次读数的平均值记录。如收缩压或舒张压 2 次读数相差 5 mmHg 以上，应再次测量，取 3 次读数的平均值作为测量结果并记录（如血压 120 /80 mmHg）。收缩压与舒张压之差值为脉压差。

9. 血压检测完毕，取下袖带，将气囊排气，把水银降至“0”点处，卷好袖带并平整地放入血压计中。然后把血压计向贮汞瓶侧倾斜大于 45°角（图 4-3-13、图 4-3-14），使玻璃管中汞柱完全进入水银槽后，关闭汞柱开关和血压计。

10. 正常成人在安静状态下血压范围：收缩压为 90~139 mmHg，舒张压为 60~89 mmHg，血压水平分类如表 4-3-1 所示。

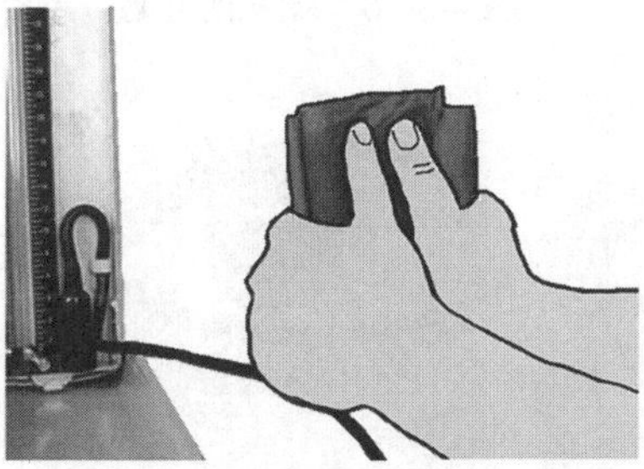

图 4-3-13　气囊排气

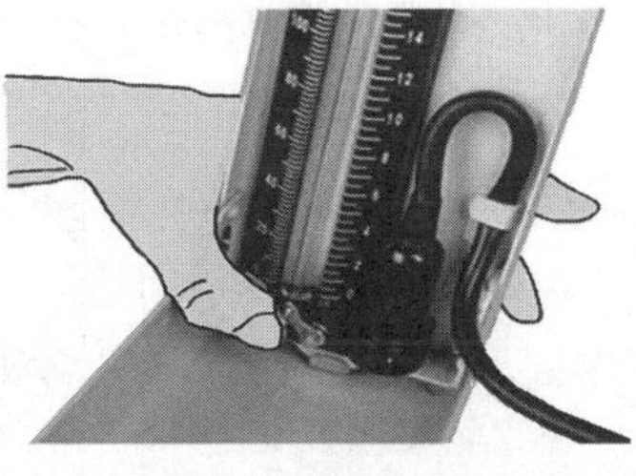

图 4-3-14　关闭开关

表 4-3-1　血压水平分类

类别	收缩压（mmHg）	舒张压（mmHg）
正常血压	<130	<85
正常高值	130~139 和/或	85~89
1 级高血压	140~159 和/或	90~99
2 级高血压	≥160 和/或	≥100

注：当收缩压和舒张压分属于不同级别时，以较高的分级为准。

(六)瞳孔的检查

向受检者说明检查方法及意义,取得配合。

1. 测量瞳孔大小

(1)检查者与被测者相对而坐,被测者仰卧位时检查者站其右侧。

(2)自然光线下,嘱神清者目视前方;不能配合者,检查者用一手拇、食指分开被测者眼的上下睑(图 4-3-15)。

(3)在散射的自然光线下仔细观察瞳孔形状和大小,对比双侧瞳孔。

(4)另一手用瞳孔测量尺测量瞳孔直径。具体操作是把瞳孔测量尺放在受检查眼瞳孔前,观察瞳孔的直径跟瞳孔测量尺上的哪个尺寸相符,即可记录此尺寸为瞳孔大小的数值(图 4-3-16)。

(5)正常成人的两侧瞳孔在自然光线下等大等圆,位置居中,直径为 3~4 mm(图 4-3-17、图 4-3-18、图 4-3-19)。

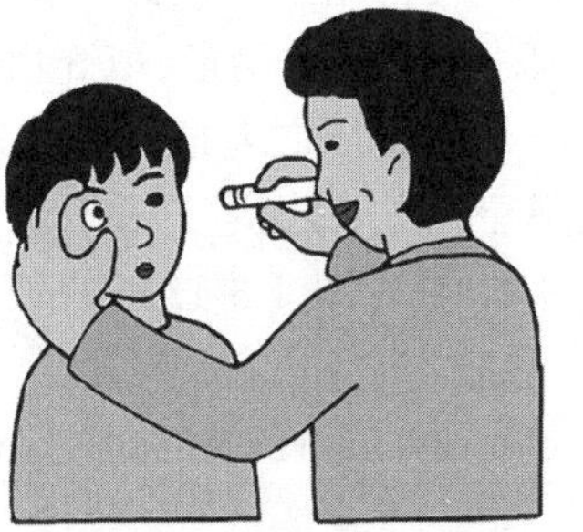

图 4-3-15 检查瞳孔

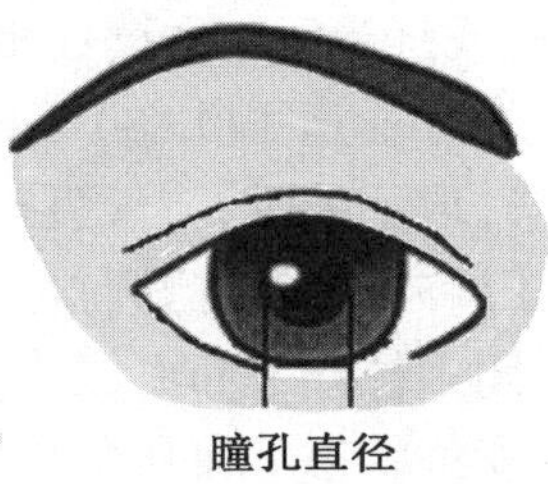

图 4-3-16 瞳孔的测量

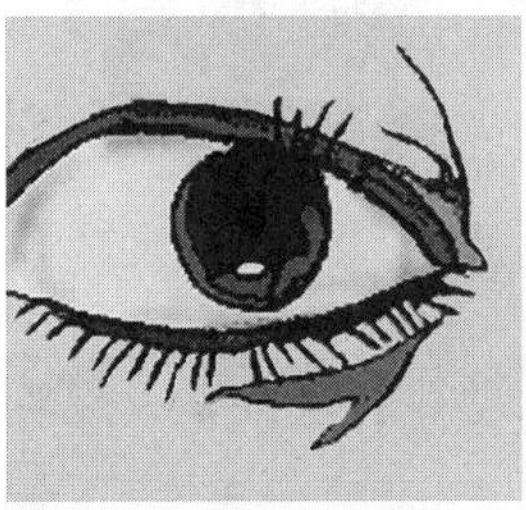

图 4-3-17 缩小的瞳孔

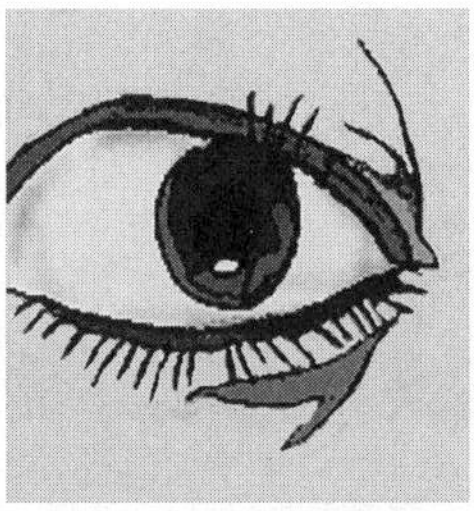

图 4-3-18 正常的瞳孔

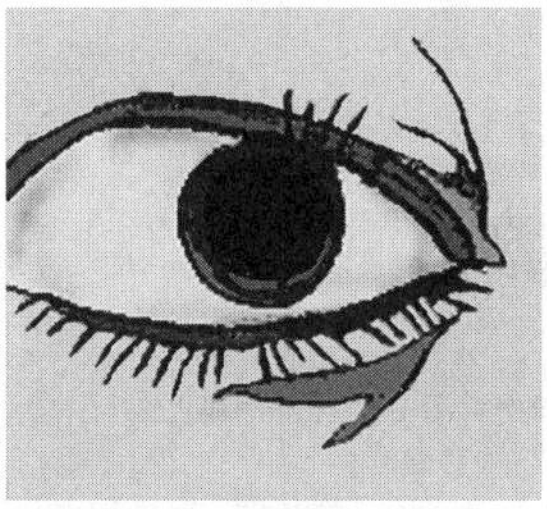

图 4-3-19 散大的瞳孔

2. 检查瞳孔对光反射

(1)直接对光反射:被检查者目视前方,检查者用手电筒从外向内直接照射受检者的瞳孔,该瞳孔立即缩小,移开光源后瞳孔迅速复原(图 4-3-20)。

(2)间接对光反射:被检查者双眼睁开,两眼之间用手遮挡,检查者用手电筒从外向内照射一侧瞳孔时,此时观察另一眼的瞳孔迅速缩小,移开光线,瞳孔扩大的反应(图 4-3-21)。

(3)若用手电筒照射瞳孔时,其变化很小,而移去光源后瞳孔增大不明显,此种情况称为瞳孔对光反射迟钝。当瞳孔对光毫无反应时,称为对光反射消失。

(4)瞳孔对光反射检查结果分为灵敏、迟钝和消失。正常瞳孔的直接对光反射和间接对光反射是灵敏的,瞳孔直接对光反射或间接对光反射迟钝、消失属病理性或药物性导致(图 4-3-22)。

3. 记录瞳孔检查结果

瞳孔的大小、形状、对光反射。

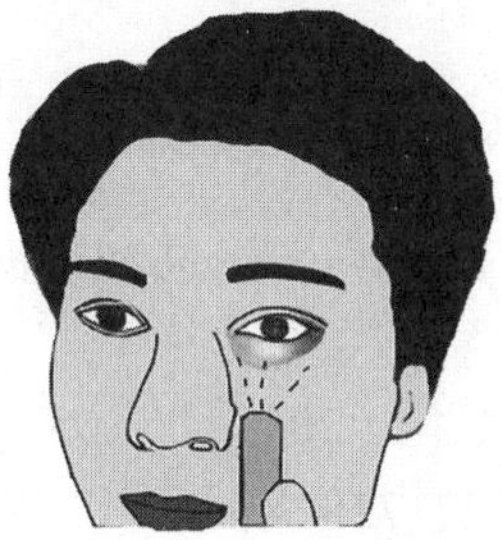

图 4-3-20 直接对光反射检查

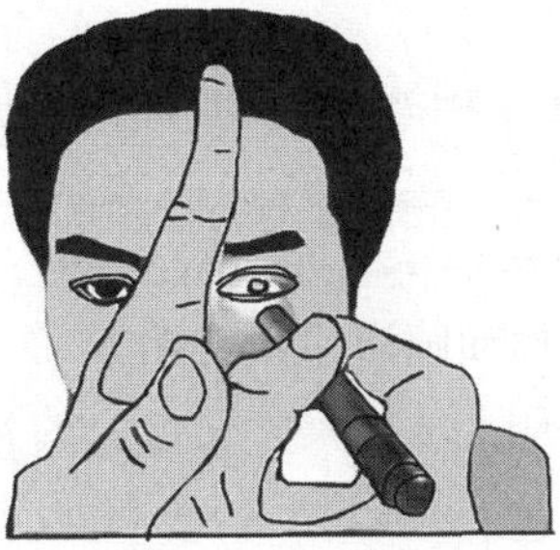

图 4-3-21 间接对光反射检查

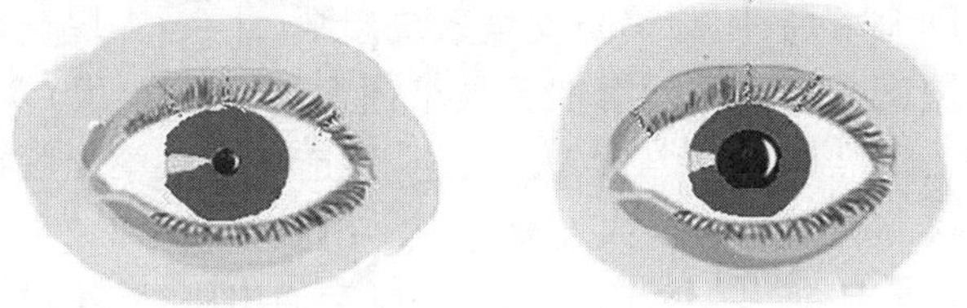

亮光 暗光

图 4-3-22 瞳孔对光反射表现

(七)生命体征的急救

徒手心肺复苏术(单人或双人法)。

本实操训练项目的具体内容请参见基本急救实操训练项目一。

六、实操训练评估标准

1. 优秀:生命体征检查及急救操作正确规范,回答问题正确、熟练。
2. 良好:生命体征检查及急救操作正确规范,回答问题正确、比较熟练。
3. 及格:生命体征检查及急救操作正确规范,回答问题正确、熟练程度一般。
4. 不及格:生命体征检查及急救操作错误,回答问题错误。

参考文献

[1] IMO. 1978 年海员培训、发证和值班标准国际公约马尼拉修正案. 中华人民共和国海事局,译. 大连:大连海事大学出版社. 2011.

[2] IMO. 国际防止船舶造成污染公约(2011 年版). 中华人民共和国海事局,译. 北京:中华人民共和国海事局,2012.

[3] IMO.《国际海上人命安全公约》2016 年综合文本. (2018-05-08)[2019-09-30]. https://max. book118. com/html/2018/0507/165221756. shtm.

[4] IMO. 国际救生设备规则 2016 年综合文本. (2016-09-23)[2019-09-11]. https://wenku. baidu. com/view/bc6c7c8e168884868662d668. html.

[5] 中华人民共和国海事局,国际消防安全系统规则. 北京:人民交通出版社. 2010.

[6] 中华人民共和国交通运输部.《海船船员培训大纲(2016 版) 》. 2017. 03.

[7] 杜林海,戴树龙,邹熙康. 防火与灭火. 大连:大连海事大学出版社,2020.

[8] 王新,曹铮. 防火与灭火. 大连:大连海事大学出版社,2012.

[9] 范济秋,查时应. 船舶防火与灭火. 北京:人民交通出版社,2012.

[10] 刘书平. 船舶高级消防. 大连:大连海事大学出版社,2012 年.

[11] 单浩明,李琳,刘彦东. 个人求生. 大连:大连海事大学出版社,2012.

[12] 刘锦程. 个人求生技能. 大连:大连海事大学出版社,2008.

[13] 李同钦,刘书平,救生艇筏和救助艇操作管理,大连:大连海事大学出版社,2012.

[14] 戚发勇,曹铮,代俊林. 个人安全与社会责任. 大连:大连海事大学出版社,2020.

[15] 戚发勇,柯金丁,易礼标,倪成丽. 内河船舶船员基本安全知识与技能. 大连:大连海事大学出版社,2020.

[16] 陈兵. 基本急救. 大连:大连海事大学出版社,2013.

[17] 方庆安. 精通急救. 大连:大连海事大学出版社,2012.

[18] 李巍,项晓培. 院前急救诊疗常规和技术操作规范(2013 版). 北京:人民卫生出版社,2014.

[19] 万学红,卢雪峰. 诊断学(第 9 版). 北京:人民卫生出版社,2018.

[20] 李小寒,尚少梅. 基础护理学(第 6 版). 北京:人民卫生出版社,2017.

[21] 刘力生. 中国高血压防治指南(2018 修订版). 北京:中国医药科技出版社,2018.

[22] 陈孝平,汪建平,赵继宗. 外科学(第 9 版). 北京:人民卫生出版社,2018

[23] 戚发勇,李琳. 船员合格证培训实操指南(2014 版). 大连:大连海事大学出版社,2014

[24] 张强,江娜. 外派船员跨文化冲突与职业教育对策刍议[J]. 武汉船舶职业技术学院学报,2014,13(02):61-65.

[25] 杨从杰,鹿洪蕾. 跨部门岗位轮换过程中的冲突管理研究[J]. 中国人力资源开发,2014(07):53-58.

[26] 成钊,裴蓉. 职场冲突解决策略的影响因素研究[J]. 人才资源开发,2016(02):141-143.